Kommunales Kreditwesen

Haushaltsrechtliche Grundlagen – Schuldenmanagement –
Neue Finanzierungsformen

Von
Dr. Gunnar Schwarting
Beigeordneter a.D.,
Geschäftsführer des Städtetages
Rheinland-Pfalz

2., überarbeitete und erweiterte Auflage

ERICH SCHMIDT VERLAG

Die Deutsche Bibliothek – CIP-Einheitsaufnahme

Schwarting, Gunnar:
Kommunales Kreditwesen : haushaltsrechtliche Grundlagen – Schuldenmanagement – neue Finanzierungsformen / von Gunnar Schwarting. – 2., überarb. Aufl.. – Berlin : Erich Schmidt, 2000
 ISBN 3-503-05826-5

1. Auflage 1994

ISBN 3 503 05826 5

Alle Rechte vorbehalten
© Erich Schmidt Verlag GmbH & Co., Berlin 2000
www.erich-schmidt-verlag.de
Dieses Papier erfüllt die Frankfurter Forderungen
der Deutschen Bibliothek und der Gesellschaft für das Buch
bezüglich die Alterungsbeständigkeit und entspricht sowohl den
strengen Bestimmungen der US Norm Ansi/Niso Z 39.48-1992
als auch der ISO Norm 9706.

Gesetzt aus der 9/11 Punkt Times
Satz: multitext, Berlin
Druck: Regensberg, Münster

Vorwort zur 2. Auflage

Seit Erscheinen der ersten Auflage des Buches sind 5 Jahre vergangen; in dieser Zeit haben sich die Rahmenbedingungen für die kommunale Kreditwirtschaft rasant verändert. Zum einen sind neue Angebote am Markt, die von den Kommunen mit großem Interesse betrachtet werden. Genannt seien in dem Zusammenhang die sog. Derivate, die in der ersten Auflage nur ganz am Rande erwähnt wurden, nunmehr ausführlich dargestellt werden.

Neue Entwicklungen zeigen sich auch bei den haushaltsrechtlichen Ausführungsbestimmungen; sie sind in vielen Bundesländern gerade im Hinblick auf die kreditähnlichen Rechtsgeschäfte aktualisiert und präzisiert worden. Die Ausführungen in Kapitel IV, insb. zum Leasing, sind dementsprechend vollkommen überarbeitet worden; in den Anhang wurden ebenso aktuelle und ergänzende Erlasse der Bundesländer eingefügt.

Seit dem 1.1.1999 besteht die Europäische Wirtschafts- und Währungsunion; sie stellt neue Anforderungen an die öffentliche Haushaltswirtschaft. Daraus ergeben sich Konsequenzen für die kommunale Kreditaufnahme, die allerdings noch keinen Eingang in rechtliche Regelungen gefunden haben. Die Ausführungen zu den Auswirkungen der sog. Maastricht-Kriterien auf die Kommunen können insoweit nur Hinweise für eine mögliche künftige Entwicklung sein.

Einen wichtigen Stellenwert hat die Frage nach der Bonität des Kommunalkredits erhalten. Sie dürfte dann noch an Bedeutung gewinnen, wenn ausländische Kreditinstitute aus der Euro-Zone Kreditangebote unterbreiten. Deshalb ist diesem Aspekt, der in der ersten Auflage noch eher beiläufig gestreift wurde, breiterer Raum gegeben worden. In dem Zusammenhang ist auch die besondere Stellung kommunaler Unternehmen, sei es in öffentlich-rechtlicher, sei es in privatrechtlicher Form berücksichtigt worden.

Im übrigen sind die Ausführungen aktualisiert und durch neuere Entwicklungen ergänzt worden. Dabei stehen – wie in der ersten Auflage – die haushaltsrechtlichen Bestimmungen aus Rheinland-Pfalz und Thüringen im Mittelpunkt. Die Verweise auf andersartige Regelungen in anderen Bundesländern sind jedoch ausgeweitet worden, da sich durch neue Erlasse und Richtlinien wichtige neue Aspekte ergeben haben.

Auch zur zweiten Auflage habe ich wertvolle Anregungen und Hinweise erhalten. Mein Dank gilt vor allem Frau Iris Brandt, Herrn Bernhard Klaus, Herrn Klaus Funcke, Herrn Walter Siebert und Herrn Frank Maas, die zu ersten Entwürfen vor allem der Darstellung von Derivaten und Leasinggeschäften wichtige Ergänzungen beigetragen haben. Darüber hinaus beruhen die Ausführungen auf den Erkenntnissen aus zahlreichen Fortbildungsveranstaltungen. Selbstverständlich bleibt der Autor für alle Fehler und Mängel verantwortlich.

Mainz, im Dezember 1999   Gunnar Schwarting

Vorwort zur 1. Auflage

Das kommunale Haushaltsrecht weist der Kreditaufnahme einen gegenüber allen anderen Einnahmequellen subsidiären Charakter zu. Dennoch zählt die Kreditaufnahme zu den wichtigen Instrumenten der Finanzierung kommunaler Investitionen. Die Verschuldung der Städte, Gemeinden und Kreise in der Bundesrepublik Deutschland hat unter Einschluß der Kommunen in den neuen Bundesländern mittlerweile ein Volumen von weit über 150 Mrd. DM erreicht. Nicht zuletzt vor dem Hintergrund zunehmender Finanzprobleme in den kommunalen Haushalten sind daher Fragen der Verschuldungsgrenzen ebenso bedeutsam wie Möglichkeiten eines optimalen Schuldenmanagements. Darüber hinaus hat auch auf kommunaler Ebene die Diskussion über neue Formen der Investitionsfinanzierung, wie das Leasing, den Ratenkauf, den Vor- bzw. Zwischenfinanzierungsvertrag oder andere Gestaltungsmöglichkeiten vermehrt Interesse gefunden.

Eine neuere, umfassende Darstellung der vielfältigen Fragen kommunaler Kreditwirtschaft gibt es derzeit nicht. Probleme des Kreditwesens werden in aller Regel im Zusammenhang mit haushaltsrechtlichen Bestimmungen erörtert. Dabei liegt das Schwergewicht zumeist auf den haushaltsrechtlichen Aspekten, haushaltswirtschaftliche und kreditpolitische Erwägungen werden demgegenüber eher am Rande erwähnt.

Mit dem vorliegenden Buch soll der Versuch unternommen werden, ein möglichst breites Spektrum der mit der Kreditaufnahme der Kommunen verknüpften Fragestellungen anzusprechen. Zunächst werden einige finanzwirtschaftliche Grundlagen, insbesondere die Frage nach ökonomischen Begründungen für die Kreditfinanzierung kommunaler Ausgaben, dargestellt. Daran anschließend wird eine Systematik wesentlicher Begriffe kommunaler Kreditwirtschaft gegeben. Ein empirischer Überblick über die Kommunalverschuldung in der Bundesrepublik Deutschland schließt diesen ersten Teil ab.

Der zweite Teil enthält die für die Kreditwirtschaft maßgeblichen haushaltsrechtlichen Bestimmungen. Dabei werden vornehmlich die für Rheinland-Pfalz und Thüringen geltenden Regelungen herangezogen. Soweit möglich werden abweichende Vorschriften in anderen Bundesländern berücksichtigt. Der dritte Teil befasst sich ausführlich mit praktischen Fragen der Kreditpolitik, insbesondere dem Zeitpunkt der Kreditaufnahme, der Laufzeitenstruktur und Umschuldungsplanung, der Bewertung von Kreditkonditionen, der Gestellung von Sicherheiten und der Kündigung bzw. Beendigung von Kreditverträgen sowie den für die Kreditaufnahme maßgeblichen Verfahrensregeln. Schließlich werden in dem Zusammenhang auch die Liquiditätsplanung und die Aufnahme von Kassenkrediten angesprochen.

Der vierte Teil ist einer Darstellung alternativer Formen der Investitionsfinanzierung gewidmet. Hierzu zählen eher klassische Finanzierungslösungen wie der Bausparvertrag, die Leibrente oder das Erbbaurecht. Darüber hinaus werden ergänzende Instrumente wie die Bürgschaftsgewährung oder das Factoring berücksichtigt. Breiteren Raum nimmt schließlich das Leasing – ergänzt um Vor- und Zwischenfinanzierungsverträge ein. Den Abschluß bildet ein Abschnitt, der sich mit den konjunkturpolitischen Aspekten der Kreditaufnahme befasst. Im Anhang sind dann verschiedene Rundschreiben und Erlasse der Aufsichtsbehörden zur kommunalen Kreditwirtschaft abgedruckt.

Der Verfasser dankt Herrn Hugo Beckmann, Herrn Friedhelm Ehlers, Herrn Manfred Prinz und Herrn Walter Siebert für wertvolle Hinweise und Anregungen. Es bedarf keiner besonderen Betonung, daß alle Fehler und Mängel selbstverständlich allein zu Lasten des Autors gehen.

Mainz, im Juni 1994   Gunnar Schwarting

Inhaltsverzeichnis

	Seite	Randziffer
Vorwort	5	
Abkürzungsverzeichnis	15	
Verzeichnis der Schaubilder	17	
Verzeichnis der Übersichten	19	

Kapitel I
Finanzwirtschaftliche Grundlagen

	Seite	Randziffer
1. Besonderheiten der Kommunalverschuldung	21	1– 12
1.1 Einzelwirtschaftliche Ausrichtung	21	2– 4
1.2 Strukturelle Unterschiede zur Staatsverschuldung	22	5– 8
1.3 Von der Schuldenverwaltung zum Schuldenmanagement	23	9– 12
2. Zur Begründung kommunaler Kreditaufnahme	23	13– 44
2.1 Möglichkeiten der Investitionsfinanzierung	23	13– 22
2.2 Gerechtere Belastung durch Kreditfinanzierung?	26	23– 27
2.3 Kreditaufnahme und Vermögensbildung	27	28– 31
2.4 Kreditaufnahme und Stadtentwicklung	28	32– 39
2.5 Zur Begründung von Kreditgrenzen	31	40– 44
3. Begriffe der kommunalen Kreditwirtschaft	32	45– 51
4. Systematik des Kommunalkredits	34	52–100
4.1 Laufzeit und Kündigung	34	53– 59
4.2 Gläubigerstruktur	34	60– 82
4.2.1 Finanzierungsinstitutionen	35	60– 66
4.2.2 Öffentlicher Kredit	37	67– 69
4.2.3 Innere Darlehen	38	70– 73
4.2.4 Direktverschuldung am Kapitalmarkt	39	74– 78
4.2.5 Auslandsverschuldung	41	79– 82
4.3 Arten des Kommunalkredits	42	82–100
4.3.1 Schuldscheindarlehen	42	83– 93
4.3.2 Kreditähnliche Rechtsgeschäfte	47	94–100
5. Entwicklung und Struktur der Kommunalverschuldung – ein empirischer Überblick	49	101–119
5.1 Kommunal- und Staatsverschuldung	49	101–105
5.2 Schwankungen in der Kommunalverschuldung	52	106–109
5.3 Interkommunale Differenzierung	54	110–119

Inhaltsverzeichnis

	Seite	Randziffer

Kapitel II
Haushaltsrechtliche Grundlagen

1. Kreditermächtigung und Veranschlagung 61   120–131
   1.1 Kreditermächtigung in der Haushaltssatzung 61   120–125
   1.2 Gesamtdeckungsprinzip 62   126–128
   1.3 Veranschlagung im Haushalt 63   129–131

2. Nachweis von Schulden und Verpflichtungen 65   132–135

3. Kreditaufnahme und Finanzplanung 67   136–138

4. Grenzen der Kreditaufnahme 68   139–189
   4.1 Investitionsschranke und Subsidiaritätsprinzip 68   141–145
   4.2 Haushaltswirtschaftliche Grenzen 70   146–177
       4.2.1 Das Prinzip der stetigen Aufgabenerfüllung 70   146–149
       4.2.2 Rentierliche und unrentierliche Verschuldung 71   150–153
       4.2.3 Die Beurteilung der dauerhaften Leistungsfähigkeit ... 72   154–177
           4.2.3.1 Ermittlung der dauerhaften Leistungsfähigkeit 72   154–163
           4.2.3.2 „Freie Spitze" und Pflichtzuführung 77   164–167
           4.2.3.3 „Freie Spitze" und Kreditgenehmigung 78   168–177
   4.3 Konjunkturpolitische Grenzen 81   178–189
       4.3.1 „Schuldendeckel" nach dem Stabilitätsgesetz 81   178–181
       4.3.2 Die Anforderungen der Wirtschafts- und Währungsunion 82   182–189

5. Dauer der Kreditermächtigung 84   190–195

6. Einige Sonderfragen 86   196–203
   6.1 Kreditwirtschaft bei vorläufiger Haushaltsführung 86   196–200
   6.2 Veränderung der Kreditermächtigung im Haushaltsjahr 87   201–203

7. Kreditaufnahme kommunaler Unternehmen 88   204–214
   7.1 Öffentlich-rechtliche Formen 88   205–211
       7.1.1 Eigenbetriebe 88   205–209
       7.1.2 Anstalten und Zweckverbände 89   210–211
   7.2 Unternehmen in privater Rechtsform 90   212–214

Kapitel III
Praktische Fragen der Kreditpolitik

1. Zeitpunkt der Kreditaufnahme 93   215–235
   1.1 Die Bedeutung der Zinsentwicklung 93   215–220
   1.2 Der Einsatz von Derivaten zur Zinsoptimierung 96   221–233
       1.2.1 Der Swap 97   223–227
       1.2.2 Der Forward-Swap 99   228–231
       1.2.3 Haushaltsrechtliche Einordnung 100   232–233
   1.3 Zeitliche Verteilung von Zahlungsterminen 101   234–235

Inhaltsverzeichnis

	Seite	Randziffer
2. Laufzeit und Umschuldung.	102	236–245
2.1 Zinsbindungsfristen und Tilgungszeitraum	102	236–239
2.2 Fragen der Umschuldungsplanung	104	240–245
3. Kreditkonditionen	106	246–256
3.1 Auszahlungskurs	107	247–252
3.2 Freijahre und Zahlungstermine.	108	253–256
4. Sicherheiten und Kündigungsklauseln.	110	257–279
4.1 Sicherheiten und Bonität	110	257–259
4.2 Zur Bonität des Kommunalkredits	111	260–265
4.3 Forderungsabtretung	112	266–268
4.4 Kündigung und Zinsanpassung	115	269–273
4.5 Rückzahlung und Umschuldung	117	274–279
5. Verfahren der Kreditaufnahme	118	280–299
5.1 Einholung von Kreditangeboten	118	280–286
5.2 Bewertung von Kreditangeboten.	120	287–290
5.3 Abschluß des Kreditgeschäfts	121	291–299
5.3.1 Zuständigkeitsfragen	121	291–296
5.3.2 Vertragsabschluß	122	297–299
6. Liquiditätsmanagement.	123	300–310
6.1 Kassenkredite	123	300–305
6.2 Anlage von Kassenmitteln	125	306–310

Kapitel IV
Alternativen der Investitionsfinanzierung

1. Grundlagen.	127	311–324
1.1 Eine kurze Systematik	127	311–313
1.2 Genehmigungsverfahren	128	314–315
1.3 Wirtschaftlichkeitsüberlegungen.	128	316–321
1.4 Die Bedeutung von Verschuldungsgrenzen	130	322–324
2. Bausparverträge.	131	325–335
2.1 Ansparverpflichtung.	131	325–329
2.2 Zuteilung und Auszahlung.	132	330–332
2.3 Haushaltswirtschaftliche Aspekte	133	333–335
3. Leibrenten- und Erbbaurechtsverträge	134	336–342
4. Vorfinanzierungsverträge	136	343–352
4.1 Grundzüge.	136	343–347
4.2 Haushaltswirtschaftliche Aspekte	137	348–352
5. Bürgschaften und Gewährleistungen für Dritte	139	353–366
5.1 Grundzüge der Bürgschaft.	139	353–358
5.2 Haushaltswirtschaftliche Fragen	141	359–362

Inhaltsverzeichnis

	Seite	Randziffer
5.3 Gewährverträge	142	363–366
6. Forfaitierung	143	367–370
7. Leasing und leasingähnliche Rechtsgeschäfte	144	371–419
7.1 Grundzüge des Leasing	145	372–393
7.1.1 Beteiligte und Vertragsstrukur	145	372–378
7.1.2 Finanzierungsverpflichtungen	146	379–382
7.1.3 Haushaltsrechtliche Aspekte	147	383–389
7.1.4 Beschluß und Genehmigung	149	390–393
7.2 Formen des Leasing	150	394–400
7.3 Wirtschaftlichkeit von Leasingfinanzierungen	153	401–419
7.3.1 Finanzierungsaspekte	154	402–409
7.3.2 Wirtschaftlichkeitsaspekte	155	410–414
7.3.3 Bewertung von Leasingfinanzierungen	157	415–419

Kapitel V
Kommunalkredit und Stabilitätspolitik

1. Grundzüge antizyklischer Wirtschaftspolitik	159	420–423
2. Die konjunkturpolitische Verpflichtung der Gemeinden – Anspruch und Wirklichkeit	160	424–431
3. Höhere Kommunalverschuldung als konjunkturpolitischer Beitrag?	163	432–439
4. Konjunkturpolitik – keine kommunale Aufgabe	165	440–444
5. Neue Anforderungen durch Maastricht	166	445–450

Anhänge

Anhang 1 Aufnahme von Krediten – Verwaltungsvorschrift zu § 103 GemO RhPf. 171

Anhang 2 Bekanntmachung über das Kreditwesen der Gemeinden und Landkreise (Thüringen) vom 29. 6. 1995 180

Anhang 3 Verwaltungsvorschrift kommunale Haushaltswirtschaft 1999 (Sachsen) vom 21. 10. 1998 196

Anhang 4 Kreditwirtschaft der Gemeinden (Nordrhein-Westfalen) – Runderlaß vom 9. 2. 1998 202

Anhang 5a: Hinweise zur Planung, Finanzierung und Organisation kommunaler Einrichtungen unter besonderer Berücksichtigung des Einsatzes von Privatkapital (Bayern) – Bekanntmachung vom 11. 12. 1991 207

Inhaltsverzeichnis

                                                        Seite   Randziffer

Anhang 5b Investorenvorhaben im kommunalen Bereich (Sachsen) – Verwaltungsvorschrift vom 18.12.1996... 212

Anhang 6   Kommunalfreistellungsverordnung (Sachsen) vom 12.12.1996 221

Anhang 7   Haftung des Freistaats für zahlungsunfähige Gemeinden – Landtagsdrucksache 223

Literaturverzeichnis. 225
Stichwortverzeichnis 229

Abkürzungsverzeichnis

a.F.	alte Fassung	GemO, GO	Gemeindeordnung
Abs.	Absatz	GewSt	Gewerbesteuer
AfK	Archiv für Kommunalwissenschaften	GG	Grundgesetz
		ggf.	gegebenenfalls
Art.	Artikel	Gr.	Gruppe
Aufl.	Auflage	He	Hessen
Az.	Aktenzeichen	HGO	Hessische Gemeindeordnung
BauGB	Baugesetzbuch		
BauSparkG	Bausparkassengesetz	HKWP	Handwörterbuch der kommunalen Wissenschaft und Praxis
BausparkV	Bausparkassenverordnung		
BaWü	Baden-Württemberg	i.V.m.	in Verbindung mit
Bay	Bayern	insb.	insbesondere
BGB	Bürgerliches Gesetzbuch	insg.	insgesamt
		Jg.	Jahrgang
BMF	Bundesministerium der Finanzen	KO	Kommunalordnung
		KrHausBetrVO	Krankenhausbetriebsverordnung
bzw.	beziehungsweise		
d.h.	das heißt	KStG	Körperschaftsteuergesetz
DM/E	DM je Einwohner		
ECU	European Currency Unit (Europäische Währungseinheit)	lfd.	laufend
		LHO	Landeshaushaltsordnung
EigVO	Eigenbetriebsverordnung	LV	Landesverfassung
		Min.Bl.	Ministerialblatt
EinkSt	Einkommensteuer	Mio.	Millionen
einschl.	einschließlich	Mrd.	Milliarden
ErbbauVO	Verordnung über das Erbbaurecht	MV	Mecklenburg-Vorpommern
EU	Europäische Union	n.F.	neue Fassung
f.	folgende	Nds.	Niedersachsen
ff.	fortfolgende	NGO	Niedersächsische Gemeindeordnung
FiWi	Finanzwirtschaft		
gem.	gemäß	Nr.	Nummer
Gem.Rd.Erl.	Gemeinsamer Runderlaß	NW	Nordrhein-Westfalen
		o.ä.	oder ähnliches
GemHH	Der Gemeindehaushalt	p.a.	per annum
		qm	Quadratmeter
GemHVO, GemHV	Gemeindehaushaltsverordnung	rd.	rund
		Rd.Erl.	Runderlaß

Abkürzungsverzeichnis

Rh-Pf	Rheinland-Pfalz	UGr.	Untergruppe
Rz.	Randziffer	v. H.	vom Hundert
S-H	Schleswig Holstein	VKO	Vorläufige Kommunalordnung
Saar	Saarland		
Sachs.	Sachsen	VOB	Verdingungsordnung für Bauleistungen
SächsGemO	Sächsische Gemeindeordnung		
		VOL	Verdingungsordnung für Leistungen
SAH	Sachsen-Anhalt		
sog.	sogenannt	VV	Verwaltungsvorschrift
SpkG	Sparkassengesetz	WoBauG	Wohnungsbaugesetz
StabWG	Gesetz zur Förderung des Wachstums und der Stabilität der Wirtschaft	z. B.	zum Beispiel
		z. T.	zum Teil
		Ziff.	Ziffer
StBauFG	Städtebauförderungsgesetz	ZKF	Zeitschrift für Kommunalfinanzen
STT	Der Städtetag	ZögU	Zeitschrift für öffentliche und gemeinwirtschaftliche Unternehmen
SZR	Sonderziehungsrechte		
TDM	Tausend DM		
Th, Thür	Thüringen		
u. a.	unter anderem, und anderes	Zuw.	Zuweisungen
		ZwVG	Zweckverbandsgesetz
u. a. O.	und andere Orte	zzgl.	zuzüglich

Verzeichnis der Schaubilder

Schaubild 1: Geschäftsanteile der Banken im Kreditgeschäft
mit Kommunen 1997 37

Schaubild 2: Haushaltsbelastung beim Festbetragskredit 43

Schaubild 3: Haushaltsbelastung beim Ratenkredit 45

Schaubild 4: Haushaltsbelastung bei einem Annuitätendarlehen 46

Schaubild 5: Die Entwicklung der Verschuldung von Bund, Ländern
und Gemeinden seit 1970 50

Schaubild 6: Struktur der Verschuldung der Gebietskörperschaften
1970 und 1997 51

Schaubild 7: Nettokreditaufnahme und Investitionsrate 52

Schaubild 8: Struktur der Finanzierung des Vermögenshaushalts
in den alten Bundesländern 1972–1995 53

Schaubild 9: Schuldenstand in den Städten mit mehr als 20.000 Einwohnern nach Grössenklassen (alte Bundesländer)............ 54

Schaubild 10: Entwicklung der unmittelbaren und mittelbaren Verschuldung in den Städten mit mehr als 20.000 Einwohnern
nach Grössenklassen (alte Bundesländer)................... 55

Schaubild 11: Bürgschaftsvolumen in den Städten mit mehr als 20.000 Einwohnern nach Grössenklassen (alte Bundesländer)............ 56

Schaubild 12: Durchschnittsverzinsung der Kommunalverschuldung
1980–1991 in den Städten mit mehr als 20.000 Einwohnern nach Grössenklassen (alte Bundesländer)............ 56

Schaubild 13: Entwicklung von Schuldenstand und Steuereinnahmen
1980–1991 in den Städten mit mehr als 20.000 Einwohnern
nach Grössenklassen (alte Bundesländer)................... 57

Schaubild 14: Struktur des Schuldenstandes 1980, 1985, 1991 und 1997
– Städte mit mehr als 50.000 Einwohnern 59

Schaubild 15: Kreditaufnahme und „Freie Spitze" 79

Schaubild 16: Grundzüge des Swap 97

Schaubild 17: Frühzeitige Umschuldungsfinanzierung 100

Schaubild 18: Schuldendienst und Liquiditätsentwicklung 102

Schaubild 19: Hoch- und Niedrigzins.................................... 104

Schaubild 20: Konzentration von Umschuldungszahlungen 105

Verzeichnis der Schaubilder

Seite

Schaubild 21: Tilgungsverlauf bei Tilgungsstreckung 106
Schaubild 22: Verteilung der Schuldendienstzahlungen nach Zahlungsweise . . 109
Schaubild 23: Zeitverlauf eines Bauspardarlehens 133
Schaubild 24: Grundzüge der Forfaitierung 144
Schaubild 25: Grundzüge des Full-Service-Leasing 151
Schaubild 26: Buy-and-Lease-Verfahren 152
Schaubild 27: Sale-and-Lease-Back-Verfahren 153
Schaubild 28: Staatsausgaben und konjunkturelle Entwicklung 159
Schaubild 29: Gewerbesteuer und Bruttosozialprodukt 162

Verzeichnis der Übersichten

Seite

Übersicht 1: Haushaltswirtschaftliche Konsequenzen einer kreditfinanzierten Stadtentwicklung. 30

Übersicht 2: Kommunale Kreditvorgänge. 34

Übersicht 3: Zins und Tilgung eines Festbetragkredits 43

Übersicht 4: Zins und Tilgung bei einem Ratenkredit. 44

Übersicht 5: Zins und Tilgung bei einem Annuitätendarlehen. 46

Übersicht 6: Kreditähnliche Rechtsgeschäfte in einzelnen Bundesländern. 49

Übersicht 7: Die Städte mit der höchsten Pro-Kopf-Verschuldung 1980, 1985, 1992 und 1997. 60

Übersicht 8: Veranschlagung von kreditbezogenen Vorgängen im Kommunalhaushalt – Gruppierungsplan –. 63

Übersicht 9: Differenzierung der Veranschlagung nach Gläubigergruppen ... 64

Übersicht 10: Übersicht über den voraussichtlichen Stand der Schulden – Muster Rheinland-Pfalz – 66

Übersicht 11: Beurteilung der dauerhaften Leistungsfähigkeit in Rheinland-Pfalz. 74

Übersicht 12: Die Entwicklung der Defizitquote nach den Planungen der Bundesregierung 83

Übersicht 13: Zeitliche Überlagerung von Kreditermächtigungen. 85

Übersicht 14: a) Vorratskreditaufnahme. 94

b) Vorfinanzierung durch Kassenkredit. 95

Übersicht 15: Derivative Finanzinstrumente. 98

Übersicht 16: Laufzeit eines Annuitätendarlehens. 103

Übersicht 17: Kreditaufnahme und Umschuldung. 104

Übersicht 18: Kreditkonditionen und Effektivzins. 110

Übersicht 19: Muster einer Schuldurkunde - Annuitätendarlehen. 113

Übersicht 20: Zuständigkeitsregelungen bei der Kreditaufnahme 122

Übersicht 21: Abwicklung eines Vorfinanzierungsgeschäfts 137

Übersicht 22: Muster für eine modifizierte Ausfallbürgschaft 139

Kapitel I
Finanzwirtschaftliche Grundlagen

1. Besonderheiten der Kommunalverschuldung

Die kommunale Kreditaufnahme ist Bestandteil der gesamten öffentlichen Verschuldung; sie weist jedoch gegenüber der staatlichen Kreditaufnahme einige wesentliche Unterschiede auf. Wie im gesamten kommunalen Haushaltsrecht steht bei der Verschuldung der Städte, Gemeinden und Kreise der einzelwirtschaftliche Bezug im Vordergrund. Zwar sind gesamtwirtschaftliche Aspekte nicht ohne Belang, sie besitzen jedoch nicht die Bedeutung, die ihnen im staatlichen Bereich zukommt.

1

1.1 Einzelwirtschaftliche Ausrichtung

Daraus kann umgekehrt jedoch keine Analogie zur Fremdfinanzierung privater Unternehmen gezogen werden. Das kamerale Rechnungswesen der Kommunen unterscheidet sich deutlich von der kaufmännischen doppelten Buchführung. Begriffe wie Eigen- oder Fremdkapital sind dem kommunalen Haushaltsrecht – abgesehen von den sog. kostenrechnenden Einrichtungen [→ Rz. 150ff.] – fremd. Während in privaten Unternehmen die Kosten der Fremdfinanzierung durch entsprechende Erträge erwirtschaftet werden müssen, besteht ein derartiger Zusammenhang im Kommunalhaushalt unmittelbar weder rechtlich noch inhaltlich. Grundsätzlich muß der Schuldendienst aus den laufenden Einnahmen getragen werden. Ob und inwieweit durch kreditfinanzierte Projekte die Einnahmekraft einer Kommune gestärkt wird [→ Rz. 32ff.], läßt sich weder nachweisen noch ist dies für sich genommen eine Vorbedingung für die Kreditaufnahme.

2

Ein zweiter gewichtiger Unterschied ist zu beachten: Während die Vergabe eines Kredits an ein privates Unternehmen stets von der Einschätzung der Bonität des Kreditnehmers und ggf. der Seriosität der mit der Finanzierung beabsichtigten Maßnahmen abhängt, gilt dies für die kommunale Kreditfinanzierung nicht. Rechtlich ist das Konkursrisiko bei einer Kommune ausgeschlossen – vereinzelte faktische Probleme konnten bisher ohne Nachteil gelöst werden. Insoweit unterliegt der Kommunalkredit auch aus Sicht des Kreditgebers einer durchaus vom Privatsektor abweichenden Betrachtungsweise.

3

Der privaten Kreditfinanzierung am nächsten kommt noch die Fremdfinanzierung – dort ist dieser Begriff gebräuchlich – kommunaler Unternehmen [→ Rz. 204ff.]. Was sie gleichwohl i.d.R. vom privaten Unternehmensbereich abhebt, ist die Tatsache, daß der Eigentümer, d.h. die Kommune, ggf. zusammen mit Dritten, den Erhalt des Unternehmens zumeist auch bei nachhaltigen Verlusten garantiert.

4

Finanzwirtschaftliche Grundlagen

1.2 Strukturelle Unterschiede zur Staatsverschuldung

5 Die Kreditwirtschaft der Kommunen steht in enger Beziehung zur Investitionstätigkeit, die in den Haushalten der Städte und Gemeinden ein weitaus größeres Gewicht besitzt als bei Bund und Ländern. Immerhin entfallen rund 2/3 der öffentlichen Investitionen auf den kommunalen Bereich. Die Bindung der Kreditaufnahme an das Investitionsvolumen ist dementsprechend im kommunalen Haushaltsrecht eindeutig, während das staatliche Haushaltsrecht die in der Praxis weit ausgelegte gesamtwirtschaftliche Ausnahmeregelung des Art. 115 Abs. 1 Satz 2 GG (entsprechend z.B. Art. 117 Satz 2 LV Rh-Pf) kennt.

6 Der einzelwirtschaftliche Bezug kommunaler Kreditaufnahme schlägt sich insbesondere darin nieder, daß die Zulässigkeit der Kreditaufnahme einem Finanzierungsvorbehalt unterliegt. Ob und inwieweit eine Kommune sich verschulden kann, richtet sich danach, ob sie die daraus resultierenden finanziellen Verpflichtungen auch tragen kann. Eine vergleichbare Bindung an haushaltswirtschaftliche Voraussetzungen findet sich im staatlichen Haushaltsrecht demgegenüber nicht.

7 Die staatliche Kreditaufnahme unterliegt – abgesehen von der parlamentarischen Kontrolle – lediglich der nachträglichen gerichtlichen Überprüfung. Damit kann zwar die Rechtmäßigkeit staatlicher Verschuldung beantwortet werden, die Auswirkungen im Haushalt sind jedoch bereits eingetreten. Dies zeigt der Zeitablauf der Entscheidung des Bundesverfassungsgerichts vom 18. März 1989 (2 BvF 1/82), die sich mit der weit zurückliegenden und in der Zwischenzeit überholten Neuverschuldung des Bundes im Jahre 1981 befasste. Im Gegensatz dazu ist die kommunale Kreditaufnahme der vorherigen Prüfung unterworfen, da sie in fast allen Bundesländern der Genehmigung durch die Aufsichtsbehörde bedarf. Fehlentwicklungen in der kommunalen Kreditwirtschaft können so rechtzeitiger erkannt und daher auch eher vermieden werden.

8 Schließlich haben Staat und Kommunen unterschiedliche Positionen am Kapitalmarkt. Die staatliche Kreditaufnahme erreicht Größenordnungen, die die Nutzung aller Angebote am Kapitalmarkt erlaubt. Die Neuverschuldung einer einzelnen Kommune hingegen ist – abgesehen von einigen Großstädten oder großen Zweckverbänden – für den Kapitalmarkt von vergleichsweise geringer Bedeutung, so daß auch nur begrenzte Möglichkeiten – in aller Regel der Bankkredit – zur Verfügung stehen. Allerdings ist in den letzten Jahren zu beobachten, daß die Kreditinstitute ihre weitergehenden Angebote so strukturieren, daß sie für einen größeren Kreis von Kommunen in Betracht gezogen werden können.

Besonderheiten der Kommunalverschuldung

- Einzelwirtschaftliche Ausrichtung
- Strikter Bezug zur Investitionstätigkeit
- Vorabkontrolle durch Genehmigung
- Bindung an die haushaltswirtschaftliche Situation
- Begrenzte Möglichkeiten am Kapitalmarkt

1.3 Von der Schuldenverwaltung zum Schuldenmanagement

Mittlerweile hat sich auch die Einschätzung der Kreditwirtschaft in den Kommunen zu wandeln begonnen. In der Vergangenheit galt vor allem ein eher passives Verhalten, d. h. Kredite wurden für einen – in aller Regel fest definierten – Zeitraum zum Zeitpunkt des Liquiditätsbedarfs aufgenommen. Kommunales Handeln beschränkte sich weitgehend darauf, für dieses Rechtsgeschäft die günstigsten Konditionen zu erreichen. *9*

Inzwischen sehen viele Kommunen in einem aktiven Schulden- und Liquiditätsmanagement eine Möglichkeit zur Entlastung ihrer Haushalte. Die Optimierung der Zinsbelastung ist zu einer eigenständigen Aufgabe kommunaler Finanzwirtschaft geworden. Dies gilt auf der einen Seite für die Minimierung der Kosten des Schuldenbestandes, auf der anderen Seite für eine bestmögliche Abstimmung von Liquiditätsbedarf und Geldanlage. *10*

Hinzu kommt zunehmend die Bereitschaft, konkrete Investitionsplanungen und Finanzierungsentscheidungen zusammenzufassen und damit ein höheres Maß an Sicherheit über die künftigen Folgekosten bzw. -lasten zu gewinnen [→ Rz. 330]. Dies gilt gerade für kapitalintensive Bereiche wie die Abwasserbeseitigung, deren Kosten und damit auch die Gebühren in hohem Maße durch die Kapitalkosten bestimmt sind. Bei einer passiven Finanzierungsstrategie bleibt – da die Finanzierungskonditionen im Zeitpunkt des Liquiditätsbedarfs unbekannt sind – ein nicht zu unterschätzendes Kostenrisiko. Eine aktive Strategie hingegen – wie sie im übrigen im privaten Bereich durchaus üblich ist – reduziert diese Risiken, erfordert allerdings oft weitere Vereinbarungen über Zwischenfinanzierungen o. ä. sowie eine sorgsame Abwägung aller relevanten Entscheidungsfaktoren. *11*

Es wäre gewiß verfehlt, daraus eine umfassende Neuorientierung kommunaler Kreditwirtschaft zu konstatieren. In der Mehrzahl, insb. der kleineren Gemeinden, dominiert nach wie vor – sicher auch zu Recht – die bisherige Strategie. Viele größere, aber auch mittlere Kommunen jedoch haben sich zumindest partiell mit Formen aktiven Kreditmanagements befasst. Hierzu hat wohl nicht unerheblich beigetragen, daß die Kreditinstitute gezielte Angebote für den kommunalen Sektor entwickelt haben. Insoweit ist es gewiß nicht unzulässig davon zu sprechen, daß sich die Kommunen auf dem Weg von der Schuldenverwaltung zum Schuldenmanagement befinden. *12*

2. Zur Begründung kommunaler Kreditaufnahme
2.1 Möglichkeiten der Investitionsfinanzierung

Die große Bedeutung der Investitionstätigkeit in den kommunalen Haushalten stellt besondere Anforderungen an die Investitionsfinanzierung. Dies resultiert nicht nur aus dem im Vergleich zu Bund und Ländern hohen Investitionsvolumen, sondern auch aus dem diskontinuierlichen Verlauf des Investitionsbedarfs. Die Finanzierung kommunaler Investitionen wird daher nicht nach den Bedingungen erfolgen können, die für den laufenden Aufwand gelten. *13*

Finanzwirtschaftliche Grundlagen

Grundsätzlich lassen sich für die Investitionsfinanzierung

- die Vorabdeckung
- die Sofortdeckung
- die Nachherdeckung

unterscheiden.

14 Ursprünglich galten Schulden als unsolide Form der Finanzierung. Für Investitionen sollten daher solange Rücklagen angesammelt werden, bis der Kaufpreis angespart war. Rücklagen stellen die Vorabdeckung von Investitionsausgaben dar, d.h. die Investition wird erst dann getätigt, wenn die Rücklage die erforderliche Höhe erreicht hat. Zu diesem Zweck sind der Rücklage aus den jährlichen Einnahmen Mittel zuzuführen. Der Zeitpunkt der Investitionstätigkeit wird mithin in die Zukunft verschoben; er ist abhängig vom Zeitbedarf für die Ansammlung der entsprechenden Rücklagen. Sofern Investitionen nur in gewissen Zeitabständen anfallen, ist das auch durchaus möglich.

15 Aber angesichts des regelmässigen und hohen Investitionsbedarfs in den Kommunen, in den neuen Bundesländern vor allem zum Auf- und Ausbau der Infrastruktur, in den alten Bundesländern vor allem zur Sanierung und Erneuerung der vorhandenen Infrastruktur, ist die Vorabdeckung allein keine tragfähige Lösung. Die Kommunen müssten in hohem Maße Rücklagen bilden; dies wäre selbst bei äußerster Sparsamkeit im laufenden Verwaltungsaufwand und/oder einer – aus anderen Gründen fragwürdigen – starken Anspannung der Abgabesätze kaum möglich. Da überdies Rücklagen – auch bei ertragbringender Wiederanlage – im Zuge des Inflationsprozesses dem Risiko des Werteverzehrs unterliegen können, spielt die Vorabdeckung kommunaler Investitionen durch die Ansammlung und spätere Inanspruchnahme von Rücklagen eine untergeordnete Rolle. Eine Ausnahme gilt allenfalls für Investitionsobjekte, für die gezielt Spenden, bestimmte Veräußerungserlöse oder andere zweckgebundene Mittel – soweit haushaltsrechtlich zulässig – bereitgestellt worden sind.

16 Im Gegensatz zur Vorabdeckung werden bei der Sofortdeckung kommunaler Investitionsausgaben Einnahmen derselben Rechnungsperiode zur Bestreitung des jeweiligen Investitionsaufwands herangezogen. Auf Grund der Bindung der Investitionen an den Vermögenshaushalt kommen dabei nur die dort veranschlagten Einnahmen in Betracht. Dies können Überschüsse aus den laufenden Einnahmen (Zuführung vom Verwaltungs- an den Vermögenshaushalt) oder einmalige Einnahmen wie Veräußerungserlöse, Zuschüsse und Beiträge sein.

17 Die im kaufmännischen Rechnungswesen übliche Finanzierung von Investitionen aus erwirtschafteten Abschreibungen hingegen gibt es im kameralen Rechnungswesen nicht; selbst in kostenrechnenden Einrichtungen, die im System der Kameralistik Abschreibungen ausweisen, läßt sich ein solcher Finanzierungszusammenhang im Haushalt allenfalls mittelbar darstellen [vgl. Anhang 2 Ziff. 4.5]. Die Sofortdeckung kommunaler Investitionen ist zwar durchaus üblich, allerdings sind ihr gewisse Grenzen gesetzt.

So unterliegt die Zuführung aus dem Verwaltungs- an den Vermögenshaushalt zwar grundsätzlich der haushaltswirtschaftlichen Gestaltung der Kommune, die Möglichkeiten sind indes erheblich eingeschränkt. Weder kann der laufende Aufwand – vor allem angesichts der vielfältigen Pflichtaufgaben der Kommunen – beliebig reduziert werden, noch lassen sich die Abgaben dem hohen und überdies schwankenden Finanzbedarf für die Investitionstätigkeit anpassen. *18*

Veräußerungserlöse sind nur solange zu erzielen, wie die Kommunen über veräußerungsfähiges, d.h. am Markt einzusetzendes Vermögen verfügen. Dies dürften in erster Linie Immobilien, in gewissem Umfang auch Beteiligungsbesitz sein. Dabei ist jedoch zu beachten, daß typische Formen kommunalen Vermögens wie der Grundbesitz an öffentlichen Straßen, Wegen und Plätzen sowie andere zur Aufgabenerfüllung erforderliche Einrichtungen nicht veräußert werden können bzw. keinen oder nur geringen Marktwert besitzen. *19*

Im übrigen kann die Vermögensveräußerung keine dauerhafte Form der Investitionsfinanzierung sein, da die Reserven rasch verbraucht sind. Sie wird daher nur in Zeiten äußerster finanzieller Anspannung in Betracht zu ziehen sein. Eine Ausnahme kann allenfalls dann gelten, wenn die Vermögensveräußerung einem gleichartigen Vermögenserwerb – z.B. Grundstücksverkäufe bei gleichzeitigem Erwerb anderer Grundstücke – dient, der Vermögensbestand insgesamt mithin auf Dauer erhalten bleibt.

Die Beitragserhebung ist an besondere rechtliche Vorgaben geknüpft. Beiträge sind nur für bestimmte Sachverhalte, vor allem den Bau und Ausbau von Straßen und Abwasserbeseitigungsanlagen und nur bis zu einer bestimmten Höhe des jeweiligen Investitionsaufwandes zulässig. Selbst für beitragsfinanzierte Investitionen muß die Kommune in aller Regel einen gewissen Anteil aus anderen Mitteln bestreiten. *20*

Staatliche Investitionszuschüsse schließlich sind ein wichtiges Element der Sofortdeckung kommunaler Investitionsausgaben, unterliegen allerdings wie die Beiträge in der Regel einer Zweckbindung. Schon mit Rücksicht auf die Haushaltswirtschaft der Länder können sie zudem nicht auf den jeweiligen Investitionsbedarf der Kommunen abgestimmt sein. Investitionszuschüsse der Länder sind ferner nicht in erster Linie finanzpolitisch begründet; sie sollen vor allem Anreizfunktionen zur Durchsetzung landespolitischer Zielsetzungen ausüben. Damit geraten sie als „goldene Zügel" stets in erheblichen Konflikt mit dem Postulat der kommunalen Selbstverwaltung. Da sie überdies durchweg nur eine Anteilsfinanzierung darstellen, die Kommune einen nicht unerheblichen Eigenanteil zur Finanzierung beisteuern muß, sind dem Instrument ebenfalls Grenzen gezogen. *21*

> **Die Deckung von Investitionsausgaben**
>
> **Vorabdeckung**
> - Rücklagen
>
> **Sofortdeckung**
> - Zuführung zum Vermögenshaushalt
> - Veräußerungserlöse
> - Beiträge
> - Zuweisungen und Zuschüsse
>
> **Nachherdeckung**
> - Kreditaufnahme

22   Die bisher genannten Möglichkeiten aus der Sofort- und zu gewissen Teilen der Vorabdeckung sind nicht immer ausreichend, um alle notwendigen Investitionsausgaben in einer Kommune bestreiten zu können. Dies gilt insbesondere dann, wenn ein außerordentlicher, hoher Investitionsbedarf vorliegt. Bereits aus diesem Grund muß die Nachherdeckung, d. h. die Kreditaufnahme, möglich sein. Die Kreditfinanzierung kommunaler Investitionen ist mithin kein Ausnahmefall, sie ist nicht selten finanzwirtschaftlich notwendig.

2.2 Gerechtere Belastung durch Kreditfinanzierung?

23   Unabhängig von der finanzwirtschaftlichen Betrachtung werden auch eher grundsätzliche Argumente zur Begründung der Kreditaufnahme herangezogen. Bei der Vorab- oder Sofortdeckung kommunaler Ausgaben werden – so der Grundgedanke – Bürger belastet, die den gesamten Nutzen der mit den Investitionen geschaffenen Einrichtungen nicht mehr in Anspruch nehmen können. Die späteren Nutzer hingegen wären von den Finanzierungslasten befreit. Dieser Effekt könnte bei einer Kreditfinanzierung vermieden werden, da in dem Fall die Kosten der Finanzierung und die Nutzungsmöglichkeit zeitlich zusammenfielen. Die Nutzer einer kommunalen Einrichtung seien dann auch für die Deckung des entsprechenden Finanzbedarfs verantwortlich. Dieser Gedanke findet sich in ähnlicher Form im Rahmen der erweiterten Kameralistik bereits in der Berücksichtigung von Abschreibungen in kostenrechnenden Einrichtungen.

24   Das in der Wirtschaftswissenschaft unter dem Begriff pay-as-you-use bekannte Prinzip unterliegt indessen erheblicher Kritik. Sofern der Investitionsbedarf zeitlich zwischen den Generationen keinen wesentlichen Schwankungen unterliegt, ist jede Generation unabhängig von der gewählten Form der Finanzierung Nutzer und Zahler zugleich. Das pay-as-you-use Prinzip wäre daher strenggenommen nur auf Fälle außerordentlichen Bedarfs – wie er z.B. in der Nachkriegszeit oder nach der deutschen Vereinigung vorlag – anzuwenden. Dann allerdings müsste die Verschuldung anschließend auch schrittweise zurückgeführt werden. Dies ist jedoch weder bei der staatlichen noch bei der kommunalen Verschuldung in ihrer Gesamtheit zu beobachten gewesen.

Zur Begründung kommunaler Kreditaufnahme

Im übrigen ist das pay-as-you-use-Prinzip in hohem Maße einzelwirtschaftlich 25
begründet und in erster Linie auf monetäre Aspekte begrenzt. Die reale Inanspruchnahme des Bruttosozialprodukts, d.h. die gesamtwirtschaftliche Versorgung mit Gütern und Dienstleistungen, ist keineswegs von vornherein von der Art der Finanzierung öffentlicher Leistungen abhängig. Die öffentliche Hand beansprucht sowohl mit der Steuererhebung als auch mit der Kreditaufnahme einen bestimmten Teil des Bruttosozialprodukts. In realen Größen läßt sich keine Gerechtigkeit zwischen den Generationen mit Hilfe der Kreditfinanzierung öffentlicher Ausgaben herleiten.

Dies ist anders zu beurteilen, wenn die Verschuldung extern, d.h. außerhalb der 26
Grenzen der Gebietskörperschaft erfolgt. In dem Fall beansprucht die Gebietskörperschaft keine eigenen, sondern externe Ressourcen. Gerade die Kommunalverschuldung scheint auf den ersten Blick dem zu entsprechen, da die Kreditaufnahme nicht auf das eigene Gemeindegebiet beschränkt ist. Selbst die traditionellen Kreditgeber der Kommunen, die Sparkassen, deren Geschäftsgebiet an kommunalen Grenzen orientiert ist, refinanzieren sich zu einem Teil auch außerhalb dieser Grenzen. Einzelwirtschaftlich betrachtet kommt die kommunale Kreditaufnahme einer externen Verschuldung also sehr nahe.

Gleichwohl ist unter gesamtwirtschaftlichen Blickwinkel eine reale Lastverschie- 27
bung aus diesem Umstand nicht abzuleiten. Denn viele Gemeinden nehmen gleichzeitig Kredite auf, so daß die Bürger oft zum gleichen Zeitpunkt Gläubiger und – über ihre Kommune – Schuldner sind. Insoweit kann also die Gesamtheit der kommunalen Verschuldung nicht mehr als extern bezeichnet werden, sie ist lediglich die interne Verschuldung eines bestimmten Teils des öffentlichen Sektors. Eine intergenerative Gerechtigkeit nach Maßgabe des pay-as-you-use-Prinzips kann daher nicht als gesonderte Begründung für kommunale Kreditaufnahme herangezogen werden.

2.3 Kreditaufnahme und Vermögensbildung

Ausgabenschwankungen im Kommunalhaushalt müssen nicht generell auf die In- 28
vestitionstätigkeit zurückzuführen sein. Eine Kreditfinanzierung anderer Ausgaben wird indes strikt abgelehnt. Diese Differenzierung wird mit dem Argument begründet, mit Investitionen werde Vermögen geschaffen, das für den Fall finanzieller Schwierigkeiten der betreffenden Kommune gleichzeitig als Kreditsicherung gelten könne. Diesem Umstand könnte auf kommunaler Ebene besondere Bedeutung beigemessen werden, da regionale oder branchenmässige Sonderentwicklungen den einzelnen Kommunalhaushalt weitaus stärker berühren als den Haushalt des Bundes oder eines Landes. Finanzielle Probleme seien auf kommunaler Ebene deshalb weit eher zu erwarten. Das mit der Kreditaufnahme geschaffene Vermögen sei mithin als Kreditsicherung wichtig, um eine kommunale Kreditaufnahme rechtfertigen zu können.

Für die Gläubiger der Kommunen bestünde die Kreditsicherung mithin im 29
Marktwert des jeweiligen kommunalen Vermögens. Sofern der Marktwert die ausstehende Verschuldung übersteigt, könnte die Kreditaufnahme noch vertretbar

sein. Unter Zugrundelegung privatwirtschaftlicher Kriterien wäre eine Kommune erst dann „überschuldet", wenn ihr Nettovermögen negativ wäre:

Bruttovermögen
./. Verschuldung
Nettovermögen

Dies entspräche einer Bonitätsbeurteilung [→ Rz. 260 ff.] der Kommune als Kreditschuldner.

30 Allerdings kann der Marktwert kommunalen Vermögens in der Praxis nicht ermittelt werden. Viele Bestandteile kommunalen Vermögens besitzen keinen oder nur einen geringen Marktwert. So sind für Straßen, Brücken, Bäder, Grünanlagen oder andere Einrichtungen Veräußerungserlöse nicht bzw. nur in geringem Umfang zu erwarten, denn sie bieten für einen potentiellen Erwerber weder Erträge noch eine andere ertragbringende Nutzung. Hinzu kommt, daß viele Vermögensbestandteile auf Grund der Bindung an einen öffentlichen Zweck für eine Veräußerung nicht in Betracht kommen. Insofern ist nicht auszuschließen, daß die für den Erwerb des Vermögens aufgewandten Mittel höher ausfallen als der bei einer möglichen Veräußerung zu erzielende Erlös. Eine dem Verkehr gewidmete Straße verursacht hohe Investitionskosten; ihr Marktwert wäre jedoch demgegenüber kaum nennenswert.

31 Auf der anderen Seite kann kommunales Vermögen auch nicht als Sicherheit eingesetzt werden [→ Rz. 257 ff.]. Die Zahlungsfähigkeit der Kommune ist in anderer Weise gewährleistet. Eine besondere Rechtfertigung kommunaler Kreditaufnahme kann mithin auch mit dem Vermögensaspekt nicht gegeben werden.

2.4 Kreditaufnahme und Stadtentwicklung

32 Die Kreditaufnahme der öffentlichen Hand wird bisweilen auch mit wachstumspolitischen Argumenten begründet. Die mit Krediten finanzierten öffentlichen Investitionen würden das Wachstum fördern und damit über eine Erhöhung des Bruttosozialprodukts zu vermehrten Einnahmen der öffentlichen Hand führen. Die Belastungen aus dem Schuldendienst seien mithin haushaltswirtschaftlich auf längere Sicht unproblematisch. Auf die kommunale Ebene übertragen bedeutete dies die Annahme eines direkten Zusammenhangs zwischen kommunaler Investitionstätigkeit und künftiger Einnahmeentwicklung. Eine gewisse Analogie zu einem privatwirtschaftlichen Kalkül auf der Grundlage von Ertragserwartungen läßt sich dabei durchaus herstellen.

33 Der Gedanke ist – zumindest bei bestimmten kommunalen Investitionen – keineswegs fernliegend. So werden Erschließungsaufwendungen für Wohn- oder Gewerbegebiete in der kommunalen Praxis zumeist mit erhöhten Einnahmeerwartungen verknüpft. Dabei geht es nicht um die reine Vorfinanzierung später durch Beiträge abzudeckender Aufwendungen; die dauerhaften Einnahmeerwartungen richten sich auf höhere Gewerbesteuereinnahmen durch die Ansiedlung neuer Gewerbebetriebe bzw. einen höheren Anteil an der Einkommensteuer und zusätzli-

Zur Begründung kommunaler Kreditaufnahme

cher Schlüsselzuweisungen aus dem kommunalen Finanzausgleich auf Grund des Zuzugs neuer Einwohner.

Der Zusammenhang ist indes keineswegs eindeutig (→ Übersicht 1). So werden Mehreinnahmen – wenn sie überhaupt anfallen – in der Regel mit erheblichem Zeitverzug realisiert. Soweit es sich allein um die Vorfinanzierung von Beiträgen oder anderen investitionsbezogenen Einnahmen handelt, kann die Gemeinde diesen zeitlichen Abstand in Grenzen selbst bestimmen. Die künftige Steuerentwicklung unterliegt hingegen ausschließlich externen Einflüssen. *34*

Hinsichtlich der Gewerbesteuer ist die Frage zu stellen, ob bereits mit Beginn der Betriebsaufnahme eines neuangesiedelten Unternehmens Erträge und damit Steuereinnahmen anfallen. Soweit es sich um eine Betriebsstätte eines bereits existierenden Unternehmens handelt, dessen Gewerbesteuer zwischen den Betriebsstättengemeinden zerlegt wird, kann dies durchaus der Fall sein. Bei der Neuerrichtung oder Verlagerung eines einzelnen Unternehmens hingegen dürften die Erträge oft durch hohe Anfangsabschreibungen kompensiert werden, so daß mögliche Gewerbesteuermehreinnahmen erst nach einer gewissen Zeit zu erwarten wären. Im übrigen unterliegen Gewerbesteuereinnahmen erheblichen konjunkturell oder branchenspezifisch bedingten Schwankungen; die dauerhafte Erzielung von Gewerbesteuermehreinnahmen ist daher in hohem Maße ungewiß. *35*

Diese Gefahr ist hinsichtlich erwarteter Mehreinnahmen aus dem Zuzug neuer Einwohner – soweit sie Einkommensteuer zahlen – nicht gegeben, da die Einkommensteuer eine jedenfalls in den meisten Jahren recht stetige Entwicklung aufweist. Allerdings verändert sich der für die Gemeinde relevante Schlüssel zur Verteilung des Einkommensteueranteils auf Grund der Besonderheiten der Steuerstatistik und der in der Regel im 3-Jahres-Rhythmus erfolgenden Anpassung erst sehr spät. So wird für 2000 erstmals die Steuerstatistik aus dem Jahre 1995 angewandt. Neue Einwohner, die im Jahr 2000 in die betreffende Kommune ziehen, würden bei der Verteilung des Einkommensteueranteils nicht vor dem Jahr 2006 zu Buche schlagen. Anders verhält es sich mit den Leistungen des Finanzausgleichs; sie reagieren sehr rasch, in der Regel im Folgejahr, auf Veränderungen der Einwohnerzahl. *36*

Der Zuzug von Gewerbe, unmittelbarer noch der Bevölkerungszuwachs, bedeuten indes nicht nur mögliche höhere Einnahmen in der Zukunft, sie verursachen bereits vorher erhebliche Belastungen. Die vorhandene Infrastruktur wird stärker in Anspruch genommen, so daß die laufenden Ausgaben der Kommune steigen. Darüber hinaus sind bei einer forcierten Stadtentwicklung Folgeinvestitionen erforderlich. So wird eine Zunahme der Bevölkerungszahl nicht ohne Auswirkungen auf Kindergärten, Schulen, Straßen, den ÖPNV, die Ver- und Entsorgung und andere Bereiche sein. Ob die erwarteten Mehreinnahmen diesen Mehrbedarf immer kompensieren können, muß zumindest bezweifelt werden. *37*

Schließlich darf nicht übersehen werden, daß die höhere Steuerkraft einer Gemeinde gleichzeitig auch höhere Umlagen, insb. die Gewerbesteuer- und, im kreisangehörigen Raum, die Kreisumlage nach sich zieht. Die der Gemeinde brutto zufließenden Einnahmen werden dadurch erheblich reduziert. Hinzu kommt die ergänzende Ausgleichswirkung der Schlüsselzuweisungen aus dem kommunalen *38*

Finanzwirtschaftliche Grundlagen

Finanzausgleich, denn mögliche Steuermehreinnahmen erhöhen die Steuerkraft der Gemeinde und reduzieren bei sonst gleichen Bedingungen den Anspruch auf Schlüsselzuweisungen. Nur wenn die Kommune nach Abzug aller dieser Belastungen und unter Berücksichtigung aller Folgelasten hinreichende dauerhafte Nettomehreinnahmen zur Bestreitung des Schuldendienstes erzielt, könnte eine Kreditfinanzierung von Stadtentwicklungsmaßnahmen haushaltswirtschaftlich gerechtfertigt werden.

Übersicht 1: Haushaltswirtschaftliche Konsequenzen einer kreditfinanzierten Stadtentwicklung (Erschließung von Gewerbegebieten)

Kreditbetrag (endgültig von der Gemeinde zu tragen)[*]	5.000.000 DM		
Zu finanzierende Annuität (Zinssatz 6 %, Tilgung 1 %)	350.000 DM		
Variante	A	B	C
Mehreinnahmen aus der Gewerbesteuer (brutto)	1.000.000 DM	3.000.000 DM	5.000.000 DM
abzüglich Gewerbesteuerumlage (21 %)[**]	210.000 DM	630.000 DM	1.050.000 DM
Gewerbesteuer (netto)	790.000 DM	2.370.000 DM	3.950.000 DM
abzüglich Kreisumlage[***]	280.000 DM	830.000 DM	1.380.000 DM
abzüglich Finanzausgleichseffekt[****]	395.000 DM	1.185.000 DM	1.975.000 DM
Ergebnis	115.000 DM	355.000 DM	595.000 DM

[*]   Nach Abzug von Beiträgen und ggf. Zuschüssen
[**]   Dies entspricht bei dem geltenden Umlagesatz von 83 v.H. einem örtlichen Hebesatz von etwa 390 v.H.
[***] 35 v.H. auf die Gewerbesteuer (netto)
[****] 50 v.H. auf die Gewerbesteuer (netto); unterstellt ist ein Ausgleichsfaktor von 0,5 sowie eine unmittelbare Wirkung zusätzlicher Gewerbesteuereinnahmen auf die empfangenen Schlüsselzuweisungen.

39 In dem dargestellten – sehr vereinfachten – Beispiel sind erhebliche, dauerhafte Gewerbesteuermehreinnahmen erforderlich, um rein haushaltswirtschaftlich eine kreditfinanzierte Stadtentwicklung zu begründen. Dies gilt auch dann, wenn die nicht eindeutig bestimmbaren Finanzausgleichswirkungen außer Betracht bleiben. Denn andere Umlagen, wie z.B. die Finanzausgleichsumlage in Baden-Württemberg oder Rheinland-Pfalz sowie besondere Folgelasten sind dabei nicht berücksichtigt. Andererseits bleiben bei dieser Darstellung natürlich auch positive Effekte auf die vorhandene Wirtschafts- und Steuerkraft oder die Bevölkerungsentwicklung der Gemeinde außer Ansatz. Gleichwohl läßt sich eine besondere Begrün-

dung für eine vorrangige Kreditfinanzierung von Stadtentwicklung keineswegs eindeutig herleiten. In der Praxis ist zwar eine derartige Politik nicht ungewöhnlich; sie bleibt indes mit einer Reihe von Risiken behaftet.

Vorrang der Kreditaufnahme?
- Intergenerative Gerechtigkeit?
- Vermögensbildung durch Investitionen?
- Wachstum durch Infrastrukturausbau?

2.5 Zur Begründung von Kreditgrenzen

Weder mit dem pay-as-you-use-Prinzip noch mit dem Argument der Vermögensbildung läßt sich ein Vorrang der Kreditfinanzierung vor den Möglichkeiten der Vorab- oder Sofortdeckung ableiten. Auch der Zusammenhang zwischen Stadtentwicklung und Einnahmenverbesserung ist zu unsicher, als daß daraus ein besonderes Argument für die Kreditfinanzierung von Infrastrukturinvestitionen gewonnen werden könnte. Ob und inwieweit eine Kreditaufnahme vertretbar und geboten ist, hängt vom Investitionsbedarf einerseits und den gegebenen Finanzierungsmöglichkeiten andererseits ab. 40

Insoweit stellt sich die Frage nach finanzwirtschaftlich begründeten Grenzen kommunaler Kreditaufnahme. Grundsätzlich enthält jede Kreditbegrenzung auch ein Element des Gläubigerschutzes; damit soll die Gefahr einer Überschuldung des Schuldners rechtzeitig abgewendet werden. Dies könnte umso mehr gelten, als die Gläubiger einer Kommune in der Regel weder auf Sicherheiten zurückgreifen noch ein Konkursverfahren über das Vermögen der Gemeinde herbeiführen können [→ Rz. 258]. Von entscheidendem Gewicht ist indes die Überlegung, daß die Sicherung einer geordneten kommunalen Kredit- und Haushaltswirtschaft die Problematik einer möglichen Garantstellung der Länder für ihre Kommunen [→ Rz. 261] gar nicht erst zum Tragen kommen läßt. 41

Darüberhinaus wird in einer ungebremsten öffentlichen Verschuldung eine Belastung für den Kapitalmarkt gesehen. Eine hohe Kreditnachfrage der öffentlichen Hand, die im wesentlichen durch den Finanzbedarf bestimmt werde und damit relativ zinsunempfindlich sei, könne zu einem Anstieg des Zinsniveaus und in der Folge zu einer Verdrängung privater Kreditnachfrage führen („Crowding-out"). Da private Kreditnachfrage in hohem Maße mit Investitionsvorhaben verknüpft ist, ließen sich dann negative Auswirkungen auf Wachstum und Konjunktur nicht ausschließen. Dies gelte auch für die Auswirkungen hoher kreditfinanzierter öffentlicher Ausgaben auf die Stabilität des Geldwertes. 42

Allerdings sind die Effekte vor allem für die Gesamtheit der öffentlichen Verschuldung maßgeblich; die Schuldenpolitik einer einzelnen Kommune spielt in dem Zusammenhang, auch vor dem Hintergrund international verflochtener Kapitalmärkte, nur eine untergeordnete Rolle. Diese eher traditionellen Argumente sind seit dem 1.1.1999 jedoch durch die Anforderungen der europäischen Wirtschafts- und Währungsunion überlagert worden. Danach haben sich die Teilnehmerstaaten zu bestimmten Begrenzungen von öffentlicher Verschuldung und 43

Finanzwirtschaftliche Grundlagen

Haushaltsdefiziten [→ Rz. 182ff.] verpflichtet. Darin ist auch die kommunale Ebene, mit Auswirkungen auf jede einzelne Gemeinde, erfasst.

44 Die zentrale Bedeutung von Kreditgrenzen für die Kommunen liegt in den Folgen der Verschuldung für die Haushaltswirtschaft. Auf der einen Seite kann die Kreditaufnahme einen Teil des Finanzbedarfs zur Bestreitung kommunaler Ausgaben sichern; auf der anderen Seite engen die damit verknüpften Schuldendienstbelastungen den finanziellen Spielraum künftiger Jahre ein. Dies wiederum hat Rückwirkungen auf die kommunale Aufgabenerfüllung. Insoweit dienen Kreditgrenzen [→ Rz. 146ff.] der Sicherung der Aufgabenerfüllung der Zukunft. Die Frage einer möglichen kommunalen Verschuldung muß daher – abgesehen von konjunkturpolitischen Erwägungen [→ Kapitel V] – vorwiegend unter haushaltswirtschaftlichem Aspekt beantwortet werden.

3. Begriffe der kommunalen Kreditwirtschaft

45 Mit der Kreditaufnahme wird die Summe aller in einem Betrachtungszeitraum aufgenommenen Kredite bezeichnet. Als Kredit gilt dabei das von Dritten – hierzu zählen auch Sondervermögen mit Sonderrechnung (insb. die Eigenbetriebe) – unter der Verpflichtung zur Rückzahlung aufgenommene Kapital (§ 45 Nr. 19 GemHVO Rh-Pf; § 87 Nr. 24 ThürGemHV). Der haushaltsrechtliche Kreditbegriff ist insoweit enger gefasst als der Darlehensbegriff des § 607 BGB. Er bezieht sich nur auf Geldschulden. Der kurzfristige Kassenkredit [→ Rz. 300ff.] fällt jedoch nicht darunter.

46 Dieser Bruttokreditaufnahme steht die im gleichen Zeitraum geleistete Tilgung, d.h. die Rückzahlung von Krediten auf Grund bestehender Kreditverpflichtungen gegenüber. Die um die Tilgungszahlungen verminderte Bruttokreditaufnahme ist die Nettokreditaufnahme oder Nettoneuverschuldung. Ist die Nettoneuverschuldung negativ, liegt eine Nettotilgung vor.

Bruttokreditaufnahme > Tilgung ⇨ Nettoneuverschuldung
oder
Bruttokreditaufnahme < Tilgung ⇨ Nettotilgung

---

47 Der Schuldenstand bezeichnet die zu einem bestimmten Zeitpunkt noch ausstehenden Kreditverpflichtungen mit Ausnahme des Kassenkredites. Er ist die Summe aller Nettoneuverschuldungsvorgänge der Vergangenheit. Jede Nettokreditaufnahme erhöht, jede Nettotilgung senkt den jeweiligen Schuldenstand.

Σ Nettoneuverschuldung (19.. – jetzt)
= Aktueller Schuldenstand

---

48 Bei der Tilgung sind ordentliche und außerordentliche Vorgänge zu unterscheiden (§ 45 Nr. 27 GemHVO Rh-Pf; § 87 Nr. 29 ThürGemHV). Als ordentliche oder planmäßige Tilgung werden Zahlungsvorgänge bezeichnet, die regelmäßig, auf Grund der eingegangenen Tilgungsverpflichtungen vertraglich zu leisten sind. Außerordentliche Tilgungen sind Zahlungen, die über die ordentliche Tilgung hinaus-

gehen; sie hängen üblicherweise mit der Umschuldung von Krediten zusammen. Eine Umschuldung liegt dann vor, wenn eine Kommune einen Kredit durch einen anderen ersetzt (§ 45 Nr. 29 GemHVO Rh-Pf; § 87 Nr. 32 ThürGemHV). Dies ist der Fall, wenn Zinsbindungsfristen auslaufen oder der Kreditvertrag gekündigt wird.

Wesentliche Bedeutung besitzt schließlich noch der Begriff des Schuldendienstes. Er bezeichnet die langfristigen jährlichen Verpflichtungen der Kommune, die aus der Verschuldung resultieren. Er setzt sich zusammen aus den planmäßigen Tilgungsleistungen einerseits und den laufenden Zinszahlungen andererseits (Annuität). Der Schuldendienst ist die für die haushaltswirtschaftlichen Auswirkungen der Kommunalverschuldung wichtige Größe. Bei der Bewertung der Wirtschaftlichkeit von Finanzierungslösungen ist auch die über die Vertragslaufzeit insgesamt von der Kommune aufzubringende Zinsleistung (Zinssumme) von Bedeutung. Wird die Zinssumme zzgl. evtl. anfallender Nebenleistungen zum Kreditvolumen ins Verhältnis gesetzt, ergibt sich der sog. Zinsballast [→ Anhang 1 Ziff. 3.2] *49*

Der Begriff der kommunalen Verschuldung ist nicht eindeutig abgegrenzt. Kommunale Aktivitäten werden in unterschiedlicher Organisations- und Rechtsform getätigt, so daß nicht allein die im Kommunalhaushalt sich niederschlagenden Kreditvorgänge zu beachten sind. Im folgenden werden diese als unmittelbare oder Kameralverschuldung bezeichnet. Üblicherweise wird auch die Kreditwirtschaft der Eigenbetriebe [→ Rz. 205 ff.; so ausdrücklich § 55 Abs. 2 Satz 2 ThürKO] und ggf. der kommunalen Krankenhäuser (mittelbare Verschuldung) in die Betrachtung einbezogen. *50*

Zum kommunalen Sektor zählen schließlich auch die Zweckverbände, die vor allem in der Ver- und Entsorgung eine wichtige Rolle spielen. Ihre Verschuldung kann allerdings den einzelnen beteiligten Gemeinden nicht zugerechnet werden, so daß sie lediglich auf gesamtwirtschaftlicher, nicht auf einzelgemeindlicher Ebene Berücksichtigung finden können. Nicht erfasst werden hingegen kommunale Unternehmen in privater Rechtsform oder kommunale Beteiligungen an derartigen Unternehmen [→ Rz. 212 ff.]. Sie werden in der Regel dem privatwirtschaftlichen Sektor zugerechnet. Da die Kommune aus ihrer Eigentümerstellung heraus, im Einzelfall auch über eine Bürgschaftsgewährung [→ Rz. 353 ff.] jedoch die finanzielle Verantwortung für solche Unternehmen ganz oder in Teilen trägt, ist es nicht unproblematisch, die dort entstehende Verschuldung, allerdings auch das entsprechende Vermögen, unberücksichtigt zu lassen. *51*

Verschuldung des kommunalen Sektors

- unmittelbare oder Kameralverschuldung
- mittelbare Verschuldung
  - Eigenbetriebe
  - Krankenhäuser
  - [Zweckverbände]
- [Verschuldung kommunaler Unternehmen in Privatrechtsform]

Finanzwirtschaftliche Grundlagen

4. Systematik des Kommunalkredits

52 Die kommunale Kreditaufnahme läßt sich nach ihrer Laufzeit, ihrer Art und der jeweiligen Gläubigerstruktur differenzieren (→ Übersicht 2):

Übersicht 2: Kommunale Kreditvorgänge

ANLEIHEN (langfristig)	DARLEHEN (kurz-, mittel- und langfristig)		KREDITÄHNLICHE RECHTSGESCHÄFTE (i.d.R. langfristig)
	↓		↓
	Kreditinstitute	Nicht-Banken	z.B.
	• Sparkassen • Girozentralen • Geschäftsbanken • Hypothekenbanken • Realkreditinstitute • Öffentl. Spezialinst. • Ausland	• Bausparkassen • Versicherungen • Sozial-Versicherungen • Verwaltungen • Innere Darlehen	• Bausparen • Verrentung • Mietkauf • Leasing • Fondsmodelle • Forfaitierung • u.ä

4.1 Laufzeit und Kündigung

53 Die enge finanzwirtschaftliche Bindung der Kreditaufnahme an die Investitionstätigkeit führt zu der Forderung, die Kreditlaufzeit mit der Nutzungsdauer des Investitionsobjektes in Übereinstimmung zu bringen. Strenggenommen bedeutete dies, die Laufzeit eines Kredits an der physischen Lebensdauer von Investitionsobjekten auszurichten. Derart langfristige Kreditangebote sind jedoch in der Regel am Markt nicht zu erhalten, allerdings haben in den vergangenen Jahren sehr langfristige Kredite wieder an Bedeutung gewonnen.

54 Die haushaltsrechtlichen Ausführungsbestimmungen der Länder [→ Anhang 1, Ziff. 3.2; Anhang 2, Ziff. 4.5] verlangen daher lediglich die langfristige Kreditaufnahme als Regelfall. Dabei ist zu beachten, daß dies sich zunächst nur auf die Rückzahlungsvereinbarung bezieht. Daß auch bei festen Rückzahlungsfristen die Konditionen während der Vertragslaufzeit verändert werden können, bleibt davon unberührt.

55 Das kommunale Haushaltsrecht definiert nicht, mit welcher Laufzeit ein Kredit als langfristig bezeichnet werden kann. Insoweit wird auf die für den Staatshaushalt übliche Klassifizierung verwiesen. Danach gelten Kredite mit einer Laufzeit von weniger als 4 Jahren als kurzfristig, mit einer Laufzeit von 4 bis 10 Jahren als mittelfristig, mit einer Laufzeit von 10 und mehr Jahren als langfristig. Im Hinblick auf die Rückzahlungsfristen wird nach dieser Definition der Kommunalkredit fast durchgängig dem Postulat der Langfristigkeit genügen.

Eine Ausnahme bildet der Kassenkredit [→ Rz. 300ff.]. Für ihn kann auf Grund seiner Funktion und seiner haushaltsrechtlichen Stellung nur eine kurze Laufzeit von weniger als 12 Monaten in Betracht kommen. Eine längere Laufzeit würde den Kassenkredit über das Haushaltsjahr hinaus ausdehnen. In der Praxis liegen die Laufzeiten von Kassenkrediten deutlich niedriger; sie überschreiten vergleichsweise selten einen Zeitraum von 3 Monaten. Der Kassenkredit ist damit eine besondere Form des kurzfristigen Kredits. *56*

Haushaltswirtschaftlich läßt sich eine klare Priorität für den langfristigen Kredit nicht durchweg begründen. Eine Verbindung zu einzelnen Investitionen ist wegen des Gesamtdeckungsprinzips [→ Rz. 126ff., vgl. Anhang 2 Ziff. 4.5] nicht möglich; zudem findet die Kreditaufnahme nicht einmalig, sondern in vielen Kommunen in jedem oder zumindest in vielen Haushaltsjahren statt. Kredite mit längeren und kürzeren Restlaufzeiten stehen daher zu einem bestimmten Zeitpunkt nebeneinander. Welche Laufzeit angemessen ist, hängt u.a. davon ab, wie die Konditionenstruktur einerseits, die Fälligkeitstermine der vorhandenen Kredite andererseits gestaltet sind. Insoweit kann es einzelwirtschaftlich durchaus im Einzelfall geboten sein, an Stelle langfristiger die mittelfristige, in besonderen Situationen auch die kurzfristige Kreditaufnahme vorzuziehen [→ Rz. 236ff.]. Dies gilt u.a. auch im Zusammenhang mit Zinssicherungsüberlegungen [→ Rz. 221ff.]. *57*

Hinzu kommt, daß bei langen Kreditlaufzeiten auch bei Verzicht auf eine Neuverschuldung der Schuldenstand nur sehr allmählich reduziert wird. Dies kann – z.B. im Hinblick auf die Anspannung von Abgabesätzen – durchaus geboten sein. Andererseits würden kürzere Laufzeiten – die dann mit rascherer Tilgung verbunden wären – den Druck zu einer besonders sparsamen Haushaltsführung erhöhen. Bei langfristigen Krediten kann eine schnellere Rückführung der Verschuldung hingegen nur im Wege der außerordentlichen Tilgung, insb. durch Nutzung von Kündigungsvereinbarungen erfolgen. Vor diesem Hintergrund stellt sich daher durchaus die Frage, ob nicht auch auf kommunaler Ebene eine größere Flexibilität bei der Gestaltung der Laufzeiten in Betracht zu ziehen wäre [„Laufzeiten-Mix"]. *58*

Für jede Kreditaufnahme gelten Kündigungsvereinbarungen [→ Rz. 269ff.]. Diese sind zum einen gebunden an die festgesetzte Zinsbindungsfrist; zum anderen kann auch die Möglichkeit gegeben sein, unabhängig davon eine Kündigung auszusprechen, um z.B. der Kommune eine vorzeitige Rückzahlung und damit eine Entlastung der Haushaltswirtschaft zu erlauben. Selbstverständlich besteht darüberhinaus das Recht der außerordentlichen Kündigung für den Fall, daß die vertraglichen Vereinbarungen nicht eingehalten werden. *59*

4.2 Gläubigerstruktur
4.2.1 Finanzierungsinstitutionen

Kreditgeber der Kommunen waren ursprünglich vor allem die Sparkassen. Dies resultierte ganz wesentlich aus der besonderen Stellung und Funktion der Sparkassen. Zu den Aufgaben der Sparkassen zählt die regionale und örtliche Kreditver- *60*

Finanzwirtschaftliche Grundlagen

sorgung; dabei wurde in der Vergangenheit der öffentliche Bedarf besonders hervorgehoben (z.B. § 2 Abs. 2 SpkG Rh-Pf a.F.). Hinzu kommt, daß viele Kommunen – in der Regel die Landkreise und die kreisfreien Städte – Gewährträger von Sparkassen sind.

61   Zudem war, bei nicht ausgebildeten Finanzmärkten, eine andere Kreditversorgung kommunaler Gebietskörperschaften außerhalb der Ballungszentren oft schwer möglich, zumal andere Geschäftsbanken sich im Kommunalkredit nur begrenzt engagierten. Von daher war auch die Verpflichtung der Sparkassen zur Bereitstellung von Krediten begründet, um den Kommunen auch in Zeiten knapper Kreditmittel die Möglichkeit der Kreditaufnahme zu erhalten. Schließlich verfügen die Sparkassen bzw. ihre Girozentralen mit dem früher als Kommunalobligation, inzwischen als öffentlicher Pfandbrief bezeichneten Wertpapier über eine besonders geeignete Form der Refinanzierung.

62   Mit ihrem umfassenden Geschäftsstellennetz bieten die Sparkassen darüber hinaus nach wie vor die für den Bürger bequemste Möglichkeit zur Abwicklung des Zahlungsverkehrs mit der Kommune. Das bei der jeweiligen Sparkasse geführte Konto ist daher in wohl fast allen Kommunen das „Hauptkonto" der Stadt-, Gemeinde- oder Kreiskasse, über das der ganz überwiegende Teil der kommunalen Zahlungsgeschäfte abgewickelt wird. Dies zeigt sich u.a. an dem hohen Anteil, den die Sparkassen im kommunalen Einlagengeschäft erreichen.

63   Die Bedingungen haben sich jedoch mittlerweile erheblich verändert. Zum einen sind die Finanzmärkte so weit entwickelt, daß die Inanspruchnahme von Finanzdienstleistungen überall möglich ist. Gleichzeitig hat sich auch die Aufgabenstellung der Sparkassen der Entwicklung angepasst. Die Sparkassen sind nach wie vor regional tätige Institute (z.B. § 2 Abs. 1 SpkG Rh-Pf), sie bieten jedoch inzwischen eine den Geschäftsbanken vergleichbare Palette von Finanzdienstleistungen an (so das z.B. in § 2 Abs. 3 SpkG Rh-Pf niedergelegte Universalprinzip). Hierzu hat der Ausbau der Sparkassengirozentralen – der Landesbanken – ganz wesentlich beigetragen. Bereits innerhalb des Sparkassensektors hat daher eine klare Verschiebung des Kommunalkreditgeschäfts zu den Landesbanken stattgefunden (→ Schaubild 1); dies gilt insb. für größere Kredittranchen.

64   Mit dem Ausbau der Finanzmärkte haben die Geschäftsbanken ihren Anteil am Kommunalkreditgeschäft erhöhen können. Dies ist auch darin begründet, daß die Geschäftsbanken seit den 60er Jahren sich verstärkt dem Publikums- und dem Kommunalgeschäft zugewandt haben. Die Entwicklung deutet daher darauf hin, daß die ursprüngliche „Hausbankfunktion" [→ Rz. 289f.] der Sparkassen im Zusammenwirken mit ihren Girozentralen allmählich in den Hintergrund rückt. Die Kreditaufnahme erfolgt zunehmend ausschließlich im Konditionenwettbewerb.

65   Zu wichtigen Gläubigern der Kommunen zählten in der Vergangenheit auch die Bausparkassen, Versicherungen und die Sozialversicherung. Ihr Anteil hat sich laufend verringert; dies dürfte auf eine andere Art der Anlage von Finanzmitteln dieser Institutionen zurückzuführen sein. Soweit Finanzanlagen getätigt werden, wird auf die Direktausleihung verzichtet, stattdessen wird die flexiblere Anlage am Kapitalmarkt bevorzugt. Für die Sozialversicherung gilt dies in besonderem Maße,

Systematik des Kommunalkredits

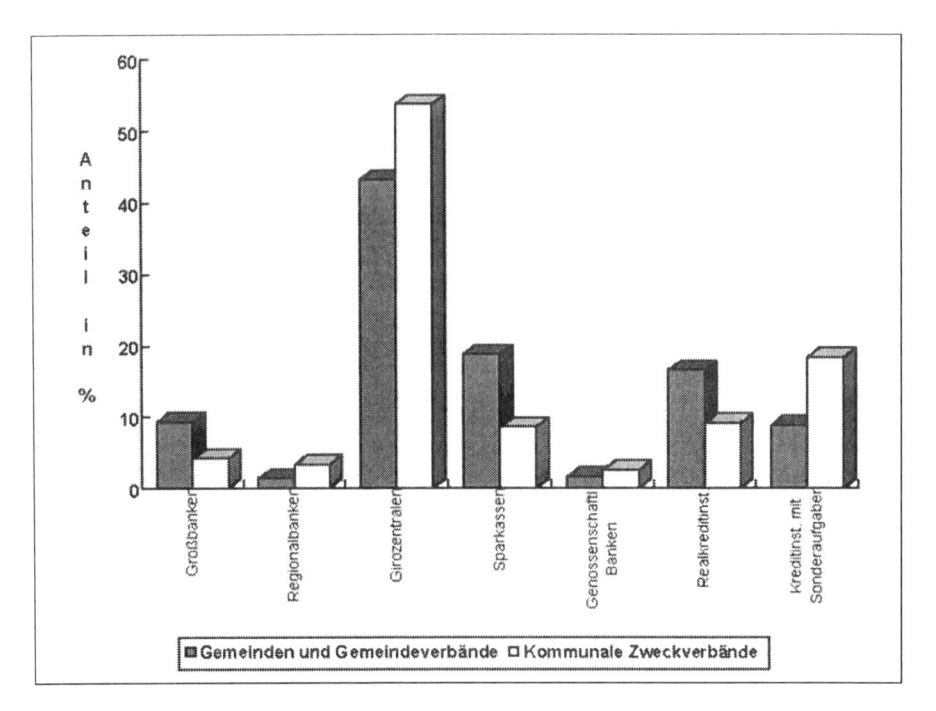

Schaubild 1: Geschäftsanteile der Banken im Kreditgeschäft mit Kommunen 1997
– Anteil in % –
Quelle: Deutsche Bundesbank

da die hierfür zur Verfügung stehenden Rücklagemittel stark zurückgegangen sind und damit weitaus liquider als in der Vergangenheit gehalten werden müssen.

Kommunen können auf die Mittel insb. des Versicherungssektors daher allenfalls indirekt über den Kapitalmarkt oder im Zuge kreditähnlicher Rechtsgeschäfte [→ Rz. 94ff.] zurückgreifen. In jüngster Zeit haben allerdings in Einzelfällen private Versicherungen, insb. Lebensversicherungen, Kreditgeschäfte mit Städten abgeschlossen. Hinsichtlich der Bausparkassen ist zu berücksichtigen, daß das ohnehin nicht besonders bedeutsame Bauspargeschäft mit den Kommunen eher rückläufig ist. 66

4.2.2 Öffentlicher Kredit

Eine gewisse Verschuldung der Kommunen findet auch bei öffentlichen Verwaltungen statt. Dies ist eine Sonderform der Kreditaufnahme. Abgesehen von der selteneren Direktvergabe von Krediten aus den Länderhaushalten sind insb. die Kredite öffentlicher Spezialinstitute zu berücksichtigen. Hierzu zählen vor allem die Kreditanstalt für Wiederaufbau des Bundes sowie Wohnungsbaufinanzierungsinstitute der Länder. Inzwischen haben verschiedene Bundesländer besondere Kreditinstitute für strukturpolitische Aufgaben, so das Land Rheinland-Pfalz die 67

Investitions- und Strukturbank, gegründet, die ebenso wie die Europäische Investitionsbank zu den öffentlichen Spezialinstituten gerechnet werden können.

68 Darüber hinaus werden aus öffentlichen Haushalten stammende Kreditmittel aber auch über Geschäftsbanken ausgezahlt. Der Anteil dieser öffentlichen Kreditvergabe am gesamten kommunalen Kreditvolumen war in der Nachkriegszeit zunächst beachtlich. Inzwischen ist ihre Bedeutung für die kommunale Kreditwirtschaft – zumindest in den alten Bundesländern – deutlich geringer. Für die neuen Bundesländer hingegen spielten sie gerade in der Anfangsphase eine gewichtige Rolle.

69 Merkmal dieser Kredite ist zum einen ihre Bindung an bestimmte, an der Aufgabenstellung des Kreditgebers bzw. den Bedingungen des zugrundeliegenden Kreditprogramms orientierte Zwecke. Die Kreditvergabe ist daher in der Regel auch verbunden mit der Auflage, die Zweckbindung nachträglich durch einen entsprechenden Verwendungsnachweis zu bestätigen. Zum anderen sind die Konditionen dieser Kredite oft vorab fixiert, d.h. eine Preisgestaltung im Wettbewerb ist dann nicht möglich. Da die Mittel durchweg mit Konditionen ausgestattet sind, die unterhalb des Marktzinses liegen, wird ihnen daher unter der Voraussetzung, daß die vorgesehenen Investitionen der jeweiligen Kommune dem Kreditzweck entsprechen, in aller Regel der Vorzug vor anderen Angeboten zu geben sein. Gerade für die neuen Bundesländer ist diese Finanzierungsform von besonderem Interesse. Allerdings ist zu berücksichtigen, daß die Zinsvergünstigung oft nicht auf die gesamte Laufzeit, sondern nur für 5 oder 10 Jahre gewährt wird; anschließend sind dann die Marktkonditionen maßgeblich.

Genaugenommen zählt auch die Kreditaufnahme bei Sondervermögen mit Sonderrechnung, insb. bei Eigenbetrieben, zum öffentlichen Kredit [→ Anhang 2 Ziff. 1.1.1]; denn wirtschaftlich betrachtet handelt es sich dabei um eine eigenständige Institution, auch wenn dem Sondervermögen die eigene Rechtspersönlichkeit fehlt. Allerdings spielt diese Form des Kredits durchweg nur beim Kassenkredit eine größere Rolle. Soweit hingegen ein privatrechtliches Unternehmen einen Kredit gibt, handelt es sich um eine Verschuldung der Gemeinde beim privaten Sektor.

4.2.3 Innere Darlehen

70 Eine andere Form der Kreditaufnahme stellen die Inneren Darlehen dar (§ 45 Nr. 11 GemHVO Rh-Pf; § 87 Nr. 17 ThürGemHV). Hierbei handelt es sich im Grunde um eine Verschuldung der Gemeinde bei sich selbst. Innere Darlehen sind daher keine Kredite im haushaltsrechtlichen Sinne [→ Rz. 45], da sie nicht von einem Dritten gegeben werden [→ Anhang 2 Ziff. 1.1.3]. Ihre Aufnahme ist insoweit möglich, wenn über die allgemeine Rücklage hinaus gesonderte Rücklagen in Anspruch genommen werden können. Die Innere Kreditaufnahme besaß unter dem alten Haushaltsrecht vor 1974 eine gewisse Bedeutung, da Sonderrücklagen für verschiedene Zwecke zulässig waren. Mit dem geltenden kommunalen Haushaltsrecht ist die Bildung von Sonderrücklagen erheblich eingeschränkt worden, so daß auch die Möglichkeiten für Innere Darlehen auf wenige Ausnahmen begrenzt sind.

Die Innere Kreditaufnahme kann inzwischen nur dort in Betracht gezogen werden, wo Sonderrücklagen für z. b. eine Eigenversicherung, Pensionsrückstellungen oder für Sondervermögen ohne Sonderrechnung (z. b. nicht-rechtsfähige Stiftungen) vorhanden sind und für ihren eigentlichen Zweck vorübergehend nicht benötigt werden (§ 21 Abs. 1 Satz 2 GemHVO Rh-Pf; § 21 Abs. 1 Satz 2 ThürGemHV). Innere Darlehen sind wie ein Kredit zu verzinsen und zu tilgen. Die Tilgung muß spätestens dann abgeschlossen sein, wenn die aus der Sonderrücklage in Anspruch genommenen Mittel für ihren eigentlichen Zweck benötigt werden. *71*

Nur am Rande sei erwähnt, daß die Kommunen in begrenztem Umfang auch Kreditgeber sind. Die direkte Vergabe kommunaler Kredite ist zwar selten, spielt aber z. b. in der Wirtschafts- oder Wohnungsbauförderung eine gewisse Rolle. Selten beachtet, in ihrer wirtschaftlichen Bedeutung aber nicht zu unterschätzen ist die mittelbare Kreditgewährung im Rahmen von Stundungs- oder Ratenzahlungsvereinbarungen. Gerade im Hinblick auf kommunale Abgabenforderungen spielen derartige Abzahlungsregelungen eine beachtliche Rolle. *72*

Die Kommune hat dabei allerdings einige besondere Vorschriften zu beachten. So muß die Zahlung des Gesamtbetrages für den Schuldner eine erhebliche Härte bedeuten, gleichzeitig darf die Realisierung des Anspruchs insgesamt nicht gefährdet werden (§ 32 GemHVO Rh-Pf; § 32 Thür GemHV). Im übrigen sind gestundete Beträge nach der AO angemessen zu verzinsen und soweit möglich mit geeigneten Sicherheiten zu versehen. Schließlich übernimmt die Kommune auch mit der Anlage von liquiden Mitteln [→ Rz. 306ff.] eine – durchweg kurzfristige – Gläubigerposition. *73*

4.2.4 Direktverschuldung am Kapitalmarkt

Vor dem ersten Weltkrieg spielte die kommunale Anleihe, d. h. die Direktverschuldung am Kapitalmarkt eine bedeutsame Rolle. Sie kann ausgesprochen langfristig gestaltet werden. Kommunale Anleihen sind börsennotiert; sie sind üblicherweise gesamtfällig; d.h. am Ende der Laufzeit wird das aufgenommene Kapital getilgt. Seit 1983 jedoch wurde lange Zeit keine neue Kommunalanleihe mehr begeben. *74*

Maßgeblich für den Bedeutungsverlust der Kommunalanleihe waren zum einen Kostenaspekte. Die Emission einer Anleihe verursacht erhebliche einmalige Kosten wie die Gebühren für das Emissionskonsortium und die Börseneinführung sowie die Kosten der Herstellung und Veröffentlichung des Verkaufsprospekts. Diese Kosten sind erst dann zu vernachlässigen, wenn das Emissionsvolumen eine erhebliche Größenordnung erreicht und in kürzeren Abständen Folgeanleihen (für die innerhalb eines bestimmten Zeitraums kein neuer Prospekt erforderlich ist) geplant sind. Eine entsprechende Einzelkreditnachfrage weisen selbst die Großstädte nur sehr selten auf, so daß der Kreis möglicher Emittenten bereits von daher äußerst begrenzt ist.

Doch selbst dann ist die Direktverschuldung nicht ohne Risiken, da eine Anleihe – gerade im Hinblick auf den künftigen Zugang zum Kapitalmarkt – einer gewissen Kurspflege bedarf. Hierzu verfügt die einzelne Kommune über keine entsprechenden Mittel; sie wäre mithin darauf angewiesen, die Kurspflege einem Kreditinstitut *75* zu übertragen, so daß die Kosten weiter erhöht würden. Der Verzicht auf jede Kurspflege könnte dazu führen, daß kommunale Anleihen und damit indirekt die kommunale Haushaltswirtschaft selbst einer Bewertung durch den Kapitalmarkt unterläge [Bonitätsbeurteilung → Rz. 260ff.]. Daß dies keineswegs unproblematisch ist, zeigt die Bewertung einzelner Schuldnerländer am internationalen Kapitalmarkt. Im übrigen muß die Kommune bei einer Direktverschuldung nicht nur die nationalen Kapitalmarktverhältnisse berücksichtigen, sondern auch die Reaktionen internationaler Anleger beachten.

76 In den letzten Jahren haben einzelne Städte, so z.B. München, Dresden, Leipzig, Chemnitz oder Weimar Anleihen am Kapitalmarkt mit einem Volumen zwischen 100 und 500 Mio. DM plaziert, andere Städte erwägen inzwischen gleichfalls den Gang an den Kapitalmarkt. Nach eigenem Bekunden haben die betreffenden Städte nicht unerhebliche Finanzierungsvorteile realisieren können. Trotz der Emissionserfolge ist allerdings eine endgültige Bewertung noch verfrüht. In dem Zusammenhang ist darauf zu verweisen, daß einzelne Städte von der Anleihe zur Form der Schatzanweisung mit dem Argument einer größeren Flexibilität übergegangen sind. Es bleibt daher abzuwarten, ob die Direktverschuldung am Kapitalmarkt auf Einzelfälle beschränkt bleiben wird oder andere Kommunen zur Nachahmung reizt. Zumindest die Großstädte versuchen jedoch auf diesem Weg einen gewissen „Finanzierungsmix".

77 Den genannten Schwierigkeiten könnte – wie der Blick ins Ausland zeigt – begegnet werden. In der Schweiz bündelt eine Emissionszentrale die Kreditnachfrage der einzelnen Kommunen und begibt daraufhin in gewissen Abständen auf dem Kapitalmarkt Anleihen, die ein hinreichend großes Emissionsvolumen besitzen; rund ein Drittel der Schweizer Gemeinden nutzt dieses Instrument. Damit kann dem zeitlich unterschiedlichen Kreditbedarf der einzelnen Kommunen ebenso Rechnung getragen werden wie dem Umstand, daß der Einzelkredit für den Kapitalmarkt zu gering dimensioniert wäre. Zugleich ist die Emissionszentrale von der Haushaltswirtschaft der einzelnen Gemeinden unabhängig, so daß eine Beziehung zwischen Kursentwicklung und der Finanzlage einzelner Kommunen nicht besteht. Im übrigen kann die Emissionszentrale selbst die Kurspflege übernehmen. Angesichts der positiven Erfahrungen in der Schweiz stellt sich die Frage, ob ein derartiges Angebot nicht auch für deutsche Kommunen, gerade vor dem Hintergrund des hohen Investitionsbedarfs in den neuen Bundesländern, von Interesse wäre.

78 Eine weitere Alternative könnte die Ausgabe von Inhaberschuldverschreibungen sein. Um zu gewährleisten, daß sie auch bei einem geringeren Kreditbedarf geeignet sind, kann eine längerfristige Rahmenvereinbarung mit einem Kreditinstitut getroffen werden. Das Kreditinstitut begibt zum jeweils günstigsten Zeitpunkt Schuldverschreibungen unterschiedlicher Laufzeiten. Sofern die Schuldverschreibungen nicht zum Zeitpunkt des Liquiditätsbedarfs begeben werden, können Zwischenfinanzierungen oder Zwischenanlagen vereinbart werden; dabei kann auch das Instrument der Zinssicherung genutzt werden [→ Rz. 221ff.]. Für die Kommune ergibt sich der Vorteil, daß die günstigeren Konditionen einer Direktverschuldung erzielt werden können, die Emissionskosten jedoch deutlich geringer ausfallen als bei einer Anleihe. Zudem können auch Kommunen mit niedrigerem Kre-

ditbedarf dieses Instrument in Anspruch nehmen. Auf der anderen Seite bindet sich die Kommune damit längerfristig an ein Kreditinstitut; darüber hinaus ist zu prüfen, inwieweit die angebotenen Laufzeiten den haushaltswirtschaftlichen Erfordernissen entsprechen.

4.2.5 Auslandsverschuldung

Von ganz untergeordneter Bedeutung ist bisher die Kreditaufnahme im Ausland. Die in den Kreditrundschreiben der Bundesländer [→ Anhang 1 Ziff. 3.4; Anhang 2 Ziff. 6.3] niedergelegten Ausführungsbestimmungen zur Kreditwirtschaft untersagen die Auslandsverschuldung zwar nicht, empfehlen jedoch ausgesprochene Zurückhaltung. Bisweilen wird die Genehmigung der im Haushaltsplan festgesetzten Kreditermächtigung lediglich für Inlandskredite gegeben, so daß beabsichtigte Auslandskredite dann der Einzelgenehmigung unterlägen [→ Anhang 1 Ziff. 3.4]. Dies ist nicht zuletzt durch die schwierigen Erfahrungen mit der Verschuldung deutscher Städte und Gemeinden im Ausland während der Weimarer Republik begründet. Soweit die Kreditaufnahme in fremder Währung erfolgt, ist die Skepsis angebracht. Das Wechselkursrisiko ist – wie die jüngste Entwicklung z.B. des $-Kurses gezeigt hat – nicht unbeträchtlich. Solche Risiken kann die kommunale Haushaltswirtschaft nicht tragen. Sie vertragen sich nicht mit dem Postulat stetiger Aufgabenerfüllung.

79

Anders ist der Sachverhalt zu beurteilen, wenn das Wechselkursrisiko ausgeschlossen ist. Dies konnte – solange eine europäische Binnenwährung nicht existierte – bei einer DM-Auslandsverschuldung, ggf. auch bei einer durch ein gleichzeitiges Kurssicherungsgeschäft (Swap) [→ Rz. 223ff.] abgesicherten Fremdwährungsverschuldung der Fall sein. DM-Auslandskredite waren über den Euro-Kreditmarkt, zumeist über die Auslandstöchter deutscher Banken erhältlich.

80

Seit dem 1.1.1999 ist eine veränderte Situation eingetreten. Mit der Bildung der Europäischen Wirtschafts- und Währungsunion ist der Euro als gemeinsame Währung in 11 europäischen Ländern eingeführt worden. Die nationalen Währungseinheiten der Teilnehmerländer behalten zwar bis zum 31.12.2001 noch ihre Gültigkeit; da sie aber in einem festen und unveränderlichen Verhältnis zum Euro stehen, gibt es in der Eurozone kein Wechselkursrisiko. Dies gilt umso mehr als bereits vor dem 31.12.2001 Verträge, also auch Kreditgeschäfte, in Euro abgeschlossen werden können, die notwendige Transparenz der Konditionen mithin gegeben ist. Spätestens zum 1.1.2002 sind dann im übrigen auch die bereits bestehenden Kreditverträge von DM- auf Euro-Werte überzuleiten.

81

Mithin kann jede Kommune seither in jedem der 11 Euro-Länder Kredite nachfragen. Eine Beschränkung auf Inlandskredite ist dann nicht mehr notwendig, im übrigen mit den Wettbewerbsregeln im europäischen Binnenmarkt auch nicht zu vereinbaren. Bislang allerdings hat die Einführung des Euro noch keine erkennbaren Auswirkungen auf die kommunale Kreditwirtschaft gezeigt – abgesehen von einer Euro-Anleihe der Stadt Leipzig. Dies ist zum einen auf Gewöhnungsprozesse, zum anderen aber auch auf andersartige Anforderungen ausländischer Kreditgeber an deutsche kommunale Kreditnehmer – z.B. bei der Gestaltung des Schuldscheins – zurückzuführen. Hinzu kommt, daß das Rechnungswesen in den weitaus

82

meisten Kommunen bis zum 31.12.2001 in DM geführt werden wird. Diese Startprobleme dürften indes schrittweise abgebaut werden, so daß der Euro-Kredit aus Spanien oder Finnland in absehbarer Zeit nichts Ungewöhnliches mehr sein dürfte.

4.3 Arten des Kommunalkredits
4.3.1 Schuldscheindarlehen

83   Seit die Anleihe als besondere Form der Kommunalverschuldung ihre Bedeutung eingebüsst – und bislang auch nicht zurückgewonnen – hat, ist die vorherrschende Form des Kommunalkredits das Schuldscheindarlehen. Anders als die Verschuldung des Staates konzentriert sich die Kommunalverschuldung am Kapitalmarkt mithin nach wie vor ganz überwiegend auf ein Instrument. Hinsichtlich der Bestimmung der Laufzeit und damit der Fristigkeit des Darlehens sind dabei zwei Aspekte zu beachten: Der Zeitpunkt der endgültigen Rückzahlung des Darlehens und der Zeitraum der Zinsbindung.

84   Zunächst wird die Laufzeit eines Darlehens durch die Tilgungsvereinbarungen determiniert. Erst mit der endgültigen Tilgung hat der Darlehensvertrag seinen Abschluß gefunden. Hierbei sind drei Arten der Tilgung möglich:

---

1. **Festbetragskredit**
   ⇨ Tilgung in einer Summe am Ende der vereinbarten Laufzeit
2. **Ratenkredit**
   ⇨ Tilgung in jährlich gleichen Raten
3. **Anuuitätenkredit**
   ⇨ Tilgung in jährlich steigenden Raten

---

85   Beim Festbetragskredit ist die Laufzeit durch den Zeitpunkt der Rückzahlung eindeutig bestimmt. Dabei ist die geforderte Langfristigkeit zu gewährleisten. Bis zum Zeitpunkt der Rückzahlung hat die Kommune eine gleichbleibende jährliche Belastung lediglich in Höhe der Zinszahlungen zu tragen. Um jedoch eine außerordentliche Belastung im Zeitpunkt der Rückzahlung zu vermeiden, muß sie während der Vertragslaufzeit entsprechende Rücklagen ansammeln (§ 20 Abs. 3 Nr. 1 GemHVO Rh-Pf; § 20 Abs. 3 Nr. 1 ThürGemHV), mit der Rücklagenbildung tritt mithin eine der laufenden Tilgung vergleichbare haushaltswirtschaftliche Belastung ein. Da allerdings die Rücklagemittel verzinslich angelegt werden können, erhält die Gemeinde während der Kreditlaufzeit Zinseinnahmen, die die Gesamtbelastung für den Haushalt mindern (→ Übersicht 3). Die Belastung ist daher degressiv, sie ist zu Beginn der Laufzeit hoch, am Ende vergleichsweise niedrig (→ Schaubild 2). Die endgültige Tilgung am Ende des letzten Jahres stellt keine gesonderte Belastung mehr dar, da lediglich die bis dahin angesammelte Rücklage aufgelöst wird.

86   Eine besondere Form des Festbetragskredits ist der Zero-Kredit, bei dem auch die aufgelaufenen Zinsen erst am Ende der Laufzeit fällig werden. Die Rücklagenzuführung muß dementsprechend höher ausfallen. Die Degressionswirkung ist dementsprechend ausgeprägter. Wird auf eine Zinszahlung ganz verzichtet („Null-

Systematik des Kommunalkredits

Übersicht 3: Zins und Tilgung eines Festbetragskredits
(Volumen 1 Mio. DM, Laufzeit 10 Jahre, Zins 6 %)

Jahr	Zins	Rücklagen-zuführung	Guthaben-zins (5 %)[*]	Tilgung	Haushalts-belastung
1	60.000	100.000	0	0	160.000
2	60.000	100.000	5.000	0	155.000
3	60.000	100.000	10.000	0	150.000
4	60.000	100.000	15.000	0	145.000
5	60.000	100.000	20.000	0	140.000
6	60.000	100.000	25.000	0	135.000
7	60.000	100.000	30.000	0	130.000
8	60.000	100.000	35.000	0	125.000
9	60.000	100.000	40.000	0	120.000
10	60.000	100.000	45.000	1.000.000	115.000

* angenommene Zinsdifferenz zum Kredtzins 1 %-Punkt

Kupon"), ist bei der Kreditaufnahme ein entsprechendes Disagio [→ Rz. 247] erforderlich.

Die Laufzeit eines Ratenkredits ist vom vereinbarten Tilgungssatz abhängig. Bei der geforderten Langfristigkeit des Rechtsgeschäfts dürfte der Tilgungssatz mithin 10 % p. a. nicht überschreiten; damit wäre eine Laufzeit von 10 Jahren gewährleistet. Mit niedrigerem Tilgungssatz steigt die Laufzeit, bei 5 % beträgt sie 20 Jahre.

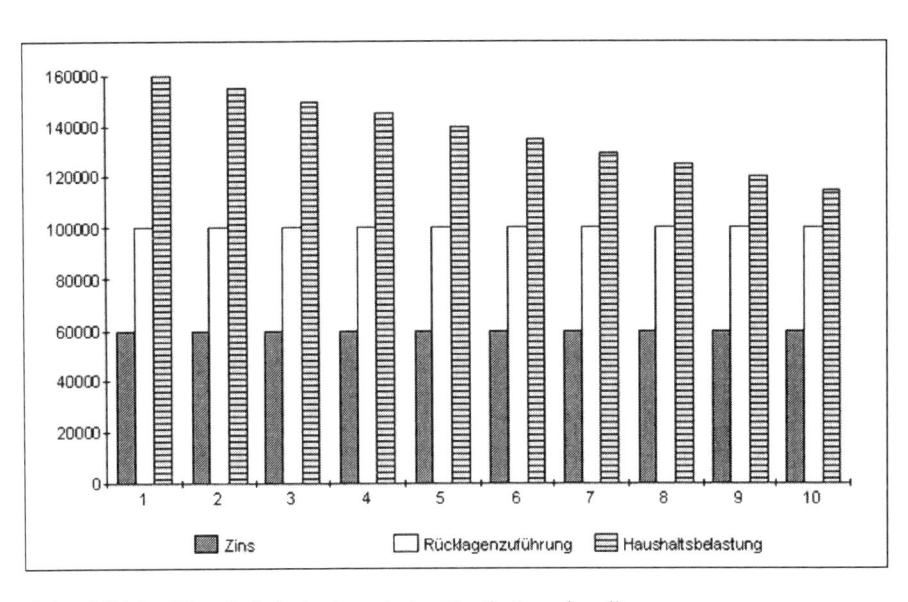

Schaubild 2: Haushaltsbelastung beim Festbetragskredit

Finanzwirtschaftliche Grundlagen

Wie beim Festbetragskredit ist die Rückzahlung eindeutig festgelegt. Da laufend getilgt wird, sinkt das zu verzinsende Restkapital, so daß die Annuität, d.h. die Summe aus Zins und Tilgung, sich im Zeitablauf gleichfalls reduziert (→ Übersicht 4). Im Gegensatz zum Festbetragskredit stellt beim Ratenkredit die Annuität bereits die jährliche Haushaltsbelastung dar.

88 Die haushaltswirtschaftliche Belastung ähnelt allerdings dem Festbetragskredit (→ Schaubild 3); Unterschiede ergeben sich vor allem aus der Differenz zwischen zu zahlendem und auf die angesparten Rücklagemittel zu erwartendem Zins. Da diese Differenz in aller Regel positiv ist, kann der Festbetragskredit nur dann haushaltswirtschaftlich vorteilhaft sein, wenn das Zinsniveau im Zeitpunkt der Kreditaufnahme vergleichsweise niedrig, während zumindest eines großen Teils der Kreditlaufzeit, maßgeblich für die Verzinsung angelegter Rücklagemittel, hingegen hoch ist. Da eine derartige Prognose in der Praxis nicht gegeben werden kann, spielt der Festbetragskredit im Kommunalkreditgeschäft nur eine untergeordnete Rolle.

Übersicht 4: Zins und Tilgung bei einem Ratenkredit (Konditionen wie beim Festbetragskredit)

Jahr	Zins	Tilgung	Annuität
1	60.000	100.000	160.000
2	54.000	100.000	154.000
3	48.000	100.000	148.000
4	42.000	100.000	142.000
5	36.000	100.000	136.000
6	30.000	100.000	130.000
7	24.000	100.000	124.000
8	18.000	100.000	118.000
9	12.000	100.000	112.000
10	6.000	100.000	106.000

89 Wann ein Annuitätendarlehen getilgt ist, hängt vom Tilgungs- und vom Zinssatz ab. Das Annuitätendarlehen zeichnet sich dadurch aus, daß der jährlich zu leistende Schuldendienst, d.h. Zins und Tilgung, bis zur endgültigen Rückzahlung, mit Ausnahme der letzten Rate, die eine Art Restzahlung darstellt, gleichbleibt (→ Übersicht 5). Wie beim Ratenkredit entspricht auch hier die Annuität der Haushaltsbelastung. Mit fortschreitender Tilgung sinkt das zu verzinsende Restkapital und damit der Zinsanteil; die ersparten Zinsen werden dem Tilgungsbetrag zugeschlagen. Die Tilgungssumme wächst mithin – im Gegensatz zum Ratenkredit – jährlich an (→ Schaubild 4). Wie schnell sie zunimmt, hängt von der Höhe des Zinssatzes ab: Je höher der Zinssatz, desto rascher wird getilgt. Ein Annuitätendarlehen mit dem im kommunalen Kreditgeschäft üblichen Tilgungssatz von 1 % p.a. ist bei einem Zinssatz von 7 % in gut 30 Jahren, bei einem Zinssatz von 9 % hingegen bereits in knapp 27 Jahren zurückgezahlt. Um eine Rückzahlung in 10 Jahren

Systematik des Kommunalkredits

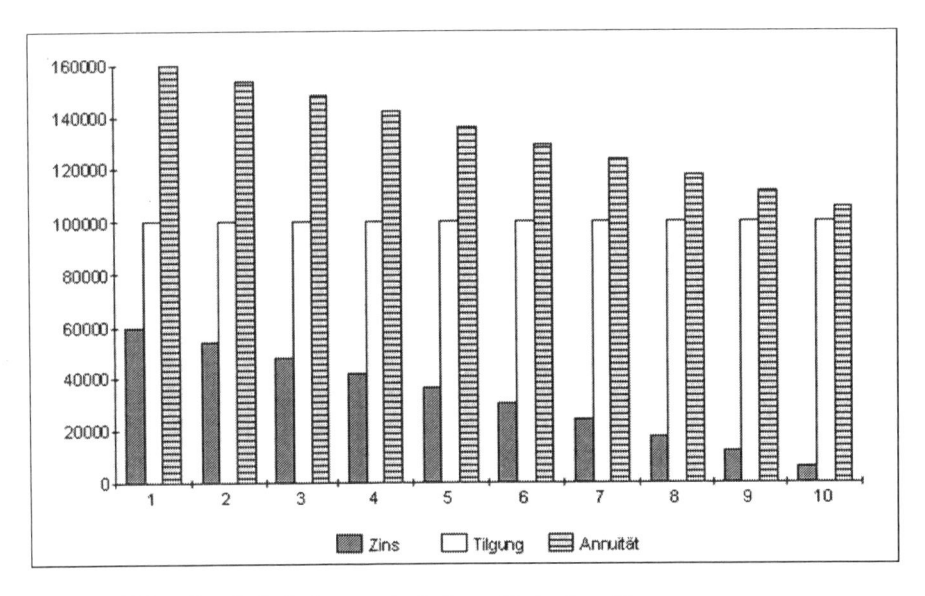

Schaubild 3: Haushaltsbelastung bei einem Ratenkredit

zu erreichen, ist bei dem in den vorangegangenen Beispielen verwandten Zinssatz von 6 % eine Tilgung in Höhe von etwa 7,5 % p.a. erforderlich.

Die Summe der Haushaltsbelastungen beträgt in dem dargestellten Beispiel beim Ratenkredit 1.330.000 DM; für den Festbetragskredit ist sie unter den gewählten Annahmen auf 1.370.000 DM zu beziffern. Ebenso liegt die Summe der Haushaltsbelastungen beim Annuitätendarlehen mit rd. 1.359.000 DM etwas höher als bei einem Ratenkredit. Dies ist darin begründet, daß die Haushaltsbelastungen zunächst niedriger als im Ratenkredit sind; die zeitliche Verschiebung der nominalen Belastungen führt mithin auch zu nominal höheren Zahlungen. Bei einer Barwertbetrachtung und schwankenden Guthabenzinsen könnten sich diese Differenzen indes noch verringern. 90

Welche der genannten Formen gewählt wird, ist abhängig von der gewünschten Verteilung von Zins- und Tilgungsleistungen im Zeitablauf. So wird beim Annuitätendarlehen ebenso wie beim Ratenkredit der Verwaltungshaushalt durch sinkende Zinsausgaben kontinuierlich entlastet. Dieser Effekt wird beim Festbetragskredit durch die steigenden Guthabenzinsen erzielt. Allerdings erfordert das Annuitätendarlehen steigende Zuführungen aus dem Verwaltungs- an den Vermögenshaushalt in Höhe der jeweiligen Tilgungsbeträge (Pflichtzuführung). Dieser Betrag ist beim Ratenkredit während der gesamten Laufzeit unverändert, so daß die anfangs höhere Belastung des Verwaltungshaushalts schrittweise reduziert wird. 91

Demgegenüber ist beim Annuitätendarlehen eine – mit Ausnahme der letzten Rate – konstante Belastung des Verwaltungshaushalts gegeben. Allerdings ist die 92

Übersicht 5: Zins und Tilgung bei einem Annuitätendarlehen (Konditionen wie beim Festbetragskredit, Tilgung 7,5 % p.a. – Zahlen gerundet)

Jahr	Zins	Tilgung	Annuität
1	60.000	75.000	135.000
2	55.000	80.000	135.000
3	50.000	85.000	135.000
4	45.000	90.000	135.000
5	40.000	95.000	135.000
6	35.000	100.000	135.000
7	29.000	106.000	135.000
8	22.000	113.000	135.000
9	15.000	120.000	135.000
10	8.000	136.000	144.000

Annuität gegenüber dem Ratenkredit zunächst geringer; auf die Laufzeit insgesamt betrachtet wird dieser Anfangsvorteil jedoch wieder ausgeglichen. Der Vorzug des Annuitätendarlehens wird daher eher darin gesehen, daß es eine konstante Vorgabe für die Haushaltswirtschaft der künftigen Jahre darstellt. Hinsichtlich der Refinanzierungsbedingungen der Kreditinstitute erweist sich allerdings die Festbetragsvereinbarung als günstiger; dabei könnte das kommunale Zinsrisiko bei der Anlage der für die Rückzahlung anzusammelnden Rücklagen durch Zinssicherungsinstrumente [→ Rz. 221 ff.] verringert werden.

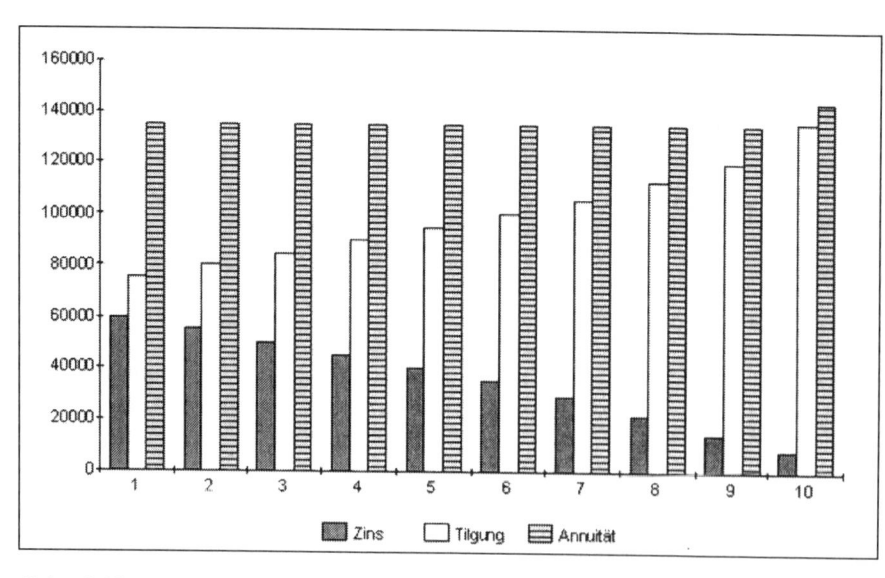

Schaubild 4: Haushaltsbelastung bei einem Annuitätendarlehen

Tatsächlich endet die Laufzeit eines Schuldscheindarlehens jedoch bereits früher. Mit dem Ende der Zinsbindungsfrist kann der Darlehensvertrag im Regelfall beendet werden. Im Wege der Umschuldung oder Prolongation wird dann ein neues Kreditgeschäft begründet. Insoweit ist es nur folgerichtig, die Laufzeit eines Kredits auch über die Zinsbindungsfrist zu bestimmen. Analog zu den bisherigen Ausführungen sollte die Zinsbindung gleichfalls – sofern nicht die Zinsentwicklung eine andere Entscheidung nahelegt – langfristig gewählt werden, um für die Haushaltswirtschaft sichere Planungsdaten zu erhalten. Dementsprechend ist während der Zinsbindungsfrist auch ein Kündigungsrecht des Gläubigers auszuschließen [→ Anhang 1 Ziff. 3.3; Anhang 2 Ziff. 4.7]; andernfalls wären erhebliche haushaltswirtschaftliche Risiken zu gewärtigen. *93*

4.3.2 Kreditähnliche Rechtsgeschäfte

Der Kreditaufnahme sind bestimmte Rechtsgeschäfte wirtschaftlich gleichzustellen, wenn sie eine dem Kredit vergleichbare Zahlungsverpflichtung begründen (§ 103 Abs.6 GemO Rh-Pf; § 64 Abs.1 ThürKO). Eine eindeutige Definition des Begriffs der kreditähnlichen Rechtsgeschäfte kennt das kommunale Haushaltsrecht allerdings nicht; der Hinweis auf die dem Kredit vergleichbare langfristige Zahlungsverpflichtung reicht insoweit nicht aus, da derartige Verpflichtungen bei einer Fülle von Geschäftsvorgängen in der Gemeinde anfallen. So ist die Festanstellung von Personal in aller Regel mit langfristigen finanziellen Auswirkungen für die kommunale Haushaltswirtschaft verbunden, ohne daß es sich dabei um einen dem Kredit vergleichbaren Vorgang handelte. *94*

Die Begriffsbestimmung, die das kommunale Haushaltsrecht für den Kredit trifft [→ Rz. 45], vermag gleichfalls nicht zu genügen. Danach ist als Kredit, das unter der Verpflichtung zur Rückzahlung von Dritten oder von Sondervermögen mit Sonderrechnung aufgenommene Kapital zu bezeichnen; kreditähnliche Rechtsgeschäfte zeichnen sich jedoch in der Regel dadurch aus, daß der Gemeinde gerade kein Kapital direkt zur Verfügung gestellt wird. *95*

Insoweit ist es erforderlich, das zweite Merkmal der Kreditaufnahme, den Bezug zur kommunalen Investitionstätigkeit, heranzuziehen. Da die Kreditaufnahme nur für Investitionen, Investitionsförderungsmaßnahmen und zur Umschuldung zulässig ist, können kreditähnliche Rechtsgeschäfte keinen anderen Kreis von Vorgängen erfassen. Aus ihrer Natur heraus kommen sie für die Umschuldung ebensowenig in Betracht wie für Investitionsförderungsmaßnahmen, bei denen es sich um finanzielle Zuschüsse der Gemeinde für Investitionen Dritter handelt. *96*

Kreditähnliche Rechtsgeschäfte beschränken sich allein auf die kommunale Investitionstätigkeit. Sie sind eine Sonderform der Investitionsfinanzierung [→ Kapitel IV]; kreditähnliche Rechtsgeschäfte können als die nicht durch Kommunalkredit vorgenommene Fremdfinanzierung von Investitionsobjekten bezeichnet werden. *97*

Was im Einzelfall den kreditähnlichen Rechtsgeschäften zuzurechnen ist, kann nicht abschließend bestimmt werden, da seit einigen Jahren zahlreiche neue Formen entwickelt worden sind und werden. Die Kreditrundschreiben der Bundeslän- *98* der beschränken sich daher darauf, enumerativ verschiedene Sachverhalte zu nennen, die zu den kreditähnlichen Rechtsgeschäften zählen. Dieser Katalog ist zwischen den Bundesländern keineswegs einheitlich, er unterliegt zudem immer wieder Veränderungen. Das gilt zum einen für die Anzahl der erwähnten Rechtsgeschäfte; zum anderen werden aber auch bestimmte Vorgänge unterschiedlich klassifiziert. So zählen z.B. Bausparverträge in Rheinland-Pfalz zum Kreis der kreditähnlichen Rechtsgeschäfte, in Thüringen hingegen nicht. Den derzeit wohl ausführlichsten Katalog hat das Land Thüringen (ähnlich auch Bayern); dort zählen zu den kreditähnlichen Rechtsgeschäften [Anhang 2 Ziff. 8.1]:

- Die Stundung (Kreditierung von Zahlungsverpflichtungen aus Dienst-, Werk- und Kaufverträgen, wobei es gleichgültig ist, ob die Fälligkeit von vornherein oder erst nach Abschluß eines Vertrags hinausgeschoben wird
- Der Abschluß eines Leasing-Vertrages
- Der Abschluß eines Leibrentenvertrages
- Die Bestellung eines Erbbaurechts an einem Grundstück zugunsten der Gemeinde
- Die Schuldübernahme (mit Ausnahme des Übergangs von Verbindlichkeiten bei Gebietsänderungen)
- Die vollständige oder teilweise Übernahme des Schuldendienstes für einen Kredit eines Dritten, gleichgültig, ob die Übernahme gegenüber dem Kreditgeber erklärt wird oder dem Kreditnehmer wiederkehrende Zuweisungen oder Zuschüsse gewährt werden
- Die vollständige oder teilweise Übernahme der Folgelasten von Einrichtungen Dritter
- Der Abschluß langfristiger Leistungsverträge, z.B. Verträge mit einem Sanierungs- oder Entwicklungsträger nach §§ 157 und 167 BauGB oder Vereinbarungen über Vorfinanzierungen mit Grundstücksbeschaffungs- und Erschließungsgesellschaften
- Die Umwandlung von Fördermitteln in Darlehen (Darlehensvertrag)

99 Einen Überblick über die in einzelnen Ländern ausdrücklich genannten Sachverhalte gibt die nachfolgende Übersicht (→ Übersicht 6). Dabei ist zum einen zu berücksichtigen, daß vielfach geringfügige Vorgänge von der ansonsten mit kreditähnlichen Rechtsgeschäften verknüpften Genehmigungspflicht ausgenommen sind [→ Anhang 6]. Zum anderen ist – unabhängig von den in einem Bundesland jeweils genannten Sachverhalten – jedes Rechtsgeschäft im Zweifelsfall daraufhin zu prüfen, ob es einem Kredit vergleichbar ist.

100 Gesondert zu erwähnen sind Bürgschaften (§ 104 Abs. 2 GemO Rh-Pf; § 64 Abs. 2 ThürKO), d.h. die Übernahme der Verpflichtung zur Erfüllung der Verbindlichkeiten Dritter [Rz. 353ff.]. Sie sind kein Kredit oder kreditähnliches Rechtsgeschäft, da die Kommune keine direkte Zahlungsvereinbarung abschließt. Sofern die Gemeinde jedoch als Bürge in Anspruch genommen wird, ist ein der Kreditverpflichtung vergleichbarer Sachverhalt gegeben. Im übrigen sind kommunale Bürgschaften nicht selten auch Bestandteil kreditähnlicher Rechtsgeschäfte.

Übersicht 6: Kreditähnliche Rechtsgeschäfte in einzelnen Bundesländern[*]

Rechtsgeschäft	Baden-Württemberg	Nordrhein-Westfalen	Rheinland-Pfalz	Sachsen	Thüringen
Stundung von Zahlungsverpflichtungen	Ja				Ja
Leasing und leasingähnliche Verträge	Ja	Ja	Ja	Ja	Ja
Leibrenten-Verträge	Ja	Ja	Ja		Ja
Bestellung von Erbbaurechten					Ja
Schuld- oder Schuldendienstübernahmen					Ja
Übernahme von Folgelasten		Ja	Ja		Ja
Abschluß langfristiger Leistungsverträge	Ja	Ja	Ja	Ja	Ja
Umwandlung von Fördermitteln in Darlehen					Ja
Bausparverträge		Ja	Ja		

[*] Quellen:
Baden-Württemberg: Verwaltungsvorschrift zu § 87 GO
Nordrhein-Westfalen: Runderlaß des Innenministers vom 23.6.1989
Rheinland-Pfalz: Verwaltungsvorschrift zu § 103 GemO
Sachsen: Verwaltungsvorschrift kommunale Haushaltswirtschaft 1999 vom 21.10.1998
Thüringen: Bekanntmachung des Thüringer Innenministeriums vom 29.6.1995

5. Entwicklung und Struktur der Kommunalverschuldung – ein empirischer Überblick

5.1 Kommunal- und Staatsverschuldung

Die Verschuldung der Städte und Gemeinden in der Bundesrepublik Deutschland ist seit 1970 – d.h. seit der Finanzreform – deutlich gestiegen (→ Schaubild 5). Lag sie 1970 noch bei rd. 40 Mrd.DM, so betrug sie Ende 1997 in den alten Bundesländern knapp 170 Mrd.DM. Der Schuldenstand wuchs mithin um gut das 4-fache. Die Verschuldung der Städte, Gemeinden und Kreise in den neuen Bundesländern betrug Ende 1992 knapp 14 Mrd.DM; in der Zeit bis 1999 hat sie sich auf fast 40 Mrd. DM nahezu verdreifacht. Die Verschuldung der Kommunen in den neuen Bundesländern ist auf Grund der noch andersartigen Voraussetzungen mit der westdeutschen Situation allerdings nach wie vor schwer zu vergleichen.

102 Der Anstieg der kommunalen Verschuldung ist damit allerdings deutlich hinter dem Zuwachs des Schuldenstandes von Bund und Ländern zurückgeblieben. Während die Verschuldung des Bundes bis 1997 um das 19fache zunahm, lag der Anstieg bei den Ländern mit dem 21fachen noch höher. Bund und Länder haben sich in den letzten Jahren – vor allem im Zuge des Einigungsprozesses – erheblich schneller verschuldet.

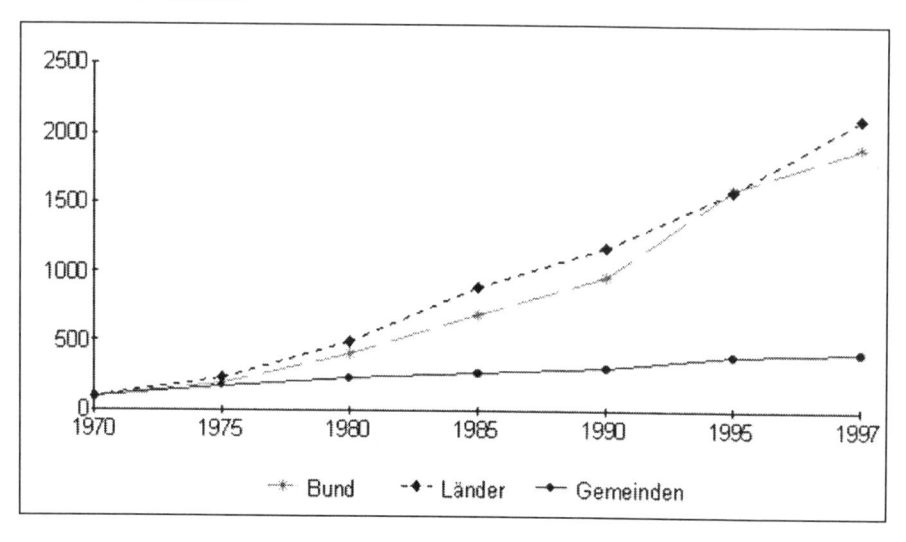

Schaubild 5: Die Entwicklung der Verschuldung von Bund, Ländern und Gemeinden seit 1970 (1970 = 100)
Quelle: Monatsberichte der Deutschen Bundesbank, verschiedene Jahrgänge; eigene Berechnungen

103 Diese Entwicklung hat dazu geführt, daß der Anteil der Kommunalverschuldung an der gesamten öffentlichen Verschuldung rückläufig ist. Betrug er 1970 noch fast 1/3, so ist er bis 1997 kontinuierlich auf etwa 11 % gesunken (→ Schaubild 6). Waren die Kommunen in den Anfangsjahren der Bundesrepublik noch der größte öffentliche Schuldner, so haben sie diese Position bereits in den 60er Jahren an den Bund abgegeben. Bis 1975 rangierte die Kommunalverschuldung noch vor der Verschuldung der Länder; inzwischen ist die Länderverschuldung mehr als dreimal so hoch wie die Verschuldung der Städte, Gemeinden und Kreise.

104 Diese differenzierte Entwicklung der Verschuldung des Staates und der Kommunen ist nicht allein auf die jeweilige Finanzsituation, d.h. die Ausgabenanforderungen und die Einnahmeentwicklung der einzelnen Ebenen zurückzuführen. Die deutlich geringeren Zuwachsraten der Verschuldung im kommunalen Sektor trotz wachsender Ausgabenbelastungen haben ihre wesentliche Ursache in den erheblich strengeren haushaltsrechtlichen Bindungen der Kreditaufnahme. Das kommunale Haushaltsrecht bietet insoweit eine durchaus wirksame Kreditbremse.

Entwicklung und Struktur der Kommunalverschuldung – ein empirischer Überblick

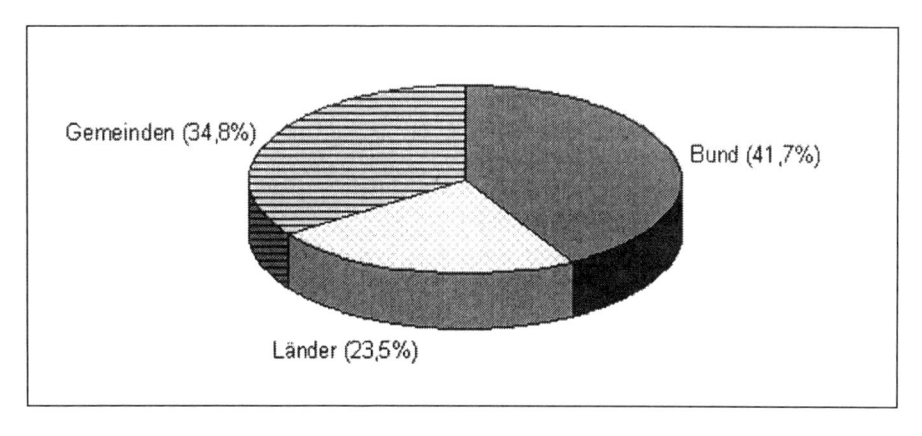

Schaubild 6a: Struktur der Verschuldung der Gebietskörperschaften 1970

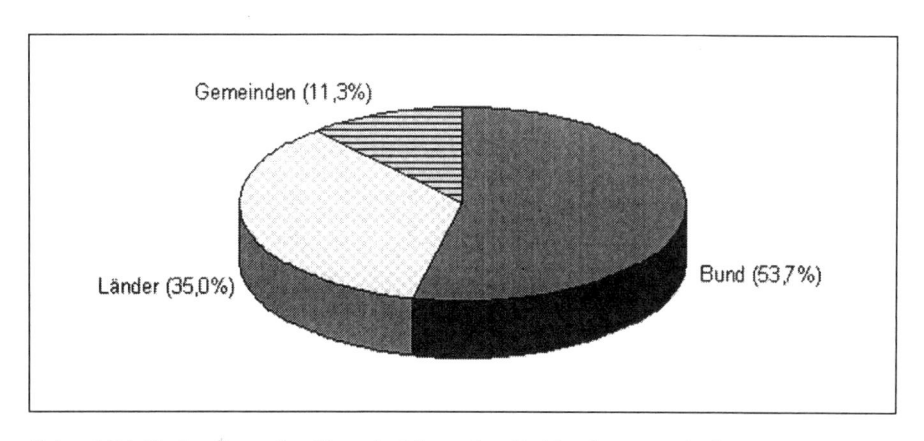

Schaubild 6b: Struktur der Verschuldung der Gebietskörperschaften 1997
– einschl. der neuen Bundesländer –
Quelle: Monatsberichte der Deutschen Bundesbank, eigene Berechnungen
Bund ohne Sondervermögen

Allerdings darf nicht übersehen werden, daß die öffentliche Verschuldung zu einem nicht unbeträchtlichen Teil ihren Niederschlag außerhalb des Haushalts, in sog. Schattenhaushalten, findet. Dies gilt in den letzten Jahren in besonderem Maße für den Bund, der wichtige einigungsbedingte Verbindlichkeiten in Sondervermögen, z.B. für den Erblastentilgungsfonds und übernommene Verpflichtungen von Bahn und Post, veranschlagt hat. Allein der Schuldenstand der Sondervermögen des Bundes betrug 1997 mehr als die Hälfte der unmittelbaren Bundesschuld und erreichte fast den Schuldenstand der Länder. Auf kommunaler Ebene ist in dem Zusammenhang vor allem auf die wachsende Bedeutung der Verschuldung von Eigenbetrieben und Eigengesellschaften [→ Rz. 50f.] hinzuweisen.

105

Finanzwirtschaftliche Grundlagen

5.2 Schwankungen in der Kommunalverschuldung

106 Die kommunale Kreditaufnahme unterliegt beträchtlichen zyklischen Schwankungen. Sie ist zu Beginn einer Rezession zunächst vergleichsweise hoch, da begonnene Investitionsvorhaben ausfinanziert werden müssen. Nach etwa 2 Jahren sinkt sie dann deutlich, da nunmehr die konjunkturbedingten Einschränkungen der Investitionstätigkeit Wirksamkeit entfalten. Sie verharrt auch in der Aufschwungphase anfangs auf noch niedrigem Niveau und steigt erst nach einer gewissen Zeitspanne an. Die Kreditaufnahme ist damit zwar nicht antizyklisch; einen streng prozyklischen Verlauf besitzt sie jedoch – anders als oft dargestellt – ebenfalls nicht.

107 Zwischen der kommunalen Kreditaufnahme und der Investitionsrate, d.h. der um die Tilgung verminderten Zuführung an den Vermögenshaushalt bestehen Zusammenhänge. Dabei sind allerdings zwei Möglichkeiten denkbar; zum einen könnte bei steigender Investitionsrate die Kreditaufnahme rückläufig sein und umgekehrt – beide Größen wären dann zueinander komplementär. Die Kreditaufnahme würde dann fehlende Eigenmittel ersetzen. Zum anderen könnte mit steigender Investitionsrate auch die Verschuldungsfähigkeit zunehmen bzw. umgekehrt, so daß beide Größen gleichgerichtet wären.

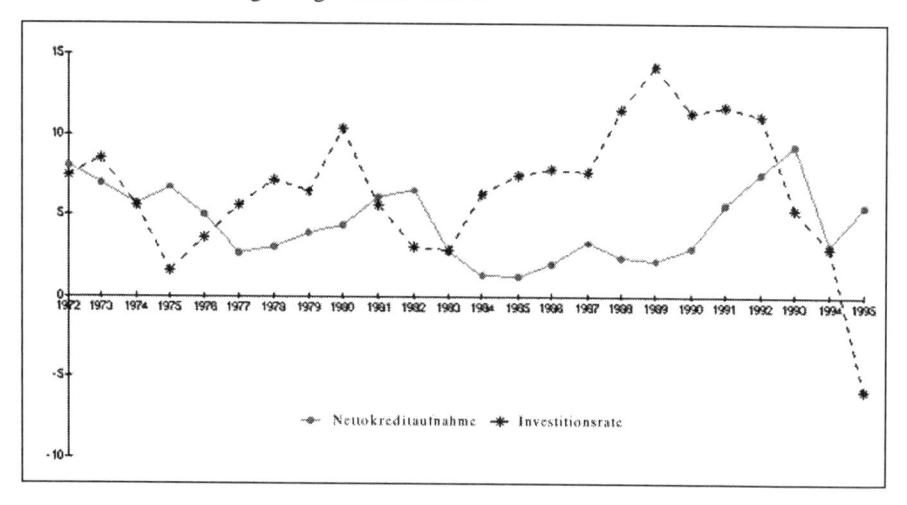

Schaubild 7: Nettokreditaufnahme und Investitionsrate – alte Bundesländer (ohne Krankenhäuser) – in Mrd. DM
Quelle: Gemeindefinanzberichte des Deutschen Städtetages, verschiedene Jahrgänge - eigene Berechnungen
Ab 1995 liegen vergleichbare Daten nicht mehr vor; vor 1972 auf Grund der alten Haushaltssystematik nicht darstellbar

In den letzten 20 Jahren lassen sich beide Entwicklungen beobachten (→ Schaubild 7). So stehen zu Beginn der 70er Jahre hohen Investitionsraten gleichfalls hohe Nettokreditaufnahmen gegenüber. Ende der 70er und Ende der 80er Jahre steigt die Nettokreditaufnahme bei steigender Investitionsrate. Diese Entwicklung würde eine Parallelität beider Größen nahelegen. Demgegenüber wird Mitte der 70er

Entwicklung und Struktur der Kommunalverschuldung – ein empirischer Überblick

und Mitte der 80er Jahre die Nettokreditaufnahme bei steigender bzw. hoher Investitionsrate deutlich zurückgeführt. In den 90er Jahren erhöht sich die Nettokreditaufnahme bei rückläufiger Investitionsrate. Dies spräche für eine Komplementarität von Kreditaufnahme und Investitionsrate.

Die empirischen Ergebnisse deuten darauf hin, daß bei rückläufiger Investitionsrate kurzfristig die Nettokreditaufnahme komplementär eingesetzt wird, um begonnene Investitionsvorhaben abzuschließen. Die Nettokreditaufnahme wird daher erst mit einem gewissen Zeitverzug zurückgenommen; die haushaltswirtschaftlichen Grenzen der Kreditaufnahme kommen dann in vollem Umfang zum Tragen. Umgekehrt werden höhere Verschuldungsspielräume - wenn überhaupt - auch erst mit zeitlicher Verzögerung genutzt, da entsprechende Investitionsplanungen oft nicht entsprechend verfügbar sind.

Auf Grund ihrer starken Schwankungen ist die Bedeutung der Kreditaufnahme für die Finanzierung der kommunalen Vermögenshaushalte sehr unterschiedlich (→ Schaubild 8); allerdings bleibt sie stets, neben den Investitionszuschüssen – deren Bedeutung allerdings seit Mitte der 70er Jahre abgenommen hat – und der ebenfalls erheblich variierenden Zuführung aus dem Verwaltungshaushalt ein wichtiger Finanzierungsbeitrag.

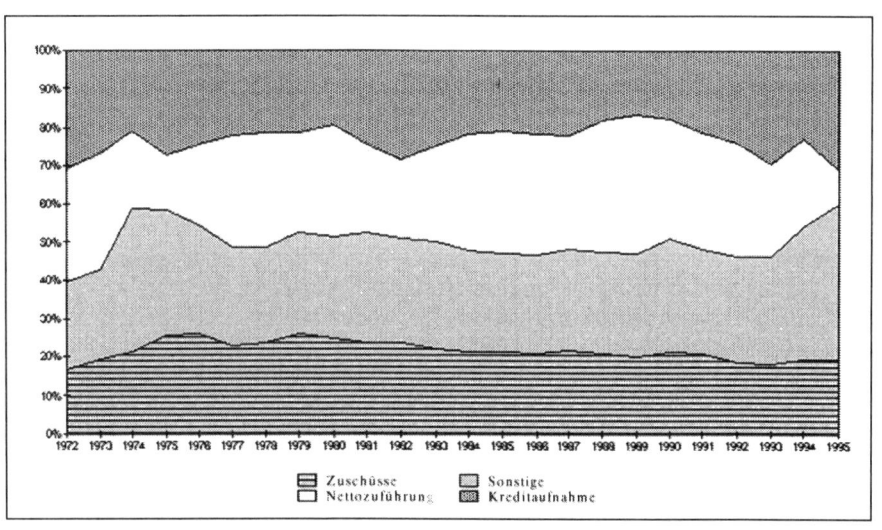

Zu den sonstigen Einnahmen zählen Beiträge, Rücklagenentnahmen und Einnahmen aus der Vermögensveräußerung

Schaubild 8: Struktur der Finanzierung des Vermögenshaushalts in den alten Bundesländern 1972–1995 (Anteile in %)
Quelle: Gemeindefinanzberichte des Deutschen Städtetages, verschiedene Jahrgänge (Angaben einschl. Krankenhäuser). Ab 1992 liegen vergleichbare Daten nicht mehr vor; vor 1972 auf Grund der alten Haushaltssystematik nicht darstellbar

5.3 Interkommunale Differenzierung

110 Zwischen den Kommunen differiert die Verschuldung beträchtlich. Zunächst ist eine, wenn auch nicht ganz kontinuierliche Abhängigkeit des Schuldenstandes von der Gemeindegröße zu beobachten (→ Schaubild 9). Der Schuldenstand in den Städten mit mehr als 500.000 Einwohnern ist deutlich höher als in den Städten mit weniger als 50.000 Einwohnern. Dabei hat sich die Differenz im vergangenen Jahrzehnt deutlich vergrößert, da in den Großstädten ein besonders hoher Anstieg des Schuldenstandes zu verzeichnen war.

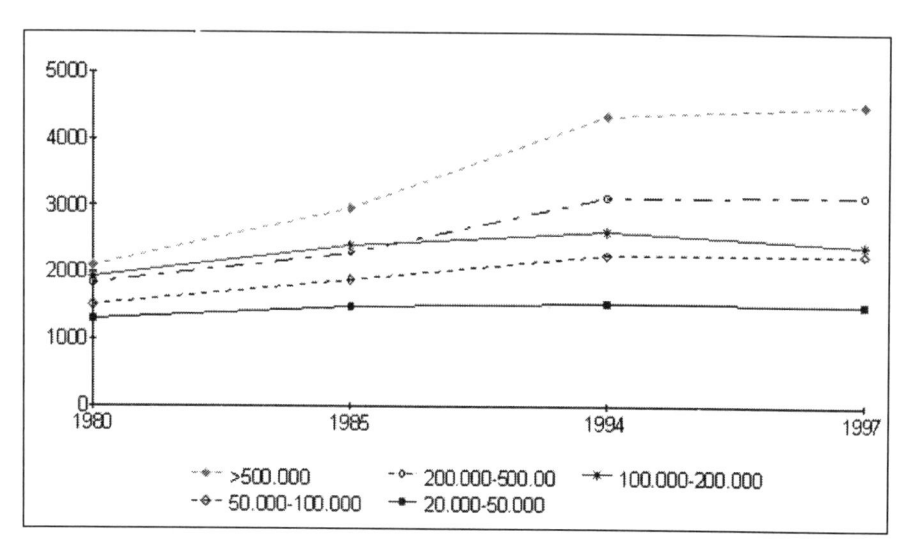

Schaubild 9: Schuldenstand in den Städten mit mehr als 20.000 Einwohnern nach Grössenklassen (alte Bundesländer) in DM/E
Quelle: Statistisches Jahrbuch Deutscher Gemeinden, verschiedene Jahrgänge

111 Während in den meisten Größenklassen seit der zweiten Hälfte der 80er Jahre ein langsamerer Schuldenzuwachs zu beobachten ist, nimmt der Schuldenstand in den größten Städten gerade in diesem Zeitraum erheblich schneller zu. Allerdings ist der Schuldenstand in den letzten Jahren nahezu unverändert geblieben.

Eine zweite wichtige Entwicklung (→ Schaubild 10) im genannten Zeitraum ist die – allerdings ebenfalls differenzierte – Zunahme der Verschuldung der Eigenbetriebe (mittelbare Verschuldung). Viele Städte und Gemeinden haben Aufgaben – in Rheinland-Pfalz z.B. Mitte der 80er Jahre kraft Gesetzes die Abwasser- und in vielen Fällen die Abfallbeseitigung – Eigenbetrieben zur Erfüllung übertragen, die hierfür Kredite außerhalb des Haushalts aufgenommen und bestehende Kreditverpflichtungen übernommen haben. 1980 war dies ein Betrag von im Mittel rd. 200 DM/Einwohner. 1997 erhöht sich der Schuldenstand dadurch in allen Größenklassen um durchweg deutlich mehr als 500 DM/Einwohner. Erneut angemerkt

Entwicklung und Struktur der Kommunalverschuldung – ein empirischer Überblick

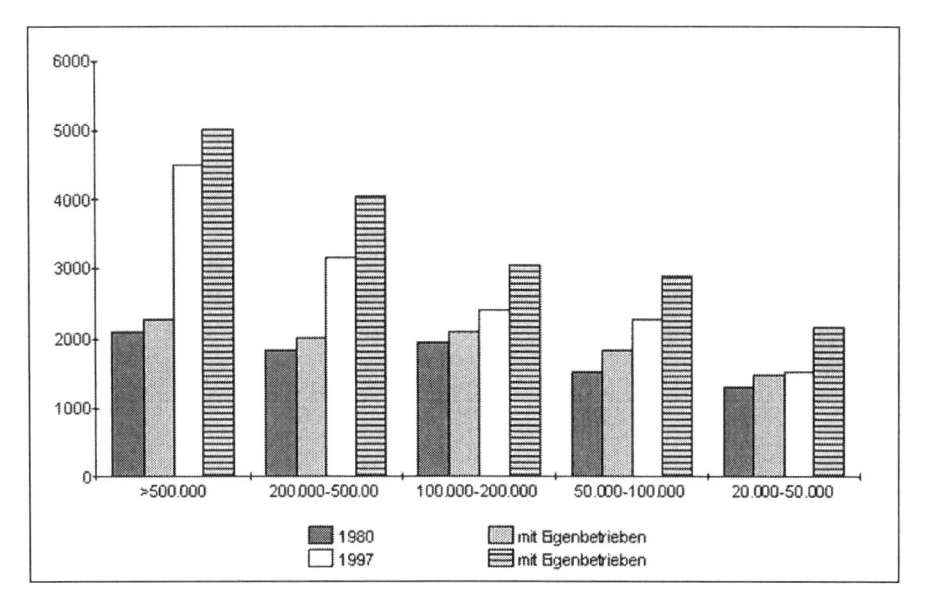

Schaubild 10: Entwicklung der unmittelbaren und mittelbaren Verschuldung in den Städten mit mehr als 20.000 Einwohnern nach Grössenklassen (alte Bundesländer) IN DM/E
Quelle: Statistisches Jahrbuch Deutscher Gemeinden, verschiedene Jahrgänge

sei, daß die Verschuldung kommunaler Eigengesellschaften oder der von Kommunen getragenen Zweckverbände hierbei nicht erfasst ist.

Recht beachtlich ist das Bürgschaftsvolumen der Kommunen; es macht in den Städten mittlerweile 20–30 % der unmittelbaren Verschuldung aus (→ Schaubild 11). Auch hier zeigt sich eine – wiederum differenzierte – Entwicklung im letzten Jahrzehnt. Zwar haben die Bürgschaftszusagen der Städte im genannten Zeitraum – insb. im Zusammenhang mit der Kreditaufnahme kommunaler Unternehmen [→ Rz. 214] – zugenommen; ihr Anteil an der Kameralverschuldung ist jedoch zunächst nicht durchweg gestiegen. In den 90er Jahren allerdings haben die Bürgschaften deutlich an Bedeutung gewonnen. *112*

Die mit der Gemeindegröße steigende Verschuldung schlägt sich in einem entsprechenden Verlauf der Zinsbelastungen nieder. Dabei ist festzustellen, daß die sich daraus ergebende Durchschnittsverzinsung nicht in allen Größenklassen gleich ist. Dies legt den Schluß nahe, daß die Nettoneuverschuldung zu unterschiedlichen Zeitpunkten und damit bei unterschiedlichen Zinskonditionen ausgeweitet wurde. Im Mittel schwankt der für die Kommunalverschuldung zu beobachtende Durchschnittszins um einen Wert von etwa 7 %. Das in den letzten Jahren erheblich gesunkene Zinsniveau hat sich auch in der Durchschnittsverzinsung, allerdings noch nicht so nachhaltig niedergeschlagen. In dem Zusammenhang ist auch zu berücksichtigen, daß gerade die größeren Städte beträchtliche Zinsbelastungen aus Kassenkrediten zu tragen haben. *113*

Finanzwirtschaftliche Grundlagen

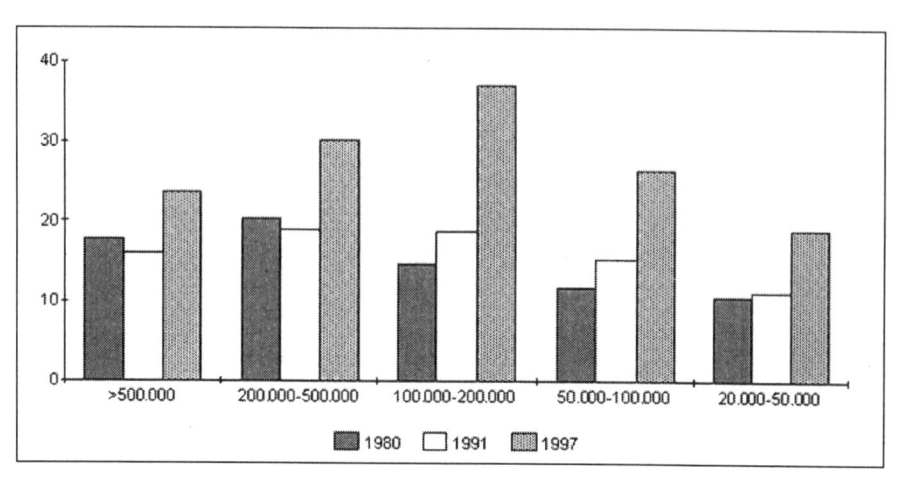

Schaubild 11: Bürgschaftsvolumen in den Städten mit mehr als 20.000 Einwohnern nach Grössenklassen (alte Bundesländer) Anteil an der Kameralverschuldung in %
Quelle: Statistisches Jahrbuch Deutscher Gemeinden, verschiedene Jahrgänge

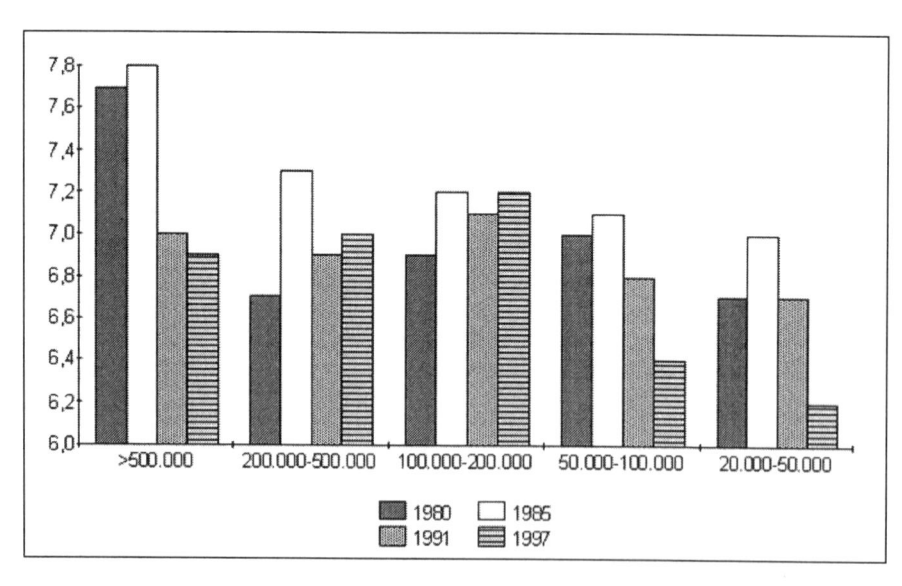

Schaubild 12: Durchschnittsverzinsung der Kommunalverschuldung 1980–1997 in den Städten mit mehr als 20.000 Einwohnern nach Grössenklassen (alte Bundesländer) – in % –
Quelle: Statistisches Jahrbuch Deutscher Gemeinden, verschiedene Jahrgänge; eigene Berechnungen

Entwicklung und Struktur der Kommunalverschuldung – ein empirischer Überblick

Ebenso wie der Schuldenstand nehmen auch die Steuereinnahmen mit der Gemeindegröße zu. Daraus könnte der Schluß gezogen werden, größere Städte könnten eine höhere Verschuldung auf Grund ihrer besseren Steuereinnahmekraft leichter tragen. Dies ist zwar nicht ganz von der Hand zu weisen, allerdings muß festgestellt werden, daß der höheren Einnahmekraft auch deutlich höhere Belastungen – z.B. im Bereich der sozialen Sicherung – gegenüberstehen. Zum anderen hat der Zuwachs der Steuereinnahmen mit dem Verschuldungstempo gerade bei den größten Städten nicht Schritt gehalten, während umgekehrt gerade in den Städten mit weniger als 50.000 Einwohnern umgekehrt die Steuereinnahmen wesentlich rascher gestiegen sind als der Schuldenstand.

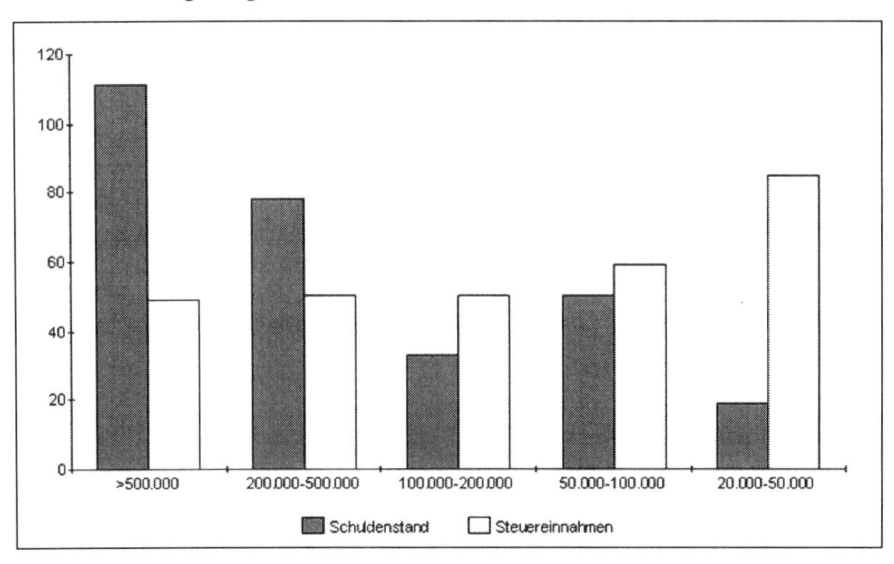

Schaubild 13: Entwicklung von Schuldenstand und Steuereinnahmen 1980–1996 in den Städten mit mehr als 20.000 Einwohnern nach Grössenklassen (alte Bundesländer)
Quelle: Statistisches Jahrbuch Deutscher Gemeinden, verschiedene Jahrgänge

Die bisher dargestellten aggregierten Daten verdecken die Tatsache, daß die Verschuldung zwischen den einzelnen Kommunen stark variiert. So gibt es – vor allem kleinere – Gemeinden, die überhaupt keine Schulden aufweisen, während die Verschuldung einzelner Großstädte inzwischen weit über die Marke von 5000 DM/Einwohner hinausreicht. Der empirische Überblick wäre mithin unvollständig, wenn nicht auch die interkommunalen Unterschiede betrachtet würden. Einen ersten Überblick gibt die nach dem jeweiligen Schuldenstand ermittelte Häufigkeitsverteilung.

Finanzwirtschaftliche Grundlagen

1980

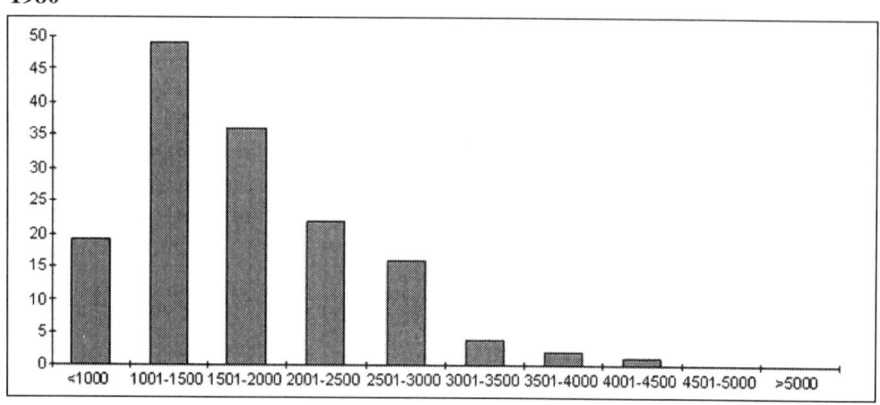

1985

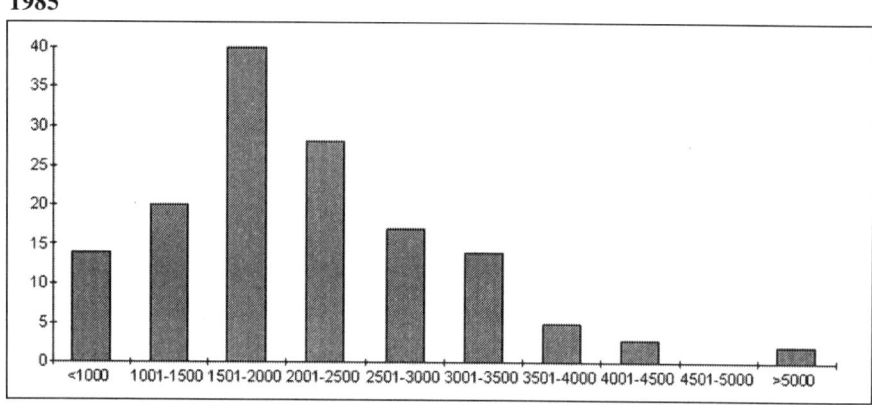

1991

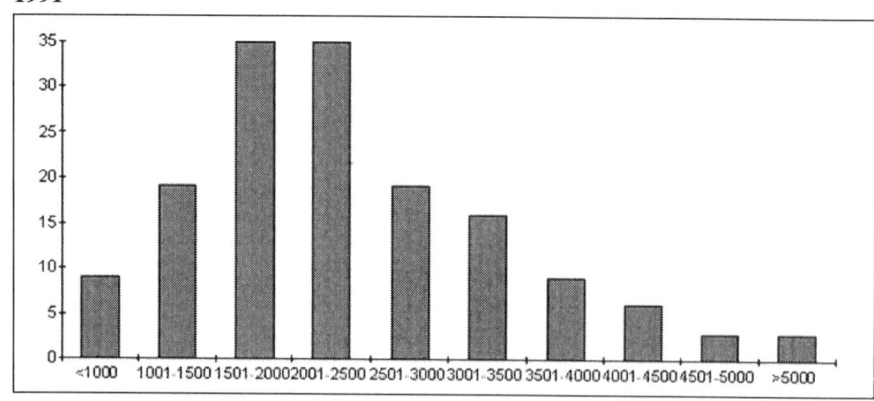

1997

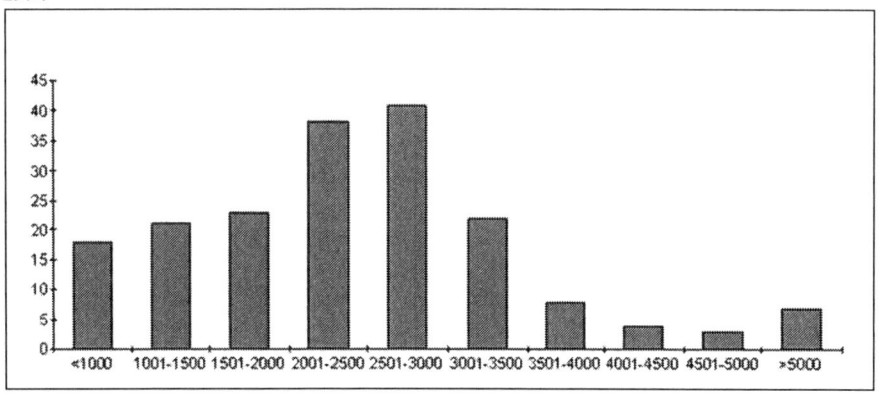

Schaubild 14: Struktur des Schuldenstandes in DM/Einwohner (Städte mit mehr als 50.000 Einwohnern – Anzahl der Städte –)
Quelle: Statistisches Jahrbuch Deutscher Gemeinden, verschiedene Jahrgänge; eigene Berechnungen
1997 einschl. Neue Bundesländer

Lag der Schuldenstand der meisten Städte 1980 im wesentlichen in einer Spanne zwischen 1000 und 2000 DM/Einwohner, hat sich das Schwergewicht 5 Jahre später auf eine Größenordnung zwischen 1500 und 2500 DM/Einwohner verschoben. Wiederum 5 Jahre später ist zwar die Verschuldung der Mehrzahl der Städte im gleichen Größenbereich verblieben, allerdings hat sich die Verteilungspyramide abgeflacht. 1997 schließlich weisen die meisten Städte eine Verschuldung zwischen 2000 und 3000 DM je Einwohner auf. Allerdings haben einzelne Städte in den letzten Jahren einen beträchtlichen Teil ihrer Verschuldung in Eigenbetriebe verlagert; dies erklärt u.a die gegenüber den Vorjahren gestiegene Zahl der Städte mit geringer Verschuldung.

Schließlich soll noch kurz die Verschuldung einzelner Städte dargestellt werden. In der Gruppe der besonders hoch verschuldeten Kommunen hat es in den letzten 10 Jahren erhebliche Veränderungen ergeben; lediglich 2 Städte sind in diesem Zeitraum durchgängig vertreten. Unter den genannten Städten sind mit z.B. Frankfurt, Düsseldorf oder Ludwigshafen besonders steuerstarke, aber auch eher steuerschwache Kommunen zu finden. Ein eindeutiger Zusammenhang zwischen Steuerkraft und Schuldenstand ist nicht zu erkennen. Ebensowenig läßt sich eine eindeutige Beziehung zur Gemeindegröße herstellen.

Finanzwirtschaftliche Grundlagen

Übersicht 7: Die Städte mit der höchste Pro-Kopf-Verschuldung (Städte mit mehr als 50.000 Einwohnern; in DM/Einwohner)

1980		1985		1992		1997	
STADT	SCHUL-DEN-STAND	STADT	SCHUL-DEN-STAND	STADT	SCHUL-DEN-STAND	STADT	SCHUL-DEN-STAND
Giessen	4207	Frankfurt	5851	Frankfurt	9423	Frankfurt	8725
Neustadt/W.	3663	Giessen	5379	Düsseldorf	5968	Düsseldorf	6222
Hannover	3531	Düsseldorf	4408	Hanau	5611	Hanau	6030
Düsseldorf	3476	Hannover	4306	Stolberg	4984	Bonn	5663
Worms	3363	Trier	4052	Köln	4855	Köln	5587
Koblenz	3257	Koblenz	3809	Hannover	4775	Stolberg	5061
Hanau	3103	Hanau	3755	Eschweiler	4456	Velbert	4894
Ludwigshafen	2894	Worms	3546	Neuss	4268	Aachen	4791
Osnabrück	2890	Neuss	3518	Bonn	4218	Bielefeld	4602
Mainz	2867	Darmstadt	3512	Trier	4116	Passau	4539

Quelle: Statistisches Jahrbuch Deutscher Gemeinden, verschiedene Jahrgänge

118 Aus der Übersicht ist erkenntlich, daß der Schuldenstand in einzelnen Städten – vor allem bedingt durch hohe Anstrengungen zum Ausbau der Infrastruktur – außerordentlich rasch gewachsen ist. In einzelnen Fällen allerdings konnte eine zunächst hohe Verschuldung zurückgeführt bzw. der Zuwachs deutlich verlangsamt werden.

119 Auffällig ist die Tatsache, daß die rheinland-pfälzischen Städte, die 1980 noch zu einem erheblichen Teil unter den besonders hoch verschuldeten Städten zu finden waren, 17 Jahre später in dieser Aufstellung nicht mehr enthalten sind. Hierfür ist zum einen eine außerordentlich restriktive Schuldenpolitik der Städte maßgeblich. Zum anderen darf nicht übersehen werden, daß viele rheinland-pfälzische Städte ab Mitte der 80er Jahre ihre Einrichtungen der Abwasser- und Abfallbeseitigung in Eigenbetriebe überführt haben. Dadurch konnte der unmittelbare Schuldenstand in erheblichem Umfang reduziert werden.

Kapitel II
Haushaltsrechtliche Grundlagen

1. Kreditermächtigung und Veranschlagung

1.1 Kreditermächtigung in der Haushaltssatzung

Die Kreditaufnahme durch eine Kommune wird nicht allein schon dadurch möglich, daß sie im Haushaltsplan veranschlagt ist. Sie bedarf der speziellen Ermächtigung in der Haushaltssatzung (§ 95 Abs. 2 Nr. 1b GemO Rh-Pf; § 55 Abs. 2 Nr. 2 ThürKO). Im Gefüge der Haushaltssatzung ist die Kreditermächtigung ein zentrales Element; dies kommt auch in dem besonderen Genehmigungserfordernis zum Ausdruck (§ 95 Abs. 3 Nr. 2 GemO Rh-Pf; § 63 Abs. 2 Satz 1 ThürKO). Eine Ausnahme bildet lediglich Nordrhein-Westfalen, das die Genehmigungspflicht für die Kreditaufnahme aufgehoben hat.

120

In der Haushaltssatzung ist stets der Bruttobetrag der vorgesehenen Kreditaufnahme darzustellen (§ 103 Abs. 2 Satz 1 GemO Rh-Pf; § 63 Abs. 2 Satz 1 ThürKO), eine Saldierung mit der im Haushaltsplan veranschlagten Tilgung ist nicht zulässig. Damit wird dem Bruttoprinzip der Veranschlagung Rechnung getragen; dies ändert nichts daran, daß haushaltswirtschaftlich die Nettokreditaufnahme die entscheidende Größe ist.

121

In einzelnen Bundesländern muß die Kreditermächtigung den für Umschuldungen vorgesehenen Betrag enthalten. In Rheinland-Pfalz und Thüringen, wie der Mehrzahl der Bundesländer, ist dies nicht erforderlich (ausdrücklich § 95 Abs. 2 Nr. 1b GemO Rh-Pf; mittelbar § 55 Abs. 2 Nr. 2 ThürKO); der für Umschuldungen veranschlagte Betrag muß lediglich nachrichtlich angegeben werden. Diese Regelung ist in der Praxis zweckmäßig, da eine – nicht immer präzise vorherzusehende – Erhöhung des Umschuldungsvolumens dann keiner Satzungsänderung bedarf. Im übrigen wird der Schuldenstand einer Gemeinde durch die Umschuldung nicht berührt; mögliche Veränderungen der Kreditkonditionen werden ohnehin erst im Zeitpunkt der Umschuldung sichtbar.

122

Grundsätzlich in der Haushaltssatzung festzulegen ist der für das Haushaltsjahr vorgesehene Höchstbetrag der Kassenkredite (§ 95 Abs. 2 Nr. 2 GemO Rh-Pf; § 55 Abs. 2 Nr. 5 ThürKO). Kassenkredite werden während des Haushaltsjahres nicht kumuliert; d.h. früher aufgenommene und inzwischen zurückgezahlte Kassenkredite sind für die Einhaltung des in der Haushaltssatzung ausgewiesenen Höchstbetrages ohne Belang. Der Höchstbetrag definiert die zu einem Zeitpunkt maximal zulässige Summe der Kassenkredite.

123

Keiner besonderen Ermächtigung hingegen bedarf die Inanspruchnahme Innerer Darlehen [→ Rz. 70f.], da die Kommune in dem Fall auf eigene Mittel zurückgreift. Schließlich sehen verschiedene Bundesländer eine Angabe in der Haushalts-

124

satzung über die von Eigenbetrieben und Krankenhäusern vorgesehene Kreditaufnahme vor (so z.B. § 55 Abs. 2 Satz 2 ThürKO; § 16 Abs. 4 EigVO Rh-Pf und § 3 Abs.3 KrHausBetrVO Rh-Pf sowie Anhang 1 Ziff. 1); dies soll einen besseren Überblick über die gesamten Kreditverpflichtungen einer Gemeinde ermöglichen.

Auszug aus der Haushaltssatzung (Rheinland-Pfalz)

Haushaltssatzung der Gemeinde...................................
für das Jahr ....
vom............20..

§ 2

Es werden festgesetzt

1. Der Gesamtbetrag der Kredite auf ....DM
2. ....
3. Der Höchstbetrag der Kassenkredite auf ....DM

§ 3

Für die Eigenbetriebe ... und das Krankenhaus werden in den Wirtschaftsplänen festgesetzt

1. Der Gesamtbetrag der Kredite auf ....DM
   davon entfallen auf den
   Vermögensplan des Krankenhauses...........DM
2. ....
3. Der Höchstbetrag der Kassenkredite auf ....DM
   davon entfallen auf den
   Vermögensplan des Krankenhauses...........DM

---

125 Durch die Festsetzungen in der Haushaltssatzung nicht unmittelbar erfaßt sind kreditähnliche Rechtsgeschäfte [→ Rz. 94ff.]. Ihr Abschluß ist einzeln zu entscheiden und gesondert zu beurteilen; sie unterliegen zudem der Einzelgenehmigungspflicht [→ Rz. 315]. Ausgenommen hiervon sind geringfügige Vorgänge im Rahmen der laufenden Verwaltung [→ Anhang 6]. Ob und inwieweit kreditähnliche Rechtsgeschäfte im Haushaltsjahr vorgesehen sind, läßt sich aus dem Haushaltsplan nicht erkennen; dies wäre im übrigen auch problematisch, da der Haushaltsplan die wichtigsten Daten zur Ausgaben- und Einnahmewirtschaft enthält, kreditähnliche Rechtsgeschäfte sich in der Regel jedoch nicht ohne weiteres in einer kassenwirksamen, monetären Größe darstellen lassen. Dies gilt im übrigen in ähnlicher Weise für die Übernahme von Bürgschaften [→ Rz. 100]. Hierfür sind entsprechende Übersichten dem Haushaltsplan bzw. der Jahresrechnung beizufügen.

1.2 Gesamtdeckungsprinzip

126 Im geltenden kommunalen Haushaltsrecht gilt das Gesamtdeckungsprinzip (§ 16 GemHVO Rh-Pf; § 16 ThürGemHV), d.h. alle Einnahmen des Verwaltungshaus-

halts dienen zur Deckung der Ausgaben des Verwaltungshaushalts; in gleicher Weise gilt dieser Zusammenhang auch für den Vermögenshaushalt. Verwaltungs- und Vermögenshaushalt stellen allerdings keine abgeschlossenen Finanzierungskreise dar; sie sind durch Zuführungen miteinander verbunden. Die Einzelzuordnung von bestimmten Einnahmen zu einzelnen Ausgabepositionen ist – abgesehen von wenigen Ausnahmen – nicht möglich. Die Kreditermächtigung in der Haushaltssatzung erfaßt daher auch nur den Gesamtbetrag, keine differenzierte Aufteilung auf bestimmte Vorhaben.

Dies war im kommunalen Haushaltsrecht vor 1974 anders. Dort war die Zuordnung einzelner Kredite zu bestimmten Ausgaben vorgeschrieben. Dementsprechend war auch der Schuldennachweis zu führen; im Schuldennachweis konnte jeder Einzelkredit einem bzw. einigen bestimmten Objekten zugerechnet werden. Umgekehrt war daraus zu erkennen, in welchem Umfang Vorhaben der Gemeinde durch Kreditaufnahme finanziert wurden bzw. werden. *127*

Mit der Einführung des geltenden kommunalen Haushaltsrechts ist auch die Struktur des Kommunalhaushalts verändert worden. An die Stelle der Unterscheidung von ordentlichem und außerordentlichem, letzterer mit den kreditfinanzierten Ausgaben, Haushalt, ist die Gliederung in einen Verwaltungs- und einen Vermögenshaushalt getreten (§ 96 Abs. 2 GemO Rh-Pf; § 56 Abs. 2 ThürKO). Der Vermögenshaushalt enthält vor allem die kommunalen Investitionen und die zu ihrer Finanzierung benötigten Mittel. Dementsprechend ist die Kreditaufnahme auf der Einnahmeseite, die Tilgung auf der Ausgabeseite des Vermögenshaushalts zu veranschlagen (§ 1 Abs. 2 Nr. 5 und 6 GemHVO Rh-Pf; § 1 Abs. 2 Nr. 5 und 6 ThürGemHV). Die Zinsen hingegen sind als laufender Aufwand dem Verwaltungshaushalt zuzurechnen. Besonders zu erwähnen ist das Disagio [→ Rz. 247f.], das wie die Tilgung den Ausgaben des Vermögenshaushalts zuzurechnen ist (→ Übersicht 8). *128*

Übersicht 8: Veranschlagung von kreditbezogenen Vorgängen im Kommunalhaushalt – Gruppierungsplan –

Art	Haushalt	Gruppierungsziffer
Kreditaufnahme	Vermögenshaushalt	37
Tilgung	Vermögenshaushalt	97
Disagio	Vermögenshaushalt	990
Zinsen für Kredite	Verwaltungshaushalt	80
Zinsen für Innere Darlehen	Verwaltungshaushalt	809

1.3 Veranschlagung im Haushalt

Nach dem Gesamtdeckungsprinzip sind Kredite, Tilgungen und Zinsen im Einzelplan 9 zu veranschlagen. Sie sind lediglich nach Maßgabe des Gruppierungsplans nach Gläubigergruppen zu differenzieren (→ Übersicht 9); mittlerweile ist diese Differenzierung etwas reduziert worden, Kredite bei einer nicht mehr ausdrücklich *129* aufgeführten Gläubigergruppe sind dementsprechend vergleichbar zuzuordnen. Innerhalb der jeweiligen Gruppe sind jeweils die Gesamtbeträge auszuweisen. Im Vermögenshaushalt ist zudem zu unterscheiden, inwieweit Tilgungen auf planmäßige bzw. außerordentliche, der Umschuldung [→ Rz. 48] dienende Vorgänge zurückzuführen sind. Wenn und soweit Kredite zweckgebunden sind, ist diesem Umstand durch einen entsprechenden Haushaltsvermerk sowie einen späteren Verwendungsnachweis Rechnung zu tragen.

Übersicht 9: Differenzierung der Veranschlagung nach Gläubigergruppen – Am Beispiel der Kreditaufnahme

Gläubiger	Gruppierungsnummer	
	Bisher	neu
Bund	370	370
Land	371	371
Gemeinden/Gemeindeverbände	372	372
Zweckverbände o.ä.	373	373
Sonstiger öffentlicher Bereich	374	374
Öffentliche wirtschaftliche Unternehmen (z.B. Eigenbetriebe)	375	Entfallen
Private Unternehmen	376	Entfallen
Übrige Bereiche (z.B. Organisationen ohne Erwerbscharakter wie Vereine, Verbände der freien Wohlfahrtspflege u.ä.	377	Entfallen
Kreditinstitute (Geschäftsbanken, Sparkassen)	378	378
Innere Darlehen	379	379

130 Schwierig gestaltet sich die haushaltsmäßige Veranschlagung kreditähnlicher Rechtsgeschäfte [→ Rz. 94ff.]. Das kommunale Haushaltsrecht gibt hierzu vergleichsweise wenig Aufschluß; im übrigen differieren die hierzu in den Ausführungsbestimmungen enthaltenen Regelungen der Bundesländer. In Rheinland-Pfalz waren bis 1994 Leasingverträge, die wirtschaftlich einem Kredit gleichkommen, mit den Ausgaben für das Leasingobjekt (dargestellt durch den Barwert der Zahlungsverpflichtungen oder die Anschaffungs- bzw. Herstellungskosten) auf der Ausgabenseite des Vermögenshaushalts im Jahr des Vertragsabschlusses zu veranschlagen [ähnlich noch in Sachsen → Anhang 3 Ziff. 3e und Anhang 5b Ziff. 3.2.1]. Eine gleiche Buchung war auf der Einnahmeseite des Vermögenshaushalts in Höhe der vom Leasinggeber zur Verfügung gestellten Finanzierungsmittel vorzunehmen. Mittlerweile ist eine derartige Veranschlagung nicht mehr, ähnlich wie in Thüringen und Bayern, erforderlich [→ Anhang 2 Ziff. 7.3]. Allerdings ist ein Nachweis der Verpflichtungen aus kreditähnlichen Rechtsgeschäften in der Schul-

denübersichten, bisweilen auch im Vorbericht und der Jahresrechnung notwendig [→ Anhang 4 Ziff. 3.2.1 und 3.2.2].

Die laufenden Leasingraten sind wie Miet- und Pachtzahlungen durchweg im Verwaltungshaushalt zu veranschlagen [anders Sachsen → Anhang 5b Anlage 5]; sofern nach Ablauf des Vertrages das Objekt in das Eigentum der Gemeinde übergeht, sind die entsprechenden Kosten für den Erwerb im Vermögenshaushalt auszuweisen [→ Anhang 4 Ziff. 3.2.3]. Es ist davon auszugehen, daß bei anderen kreditähnlichen Rechtsgeschäften vergleichbar zu verfahren ist. Demgegenüber ist die mögliche Einstandspflicht der Kommune durch Übernahme einer Bürgschaft nicht im Haushalt auszuweisen; die Bürgschaft ist erst dann zu veranschlagen, wenn die Kommune als Bürge tatsächlich in Anspruch genommen wird. *131*

2. Nachweis von Schulden und Verpflichtungen

Das kommunale Haushaltsrecht verlangt eine zusammengefaßte Schuldenübersicht (→ Übersicht 10). Sie ist dem Haushaltsplan als Anlage beizufügen (§ 2 Abs. 2 Nr. 4 GemHVO Rh-Pf; § 2 Abs. 2 Nr. 3 ThürGemHV). Aufgrund des Gesamtdeckungsprinzips sind nur die Gesamtsummen, getrennt nach Schulden bei öffentlichen Kreditgebern und Schulden am Kreditmarkt – ohne Kassenkredite – nachzuweisen. Eine Einzelaufstellung von Krediten, die nach dem alten Haushaltsrecht unerläßlich war [→ Rz. 127], ist nicht vonnöten. Der Schuldennachweis erfaßt den Anfangsstand zu Beginn des Vorjahres und den sich aus der Entwicklung des Vorjahres ergebenden Stand am Beginn des Haushaltsjahres. Eine vergleichbare Übersicht gibt es auch nach Ablauf des Haushaltsjahres in der Jahresrechnung [→ Anhang 4 Ziff. 3.2.2]. Dort sind dann auch die nicht in Anspruch genommenen, ins Folgejahr übertragenen Kreditermächtigungen zu ersehen (Haushaltseinnahmereste → Rz. 192ff.) *132*

Aufgrund der besonderen Veranschlagung sind in den meisten Bundesländern (so in Rheinland-Pfalz, aber auch in Nordrhein-Westfalen) in der Schuldenübersicht ebenso die Schulden zu berücksichtigen, die aus Vorgängen resultieren, die einer Kreditaufnahme wirtschaftlich gleichkommen (kreditähnliche Rechtsgeschäfte). Darüber hinaus sind in der Übersicht nachrichtlich die inneren Darlehen, sowie die Schulden der Sondervermögen mit Sonderrechnung, insbesondere der Eigenbetriebe und Krankenhäuser zu erfassen. Keinen unmittelbaren Ausweis gibt es hingegen im Haushaltsplan bzw. der Jahresrechnung der Gemeinde für die Verschuldung kommunaler Unternehmen in privater Rechtsform und der Zweckverbände, denen die Kommune angehört. *133*

Ergänzend wird im Vorbericht (§ 3 GemHVO Rh-Pf; § 3 ThürGemHV) eine Darstellung der Entwicklung der Schulden in den beiden – einzelne Bundesländer geben keine zeitliche Begrenzung – dem Haushaltsjahr vorangehenden Jahren sowie der voraussichtlichen Veränderung im Haushaltsjahr verlangt. Darüber hinaus ist in den meisten Bundesländern eine Darstellung der Kassenlage und der Inanspruchnahme von Kassenkrediten im vorangegangenen Jahr erforderlich. In Rheinland-Pfalz kann in Gemeinden mit weniger als 5 000 Einwohnern auf diese Einzeldarstellung zugunsten eines zusammengefaßten Vorberichts verzichtet wer- *134*

Haushaltsrechtliche Grundlagen

Übersicht 10: Übersicht über den voraussichtlichen Stand der Schulden (ohne Kassenkredite) – Muster Rheinland-Pfalz –

Art	Stand zu Beginn des Vorjahres	Voraussichtlicher Stand zu Beginn des Haushaltsjahres
1. Schulden aus Krediten		
1.1 vom Bund, LAF, ERP-Sondervermögen		
1.2 vom Land		
1.3 von Kommunalen Gebietskörperschaften		
1.4 von Zweckverbänden oder ähnlichen Verbänden		
1.5 vom sonstigen öffentlichen Bereich		
1.6 vom Kreditmarkt		
SUMME 1		
2. Schulden aus Vorgängen, die Kreditaufnahmen wirtschaftlich gleichkommen		
Nachrichtlich		
3. Innere Darlehen		
3.1 aus Sonderrücklagen		
3.2 von Sondervermögen ohne Sonderrechnung		
4. Schulden der Sondervermögen mit Sonderrechnung (soweit vorhanden, getrennt nach einzelnen Eigenbetrieben, Krankenhaus u.a.)		
4.1 aus Krediten		
4.2 aus Vorgängen, die Kreditaufnahmen wirtschaftlich gleichkommen		

den (§ 3 Satz 2 GemHVO Rh-Pf). Andererseits wird bisweilen auch die Darstellung der aus kreditähnlichen Rechtsgeschäften resultierenden Verpflichtungen verlangt [→ Anhang 4 Rz. 3.2.1].

135 Schließlich ist die Finanzierungsübersicht – als Teil des Gesamtplans – Bestandteil des Haushaltsplans (§ 4 Nr. 4 GemHVO Rh-Pf; § 4 Nr. 5 ThürGemHV) eine weitere für die Verschuldung der Gemeinde wichtige Darstellung. Sie soll zeigen, in welchem Umfang der Haushalt durch Finanzierungsvorgänge geprägt ist, die nicht der aktuellen Haushaltsperiode zuzuordnen sind – d.h. im wesentlichen die

Kreditaufnahme und Finanzplanung

Rücklagenbewegung und die Kreditwirtschaft. Hierzu wird zunächst der Saldo der besonderen Finanzierungsvorgänge ermittelt:

	Saldo der Rücklagenentnahmen und -zuführungen
+	Saldo der Krediteinnahmen und Tilgungen
+	Saldo der Einnahmen aus und der Rückzahlung von Inneren Darlehen
./.	Ausgaben zur Deckung von Fehlbeträgen
=	Saldo besonderer Finanzierungsvorgänge

Der Saldo besonderer Finanzierungsvorgänge ist die Basis für den sog. Finanzierungssaldo:

	Gesamteinnahmen
./.	Gesamtausgaben
./.	Saldo Besonderer Finanzierungsvorgänge
=	Finanzierungssaldo

Der Finanzierungssaldo ist negativ, wenn insbesondere die Einnahmen aus Krediten die Tilgungen übersteigen. Umgekehrt wird der Finanzierungssaldo bei Nettotilgungen in der Regel positiv ausfallen.

3. Kreditaufnahme und Finanzplanung

Die Kreditermächtigung gilt nur für die Finanzierung der im Haushaltsplan veranschlagten Maßnahmen. Gleichwohl trifft die Gemeinde in ihrer Haushaltswirtschaft Entscheidungen, die über das jeweilige Haushaltsjahr hinausreichen. Die beabsichtigte Entwicklung der kommunalen Haushaltswirtschaft ist im mehrjährigen Finanzplan niedergelegt, der die Einnahmen und Ausgaben drei Jahre über das laufende Haushaltsjahr hinaus darstellt (§ 101 GemO Rh-Pf; § 62 ThürKO). Er wird ergänzt durch das mittelfristige Investitionsprogramm, das eine Aufstellung der einzelnen vorgesehenen Investitionsvorhaben enthält (§ 24 GemHVO Rh-Pf; § 24 ThürGemHV). Im Finanzplan sind auch die zur Deckung der geplanten Ausgaben verfügbaren Mittel darzustellen. Wenn und soweit die originären Einnahmen des Vermögenshaushalts sowie die Zuführung aus dem Verwaltungshaushalt zur Deckung des Ausgabenbedarfs im Vermögenshaushalt nicht ausreichen, muß eine Kreditaufnahme in Betracht gezogen werden. Zwar sind Finanzplanung und Investitionsprogramm keine verbindlichen Vorgaben, gleichwohl bieten sie Anhaltspunkte für die voraussichtliche Entwicklung der Kreditaufnahme. *136*

Weitaus bindender ist das Instrument der Verpflichtungsermächtigungen (§ 102 GemO Rh-Pf; § 59 ThürKO). Mit Hilfe der Veranschlagung von Verpflichtungsermächtigungen kann die Kommune bereits Zahlungsverpflichtungen zu Lasten künftiger Jahre eingehen. Dabei sollten Volumen und Struktur der Verpflichtungsermächtigungen an die Ausweisungen im Finanzplan und im Investitionsprogramm angepaßt sein. In Entsprechung zur Finanzplanung sind Verpflichtungsermächtigungen in der Regel nur zu Lasten der drei folgenden Jahre zulässig; im *137*

Einzelfall können sie darüber hinaus bis zum Abschluß der betreffenden Maßnahme reichen. Mit der Veranschlagung von Verpflichtungsermächtigungen wird mithin die Möglichkeit einer Vorbelastung künftiger Jahre geschaffen.

138 Dies kann auch Auswirkungen auf den zukünftigen Kreditbedarf haben. Soweit dies zu erwarten ist, ist die entsprechende Höhe der Verpflichtungsermächtigungen folgerichtig von der Aufsichtsbehörde zu genehmigen (§ 102 Abs. 4 GemO Rh-Pf; § 59 Abs. 4 ThürKO, eine Ausnahme ist Nordrhein-Westfalen). Die Genehmigung der Verpflichtungsermächtigungen ersetzt allerdings nicht die spätere Kreditgenehmigung im Rahmen der Vorlage der Haushaltssatzung. Jedoch hat die Aufsichtsbehörde bei der Genehmigung dieser Haushaltssatzungen, die durch früher genehmigte und in Anspruch genommene Verpflichtungsermächtigungen verursachten Kreditbedarfe, zu berücksichtigen. Insoweit kommt der Genehmigung von Verpflichtungsermächtigungen eine – wenn auch eingeschränkte und rechtlich nicht vorgesehene – faktische Bindungswirkung für künftige Kreditgenehmigungen zu.

4. Grenzen der Kreditaufnahme

139 Das kommunale Haushaltsrecht läßt die Kreditaufnahme ausdrücklich zu, unterwirft sie jedoch – stärker als das staatliche Haushaltsrecht – einer ganzen Reihe wichtiger Einschränkungen. Grundsätzlich ist die Kreditaufnahme der Kommunen an ihre Aufgabenerfüllung geknüpft (§ 94 Abs. 2 GemO Rh-Pf; § 54 Abs. 2 ThürKO). Die Aufnahme von Krediten zur Weiterleitung für andere Zwecke außerhalb des gemeindlichen Aufgabenbereichs ist nicht zulässig [→ Anhang 2 Ziff. 2.3]. Darüber hinaus werden der kommunalen Kreditaufnahme im wesentlichen vier Grenzen gesetzt:

Grenzen der Kreditaufnahme
- Die Bindung an die Investitionstätigkeit
- Das Subsidiaritätsprinzip
- Die Gewährleistung der dauerhaften Leistungsfähigkeit
- Die Erfordernisse des gesamtwirtschaftlichen Gleichgewichts

140 Dabei erweist sich die Bindung an die dauerhafte Leistungsfähigkeit als die gewichtigste Einschränkung kommunaler Kreditwirtschaft, die übrigen Bestimmungen sind demgegenüber in der Praxis von nachrangiger Bedeutung. Auf die konjunkturpolitische Bedeutung kommunaler Kreditaufnahme ist im übrigen ausführlicher in Kapitel V einzugehen.

4.1 Investitionsschranke und Subsidiaritätsprinzip

141 Der enge Bezug zwischen Kreditaufnahme und Investitionstätigkeit [→ Rz. 5] findet im kommunalen Haushaltsrecht seinen Niederschlag. Kredite dürfen nur im Vermögenshaushalt und dort nur für Investitionen, Investitionsförderungsmaßnahmen und zur Umschuldung aufgenommen werden (§ 103 Abs. 1 GemO Rh-Pf; § 63 Abs. 1 ThürKO). Eine ausnahmsweise Abkehr von der Bindung an die Inve-

Grenzen der Kreditaufnahme

stitionstätigkeit – wie sie das Grundgesetz und die Länderverfassungen für den Fall einer Störung des gesamtwirtschaftlichen Gleichgewichts vorsehen – kennt das kommunale Haushaltsrecht nicht. Eine Kreditfinanzierung laufender Ausgaben ist – abgesehen von der vorübergehenden Inanspruchnahme von Kassenkrediten - im Kommunalhaushalt unzulässig.

Welche Ausgaben zu den Investitionen und Investitionsförderungsmaßnahmen bzw. zur Umschuldung zählen, erläutern die Begriffsbestimmungen der Gemeindehaushaltsverordnung (§ 45 Nr. 12, 13 und 29 GemHVO Rh-Pf; § 87 Nr. 18, 19 und 32 ThürGemHV). Im Umkehrschluß bedeuten die haushaltsrechtlichen Bestimmungen, daß die Kreditfinanzierung der ordentlichen Tilgung, einer Rücklagenzuführung und einer evtl. Rückzuführung aus dem Vermögens- an den Verwaltungshaushalt ausgeschlossen wird. Die ordentliche Tilgung ist durch den Überschuß des Verwaltungshaushalts (Erwirtschaftung der Pflichtzuführung) zu finanzieren; eine Kreditaufnahme zur Aufstockung von Rücklagen wäre finanzwirtschaftlich von zweifelhaftem Wert und im übrigen mit der Bindung der kommunalen Haushaltswirtschaft an die Aufgabenerfüllung zumeist schwer zu vereinbaren [deshalb in Sachsen ausdrücklich untersagt → Anhang 3 Ziff. 3 a]. Eine kreditfinanzierte Rückzuführung von Mitteln an den Verwaltungshaushalt schließlich stellte im Grunde nichts anderes dar, als die – unzulässige – Kreditaufnahme für laufende Zwecke. *142*

Trotz dieser Einschränkungen zieht die Investitionsschranke angesichts des hohen Gewichts der Investitionen im Kommunalhaushalt noch keine enge Grenze des Kreditfinanzierungsspielraums der Kommunen. Danach könnte jede Kommune – vergleichbar dem Bund und den Ländern – ihre Verschuldungsmöglichkeiten durch den Umfang ihrer Investitionstätigkeit selbst bestimmen.

Eine weitere Begrenzung erfährt die kommunale Kreditaufnahme durch die im Haushaltsrecht verankerte Rangfolge der Deckungsmittel (§ 94 GemO Rh-Pf; § 54 ThürKO). Danach dürfen Kredite erst nach Ausschöpfung aller übrigen Einnahmequellen herangezogen werden (Subsidiarität). Dem Grundsatz der Vorab- und Sofortdeckung [→ Rz. 13ff.] wird damit Priorität eingeräumt. Insbesondere wird für die Finanzierung der Investitionstätigkeit zu prüfen sein, ob alle Beitragsmöglichkeiten ausgeschöpft und mögliche Landeszuschüsse beantragt bzw. abgerufen worden sind. Darüber hinaus kann die grundsätzliche Zulässigkeit der Kreditaufnahme nicht von der Notwendigkeit entheben, den Verwaltungshaushalt so sparsam zu führen, daß Investitionen in möglichst großem Umfang durch die Zuführung aus dem Verwaltungs- an den Vermögenshaushalt finanziert werden können. *143*

Im übrigen verweist das kommunale Haushaltsrecht auch auf die Notwendigkeit der Rücklagenbildung. Der Rücklage sind insbesondere dann rechtzeitig Mittel zuzuführen, wenn sonst für die im Investitionsprogramm für künftige Jahre vorgesehenen Investitionen und Investitionsförderungsmaßnahmen ein unvertretbar hoher Kreditbedarf entstehen würde (§ 20 Abs. 3 Nr. 3 GemHVO Rh-Pf; § 20 Abs. 3 Nr. 3 ThürGemHV). *144*

Der strenge Subsidiaritätsgrundsatz wird allerdings insoweit gelockert, als auch für die Kreditaufnahme der Gemeinde Zweckmäßigkeitserwägungen angestellt werden können. Eine Kreditaufnahme kann abweichend vom Subsidiaritätsprinzip *145* auch dann in Betracht gezogen werden, wenn eine andere Finanzierung zwar möglich, wirtschaftlich aber unzweckmäßig wäre (§ 94 Abs. 3 GemO Rh-Pf; § 54 Abs. 3 ThürKO). Die Unzweckmässigkeit kann sowohl haushalts- als auch gesamtwirtschaftlich begründet sein [→ Anhang 1 Ziff. 2.1; Anhang 2 Ziff. 2.1]. So könnte z.B. die Kreditaufnahme vermieden oder reduziert werden, wenn die Abgabesätze weiter angespannt würden, so daß im Wege einer höheren Zuführung zusätzliche Mittel für den Vermögenshaushalt zur Verfügung stünden. Dies kann aber, z.B. im Hinblick auf die Leistungsfähigkeit der Abgabepflichtigen, wirtschaftlich unvernünftig sein, so daß dann der Kreditfinanzierung als der wirtschaftlich zweckmäßigeren Form der Vorzug zu geben wäre. Ebenso können gesamtwirtschaftliche Erwägungen, insb. im Hinblick auf die Situation am Kapitalmarkt, maßgeblich sein.

4.2 Haushaltswirtschaftliche Grenzen

4.2.1 Das Prinzip der stetigen Aufgabenerfüllung

146 Kommunale Leistungen dienen der Daseinsvorsorge, sie sollen daher zeitlich und räumlich möglichst gleichmäßig bereitgestellt werden. Dementsprechend sind die Kommunen auch zur stetigen Aufgabenerfüllung verpflichtet (§ 93 Abs. 1 GemO Rh-Pf; § 53 Abs. 1 ThürKO). Dies schließt Veränderungen der Höhe und Struktur des kommunalen Leistungsangebots zwar nicht aus; größere oder abrupte Schwankungen in der Aufgabenerfüllung der einzelnen Kommune sind indes nach Möglichkeit zu vermeiden.

147 Dieser Grundsatz ist für die Beurteilung der kommunalen Kreditaufnahme von zentraler Bedeutung. Einerseits ist die Finanzierung von Investitionen mit Krediten in bestimmten Fällen für die Aufgabenerfüllung unerläßlich; andererseits engen die daraus resultierenden Schuldendienstverpflichtungen den finanziellen Spielraum künftiger Jahre ein. Dies darf nicht soweit führen, daß die Aufgabenerfüllung in absehbarer Zeit gefährdet oder nur durch eine unvertretbare Anspannung der Abgabesätze zu gewährleisten wäre. Die Kommune muß die ihr zur Verfügung stehenden Ressourcen so einsetzen, daß sie im Zeitablauf ein weitgehend kontinuierliches Leistungsangebot sicherstellen kann. Vor jeder Kreditaufnahme hat sie mithin zu prüfen, ob auch unter Berücksichtigung der zusätzlichen Schuldendienstverpflichtungen die Einnahmen ausreichen, alle von der Gemeinde wahrzunehmenden Aufgaben zu erfüllen [→ Anhang 3 Ziff. 3a]. Mit der Kreditentscheidung ist daher eine haushaltswirtschaftliche Abwägung zwischen gegenwärtiger und zukünftiger Aufgabenerfüllung verbunden.

148 Das kommunale Haushaltsrecht trägt diesem Gedanken Rechnung; die kommunale Kreditaufnahme setzt eine geordnete Haushaltswirtschaft voraus (§ 103 Abs. 2 Satz 2 GemO Rh-Pf; § 63 Abs. 2 Satz 2 ThürKO). Ob eine vorgesehene Neuverschuldung haushaltswirtschaftlich vertretbar ist, muß letztlich die Gemeinde bzw. – in nahezu allen Bundesländern – die Aufsichtsbehörde im Rahmen der Haushaltsgenehmigung beurteilen; die neugefaßte Gemeindeordnung in Nordrhein-Westfalen hat allerdings u.a. den Genehmigungsvorbehalt für die Kreditermächtigung aufgehoben. Die Genehmigung der in der Haushaltssatzung festgesetzten Kreditermächtigung ist dabei in der Regel ganz oder teilweise zu versagen,

Grenzen der Kreditaufnahme

wenn die Kreditaufnahme die dauerhafte Leistungsfähigkeit der Gemeinde beeinträchtigt (§ 103 Abs. 2 Satz 3 GemO Rh-Pf; § 63 Abs. 2 Satz 3 ThürKO).

Der Höchstbetrag der im Haushaltsjahr vorgesehenen Aufnahme von Kassenkrediten [→ Rz. 300ff.] ist zwar als Bestandteil der Haushaltssatzung festzusetzen. Er bedarf allerdings nur dann der Genehmigung durch die Aufsichtsbehörde, wenn der Betrag einen bestimmten Anteil (z.B. in Sachsen 1/5, in Thüringen 1/6) der im Verwaltungshaushalt veranschlagten Einnahmen übersteigt (§ 84 Abs. 2 SächsGemO, § 65 Abs. 2 ThürKO). Dies dürfte für die Bedürfnisse der Praxis zumeist ein hinreichender Betrag sein. Mittlerweile verzichten verschiedene Bundesländer – so Nordrhein-Westfalen, seit einiger Zeit aber auch Rheinland-Pfalz – auf den Genehmigungsvorbehalt für Kassenkredite. 149

4.2.2 Rentierliche und unrentierliche Verschuldung

Die Kreditaufnahme stellt nur dann ein haushaltswirtschaftliches Problem dar, wenn die Schuldendienstverpflichtungen aus allgemeinen Deckungsmitteln bestritten werden müssen. Werden jedoch in gleichem Umfang Schuldendiensthilfen gewährt oder Mehreinnahmen realisiert, führt die Kreditaufnahme zu keiner zusätzlichen Belastung des Haushalts. Dieser Fall ist vor allem im Zusammenhang mit kommunalen Gebührenhaushalten – insbesondere der Abwasser- und der Abfallbeseitigung – gegeben. Investitionen in diese Gebührenhaushalte schlagen sich über kalkulatorische Abschreibungen und die kalkulatorische Verzinsung in erhöhten Gebührenforderungen nieder. Die Finanzierungslasten der Investitionstätigkeit sind damit im Prinzip – auch wenn die kalkulatorischen Positionen nicht mit den tatsächlich zu leistenden Zins- und Tilgungszahlungen haushaltstechnisch gleichgesetzt werden können – durch Mehreinnahmen gedeckt. 150

Das frühere kommunale Haushaltsrecht trug diesem Umstand durch die Unterscheidung „rentierlicher", d.h. durch zusätzliche Einnahmen finanzierter, und „unrentierlicher", also aus den allgemeinen Deckungsmitteln zu finanzierender Schulden, Rechnung. Das Gesamtdeckungsprinzip läßt diese Unterscheidung streng genommen nicht zu; angesichts der enormen Anforderungen an die Investitionen in Entsorgungseinrichtungen hat der Gedanke der „Rentierlichkeit" von Investitionen in den letzten Jahren jedoch wieder an Bedeutung gewonnen. 151

So haben der Innenminister und der Minister für Umwelt, Raumordnung und Landwirtschaft des Landes Nordrhein-Westfalen in einem gemeinsamen Runderlaß 1989 erstmals wieder ausdrücklich den Gedanken der Rentierlichkeit betont. Die Aufsichtsbehörden wurden gebeten, bei der Kreditgenehmigung die Refinanzierung wasserwirtschaftlicher Investitionen aus kostendeckenden Entgelten zu berücksichtigen [ähnlich → Anhang 3 Ziff. 3b]. Bei diesen Maßnahmen sei eine Vorfinanzierung aus Krediten haushaltswirtschaftlich unbedenklich, da die Refinanzierung aus Gebühren und Beiträgen gesichert sei. Mit dem Verzicht auf den Genehmigungsvorbehalt der Aufsichtsbehörde für die Kreditermächtigung in Nordrhein-Westfalen ist diese Beurteilung dort nunmehr ins gemeindliche Ermessen gestellt. 152

> **Erfüllung der Abwasserbeseitigungspflicht durch die Gemeinden und hierfür zulässige Organisationsformen**
> Gem. Rd.Erl. d. Innenministers – III B 4 – 5/701 – 7638/86
> u. d. Ministers für Umwelt, Raumordnung und Landwirtschaft
> – III B 5 – 673/2 – 28832 – III B 6 – 6100/2 – 32738 –
> v. 3. 1. 1989
> MinBl. NW v. 8. 2. 1989
> – Auszug –
>
> ...
>
> 1. Abwasserbeseitigungspflicht der Gemeinden
> ...
>
> 1.3 Finanzierung
>
> Der nicht aus anderen Mitteln (ggf. einschl. Landeszuwendungen) finanzierte Investitionsaufwand für wasserwirtschaftliche Maßnahmen ist im Rahmen der Gesamtdeckung aus vermögenswirksamen Einnahmen der Gemeinde zu finanzieren. Soweit andere vermögenswirksame Einnahmen nicht zur Verfügung stehen, ist die Gemeinde zur Deckung auf Kreditaufnahmen angewiesen.
>
> Die Kommunalaufsichtsbehörden werden gebeten, bei der Genehmigung des Gesamtbetrages der Kredite den finanzwirtschaftlichen Zusammenhang des Finanzierungsbedarfs für wasserwirtschaftliche Investitionen mit der Refinanzierung aus kostendeckenden Entgelten („Rentierlichkeit" der Kreditaufnahme) zu berücksichtigen. Bei der Kreditgenehmigung ist zu beachten, daß es sich bei diesen Maßnahmen um rentierliche Investitionen handelt, die durch Beiträge und Gebühren finanziert werden.
>
> ...

153 Vielfach sind die Entsorgungseinrichtungen daher auch aus dem allgemeinen Haushalt herausgelöst und in Eigenbetriebe bzw. eigenbetriebsähnliche Einrichtungen überführt worden. In Rheinland-Pfalz ist diese Form sogar gesetzlich verpflichtend vorgesehen (§ 86 Abs. 2 Rh-Pf). Die Frage der „Rentierlichkeit" von Investitionen muß in dem Fall nicht gesondert betrachtet werden, da der Kreditaufnahme des Eigenbetriebs die entsprechenden Mehreinnahmen direkt zugeordnet werden können.

4.2.3 Die Beurteilung der dauerhaften Leistungsfähigkeit
4.2.3.1 Ermittlung der dauerhaften Leistungsfähigkeit

154 Eine eindeutige Definition des Begriffs der dauerhaften Leistungsfähigkeit gibt das kommunale Haushaltsrecht nicht. Viele Bundesländer haben indes den Versuch unternommen, in ihren Kreditrundschreiben die dauerhafte Leistungsfähigkeit näher zu bestimmen. So sieht das Land Thüringen [→ Anhang 2 Ziff. 3.3] die dauerhafte Leistungsfähigkeit als gesichert an, wenn die Gemeinde nicht nur ihre bestehenden Ausgabenverpflichtungen erfüllen kann, sondern auch in der Lage ist, ihr Vermögen pfleglich und wirtschaftlich zu verwalten. Darüber hinaus muß sie

Grenzen der Kreditaufnahme

über die Mittel verfügen, um die Finanzierungskosten und die Folgelasten der vorgesehenen und der in Zukunft erforderlichen Investitionsvorhaben tragen zu können [etwas weniger ausführlich → Anhang 1 Ziff. 2.3]. Dabei sind auch zwangsläufig auf die Gemeinde zukommende Investitionslasten, insbesondere aus dem Ersatzbedarf resultierend, zu berücksichtigen.

Die Beurteilung der dauerhaften Leistungsfähigkeit reicht damit weit über das jeweilige Haushaltsjahr hinaus. Die Aufsichtsbehörde hat daher – sofern ihr nicht, wie in Nordrhein-Westfalen, kein Genehmigungsvorbehalt mehr zusteht – bei ihrer Genehmigung die Finanzplanung [→ Rz. 166] der Gemeinde heranzuziehen [→ Anhang 2 Ziff. 3.3, sehr ausführlich Anhang 3 Ziff. 3b], die Angaben über die dem Haushaltsjahr folgenden drei Jahre enthält. Diese Funktion gibt der Finanzplanung ihren besonderen Stellenwert; nur aus einer fundierten Finanzplanung heraus kann die dauerhafte Leistungsfähigkeit einigermaßen verläßlich beurteilt werden. Allerdings darf die Betrachtung nicht auf den Finanzplanungszeitraum allein konzentriert werden, sie hat weiterreichende Entwicklungen selbstverständlich zu berücksichtigen. *155*

Welches die bestehenden Ausgabenverpflichtungen einer Gemeinde sind, läßt sich nicht abschließend benennen. Auf der einen Seite sind einmalige Sachverhalte aus der Betrachtung auszuschließen. Auf der anderen Seite sind notwendige, aber nicht veranschlagte Beträge zu berücksichtigen. Schließlich darf auch nicht übersehen werden, daß die Gemeinde in bestimmten Grenzen Gestaltungsspielräume besitzt. Sie kann mithin Schuldendienstverpflichtungen durch die Reduzierung anderer Ausgaben kompensieren. *156*

Zu den üblichen Ausgabenverpflichtungen dürfte der ganz überwiegende Teil der Ausgaben des Verwaltungshaushalts zählen. Einmalige Ausgaben, wie z.B. Aufwendungen für ein Stadtjubiläum, können außer Betracht bleiben; andererseits ist zu prüfen, ob z.B. die Unterhaltungsaufwendungen für öffentliche Einrichtungen hinreichend dimensioniert sind [→ Anhang 2 Ziff. 3.3] oder ein schleichender Substanzverzehr stattfindet. Im Vermögenshaushalt zählen die Tilgungsausgaben auf jeden Fall zu den bestehenden Ausgabenverpflichtungen; darüber hinaus ist der Hinweis auf zu erwartende Ersatzinvestitionen oder auf einen noch nicht befriedigten, aber zur Aufgabenerfüllung unerläßlichen Investitionsbedarf von Bedeutung. *157*

Eine derart umfassende Prüfung kann die Aufsichtsbehörde indes nicht vornehmen; sie muß sich daher vereinfachter Verfahren bedienen. Bis zur Einführung des neuen Haushaltsrechts orientierte die Kommunalaufsicht ihre Kreditgenehmigung an der Relation zwischen dem Schuldendienst auf die unrentierlichen Schulden und den allgemeinen Deckungsmitteln. Die dauerhafte Leistungsfähigkeit galt in der Regel solange als gesichert, wie die Quote einen bestimmten Grenzwert, die „Verschuldungswarngrenze" nicht überschritt. Das Verfahren besaß jedoch den Nachteil, daß es lediglich die Einnahmeseite des Haushalts berücksichtigte, unterschiedliche Ausgabenverpflichtungen hingegen vernachlässigte. *158*

Ein ähnliches vereinfachtes Verfahren fand übergangsweise in den neuen Bundesländern, so z.B. in Thüringen bis 1996 Anwendung. Dort war die dauerhafte Leistungsfähigkeit dann nicht als gefährdet anzusehen, wenn die gesamte Schul- *159*

Haushaltsrechtliche Grundlagen

dendienstbelastung 15 % der bereinigten Ausgabenansätze des Verwaltungshaushalts nicht überstieg. Das Verfahren war angesichts der besonderen Probleme in den Verwaltungshaushalten der Kommunen in den neuen Bundesländern zunächst zweckmässiger; mittlerweile ist es durch eine differenziertere Betrachtung abgelöst worden. In Sachsen besteht allerdings unabhängig davon noch eine „Verschuldungswarngrenze". Dort gilt die finanzielle Leistungsfähigkeit der Kommunen zumindest dann als gefährdet, wenn die Verschuldung je Einwohner etwa 2000 DM bei Städten und Gemeinden bzw. 500 DM je Einwohner bei Landkreisen erreicht. Die Kreditgenehmigung ist in derartigen Fällen nur bei Vorlage eines schlüssigen Haushaltssicherungskonzepts möglich [→ Anhang 3 Ziff. 3b].

160　In vielen Bundesländern wird in der Praxis die finanzielle Leistungsfähigkeit einer Gemeinde anhand der sog. „freien Spitze" [z.B. → Anhang 1 Ziff. 4.1.1.1] beurteilt; das ist derjenige Betrag, über den die Gemeinde dauerhaft nach Bestreitung ihrer zwangsläufigen Ausgaben noch verfügen kann. Genauere Berechnungsverfahren, wie die Kommunalaufsicht die „freie Spitze" ermitteln kann, haben z.B. Rheinland-Pfalz (→ Übersicht 11) und Schleswig-Holstein, mittlerweile auch Thüringen, vorgelegt. Andere Bundesländer geben Einzelhinweise zur Beurteilung der dauerhaften Leistungsfähigkeit [→ Anhang 3 Ziff. 3b]

Übersicht 11: Beurteilung der dauerhaften Leistungsfähigkeit in Rheinland-Pfalz (Berechnung der sog. freien Finanzspitze)

	Rechnungsergebnis d. abgelauf. Jahres	Ansätze im lfd. Jahr bzw. Rechnungsergebnis	Ansätze im kommenden Jahr	Ansätze in den Folgejahren		
	20..	20..	20..	20..	20..	20..
1. Gesamteinnahmen des Verwaltungshaushalts (HGr. 0-2)						
zuzüglich						
1.1 Rückflüsse von Darlehen (Gr.32)						
1.2 Zuweisungen für Tilgungen (aus Gr.36 zu ermitteln)						
abzüglich						
1.3 Zuführungen vom Vermögenshaushalt (Gr.28)						

74

Grenzen der Kreditaufnahme

1.4 Bedarfszuweisungen (UGr.051)				
2. Laufende Einnahmen				
3. Gesamtausgaben des Verwaltungshaushalts (HGr.4-8)				
zuzüglich				
3.1 ordentliche Tilgung von Krediten und Rückzahlung Innerer Darlehen (aus Gr.97 zu ermitteln)				
3.2 Kreditbeschaffungskosten (UGr.990)				
3.3 Zuweisungen für Tilgungen (aus Gr.98 zu ermitteln)				
abzüglich				
3.4 Zuführung zum Vermögenshaushalt (Gr.86) [nachr.: Abschreibungen nach § 12 GemHVO – UGr.680]				
3.5 Deckung von Fehlbeträgen aus Vorjahren des Verwaltungshaushalts (Gr.89)				
4. Laufende Ausgaben				

5. Gesamtzusammenstellung					
Laufende Einnahmen (2)					
Laufende Ausgaben (4)					
Überschuß (Ü): freie Finanzspitze					
Fehlbetrag (F) der lfd. Rechnung					
6. Nachrichtlich:					
6.1 Außerordentliche Tilgung (in Nr. 3.1 nicht enthalten					
6.2 Fehlbeträge des • zweitvorhergehenden Jahres • drittvorhergehenden Jahres					

161 Ausgangspunkt der Berechnung ist der Überschuß des Verwaltungshaushalts, bei dessen Ermittlung ausnahmsweise auftretende, einmalige Einnahmen und Ausgaben des Verwaltungshaushalts von größerem Gewicht abzusetzen sind. Vermindert wird diese Größe dann um die Ausgaben für die ordentliche Tilgung und die Rückzahlung innerer Darlehen sowie die Kreditbeschaffungskosten. Als dauerhafte Belastung gelten auch Tilgungszuweisungen, die die Gemeinde an Dritte zahlt. Umgekehrt wird der Überschuß des Verwaltungshaushalts um Tilgungszuweisungen, die die Gemeinde selbst erhält sowie um Darlehensrückflüsse erhöht.

162 Zu den Einnahmen des Verwaltungshaushalts können auch Zuführungen vom Vermögenshaushalt zählen, so daß in dem Fall der Überschuß des Verwaltungshaushalts ein zu günstiges Bild der gemeindlichen Finanzlage zeichnen würde. Denn der Überschuß ist in Höhe der Zuführung vom Vermögenshaushalt nur durch Vermögensauflösung erzielt worden. Umgekehrt mögen Ausgaben zur Deckung von Fehlbeträgen der Vorjahre geleistet worden sein; der Überschuß des Verwaltungshaushalts würde dann die Leistungsfähigkeit der Gemeinde zu niedrig ausweisen. Das Berechnungsschema sieht daher eine Verringerung der Zuführung aus dem Verwaltungshaushalt um Rückzuführungen aus dem Vermögenshaushalt,

umgekehrt jedoch eine Erhöhung um Ausgaben zur Deckung von Fehlbeträgen der Vorjahre vor.

Schließlich berücksichtigt die Berechnung auch noch die Gewährung von Bedarfszuweisungen an finanzschwache Gemeinden. Diese Mittel sollen nach dem Willen des Landes nicht dazu dienen, den Verschuldungsspielraum der betreffenden Gemeinde zu erweitern; sie müssen daher bei der Ermittlung der "freien Spitze" in Abzug gebracht werden. 163

4.2.3.2 „Freie Spitze" und Pflichtzuführung

Die Berechnung der „freien Finanzspitze" nach dem dargestellten Verfahren ist nicht deckungsgleich mit der Definition der Pflichtzuführung, die für den Haushaltsausgleich erforderlich ist (§ 22 Abs. 1 GemHVO Rh-Pf; § 22 Abs. 1 ThürGemHV). Die Pflichtzuführung bestimmt sich in der Mehrzahl der Bundesländer als Summe der ordentlichen Tilgung sowie der Kreditbeschaffungskosten (Disagio). Dabei sind ordentliche Tilgungen auf Innere Darlehen unberücksichtigt. In einzelnen Bundesländern, so z. B. Baden-Württemberg, wird eine Pflichtzuführung aus dem Verwaltungs- an den Vermögenshaushalt erst dann gefordert, wenn die übrigen Einnahmen des Vermögenshaushalts nicht ausreichen, die Ausgaben des Vermögenshaushalt zu decken. Im übrigen soll die Zuführung so hoch sein, daß sie die Ansammlung der notwendigen Rücklagen erlaubt und insgesamt zumindest die Höhe der aus speziellen Entgelten gedeckten Abschreibungen erreicht (Sollzuführung: § 22 Abs. 1 Satz 3 GemHVO Rh-Pf; § 22 Abs. 1 Satz 3 ThürGemHV). 164

Mit der Pflichtzuführung wird lediglich die aktuelle Haushaltswirtschaft betrachtet; die für die Kreditgenehmigung erforderliche „freie Spitze" muß jedoch darüber hinaus die Beurteilung der dauerhaften Leistungsfähigkeit erlauben. Insoweit sind einmalige Vorgänge wie die Abdeckung von Fehlbeträgen oder Einnahmen aus Bedarfszuweisungen – die zwar den aktuellen Haushaltsausgleich beeinflussen – entsprechend zu berücksichtigen. Ebenso ist die langfristige Entwicklung der Haushaltswirtschaft bei der Kreditgenehmigung besonders in die Betrachtung einzubeziehen. 165

Die Berechnung der „freien Spitze" erfolgt daher auch für das abgeschlossene, das laufende und das kommende Haushaltsjahr, sowie für die drei folgenden Jahre. Der Betrachtungszeitraum schließt also mit der Finanzplanungsperiode ab, beginnt allerdings ein Jahr vorher [→ Anhang 2 Ziff. 3.4 sowie Anhang 3 Ziff. 3b]. Zugrunde gelegt werden – soweit vorhanden – Ergebnisse der Jahresrechnung; ansonsten sind die Ansätze des Haushaltsplans bzw. der Finanzplanung heranzuziehen. 166

Vor der Bewertung nach diesem Berechnungsmuster hat die Aufsichtsbehörde zu prüfen, ob die Haushaltsführung sparsam und wirtschaftlich ist und die übrigen Einnahmequellen – dem Subsidiaritätsgrundsatz entsprechend – angemessen ausgeschöpft werden [→ Anhang 1 Ziff. 4.1.1]. Bei Umlageverbänden (insb. den Kreisen, in Rheinland-Pfalz auch den Verbandsgemeinden) ist darüberhinaus darauf zu achten, daß nicht die Schuldendienstverpflichtungen zu Umlagebelastungen für 167

Haushaltsrechtliche Grundlagen

die Gemeinden führen, die deren finanzielle Leistungsfähigkeit gefährden könnten [→ Anhang 1 Ziff. 4.1.1.3].

4.2.3.3 „Freie Spitze" und Kreditgenehmigung

168 Wird stets eine positive „freie Spitze" ermittelt, kann die Gemeinde im Grundsatz zusätzliche Kreditbeträge über den erforderlichen Tilgungsbetrag hinaus aufnehmen, vorausgesetzt, die Leistungsfähigkeit bleibt auch in den Folgejahren erhalten [→ Anhang 1 Ziff. 4.1.1]. Bisweilen, so u.a. in Thüringen, wird darüberhinaus verlangt, daß die „freie Spitze" einen bestimmten Mindestwert (z.B. einen bestimmten Prozentsatz der Pflichtzuführung oder der Einnahmen aus Steuern und Gebühren) nicht unterschreitet [→ Anhang 2 Ziff. 3.5.2]. Die vorgesehene Kreditaufnahme ist auf jeden Fall dann nicht mehr unbedenklich, wenn die „freie Spitze" in einem oder mehreren Jahren des Betrachtungszeitraums einen negativen Wert annimmt. Dies kann ein Fehlbetrag in einer abgelaufenen oder ein Fehlbedarf in der laufenden oder einer zukünftigen Rechnungsperiode sein. Kritisch ist die Haushaltslage einer Gemeinde selbstverständlich auch dann zu beurteilen, wenn der Haushaltsausgleich nur durch Bedarfszuweisungen aus dem Ausgleichstock oder Rückzuführungen aus dem Vermögenshaushalt gewährleistet werden konnte bzw. kann [→ Anhang 1 Ziff. 4.1.2].

169 Ist dies der Fall, hat die Kommunalaufsicht zu prüfen, ob die Kreditgenehmigung ganz oder teilweise versagt werden muß. Wird, wie seit 1995 in Nordrhein-Westfalen, auf die Kreditgenehmigung im Grundsatz verzichtet, muß die Kommune in eigener Verantwortung vergleichbare Überlegungen anstellen; denn die Pflicht zu geordneter Haushaltswirtschaft und zur Sicherung der dauerhaften Leistungsfähigkeit bleibt unverändert bestehen. Gelingt dort der Haushaltsausgleich nicht, ist die Gemeinde zur Aufstellung eines Haushaltssicherungskonzeptes verpflichtet, das dann allerdings der Genehmigung durch die Aufsichtsbehörde bedarf [→ Rz. 176].

Während die Beispielgemeinde A (→ Schaubild 15) im gesamten Betrachtungszeitraum eine positive „freie Spitze" erreicht, hat die Beispielgemeinde B zumindest in 3 Jahren einen negativen Wert aufzuweisen. Auch ohne eine weitere Erhöhung der Verschuldung dürfte die dauerhafte Leistungsfähigkeit dieser Gemeinde gefährdet sein. Die Beispielgemeinde C hat zu Beginn eine nur geringe „freie Spitze"; gleichwohl kann eine Nettokreditaufnahme im Hinblick auf die weitere Entwicklung noch als vertretbar angesehen werden. Die Beispielgemeinde D schließlich hat zunächst eine „freie Spitze", könnte insoweit zusätzliche Kredite aufnehmen; da allerdings bei längerfristiger Betrachtung der Haushaltsausgleich nicht mehr erreicht wird, wäre eine zurückhaltende Beurteilung der Kreditaufnahme frühzeitig angebracht.

170 Das dargestellte Berechnungsverfahren ist aus den in Haushalts- und Finanzplänen enthaltenen Informationen entwickelt und daher einfach zu handhaben. Darüber hinaus berücksichtigt es eine Reihe von Sachverhalten und bietet die Möglichkeit des interkommunalen Vergleichs. Allerdings lassen sich damit bestimmte Fragestellungen, wie z.B. die Beachtung notwendiger Ersatz- oder Erweiterungsinvestitionen, der hinreichenden Pflege des gemeindlichen Vermögens u.a. nicht

Grenzen der Kreditaufnahme

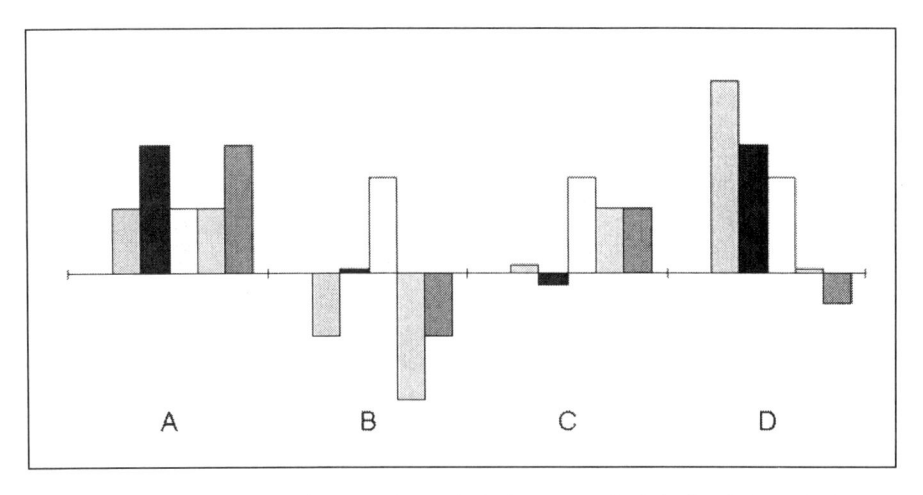

Schaubild 15: Kreditaufnahme und „Freie Spitze" – Beispiele für 4 Gemeinden und einen Zeitraum von 8 Jahren –

erfassen. Darüber hinaus werden über den Finanzplanungszeitraum hinausgehende Risiken nicht berücksichtigt. Die Aufsichtsbehörde wird daher im Einzelfall weitergehende Überprüfungen vorzunehmen haben. Dabei muß sie auch die aus kreditähnlichen Rechtsgeschäften und vergleichbaren Verpflichtungen resultierenden Belastungen ebenso wie den Stand der Rücklagen würdigen [→ Anhang 2 Ziff. 3.4].

Erscheint die dauerhafte Leistungsfähigkeit auch unter Berücksichtigung der zusätzlichen Kreditaufnahme gesichert, kann die Aufsichtsbehörde die Kreditgenehmigung erteilen [→ Anhang 3 Ziff. 3b]. Dies gilt bisweilen uneingeschränkt nur bis zur Höhe des Umschuldungsbedarfs; eine darüber hinausgehende Nettoneuverschuldung wird oft dann nur als genehmigungsfähig erachtet, wenn die „freie Spitze" eine gewisse Mindestmarke nicht unterschreitet [→ Anhang 2 Ziff. 3.5.2]. *171*

Stellt die Aufsichtsbehörde im Rahmen des Genehmigungsverfahrens fest, daß die dauerhafte Leistungsfähigkeit – vor allem gemessen an der „freien Spitze" – gefährdet ist, kann sie die Kreditgenehmigung [→ Anhang 1 Ziff. 4.1.3]. *172*

- ganz oder teilweise versagen oder
- mit Bedingungen und Auflagen versehen

Wird die Kreditgenehmigung insgesamt versagt, ist folgerichtig auch die Haushaltssatzung nicht genehmigungsfähig; die Kommune muß mithin den Haushalt erneut beraten und so verabschieden, daß eine weitere Kreditaufnahme nicht mehr erforderlich ist.

Die Kommunalaufsicht kann die Kreditgenehmigung auf einen Teilbetrag beschränken und für den Restbetrag versagen. Die Haushaltssatzung der Gemeinde ist dementsprechend zu ändern; darüber hinaus muß die Gemeinde festlegen, wel- *173*

79

Haushaltsrechtliche Grundlagen

che neuen Maßnahmen nunmehr nicht durchgeführt, aufgeschoben oder zeitlich gestreckt werden sollen. Hierzu ist eine erneute Beschlußfassung der Gemeindevertretung notwendig (Beitrittsbeschluß). Der Haushalt muß mithin nicht neu aufgestellt werden; auch eine förmliche Nachtragssatzung ist nicht zwangsläufig erforderlich. Allerdings verlangen die Aufsichtsbehörden verschiedentlich im Rahmen der Genehmigungsverfügung die Vorlage einer Nachtragshaushaltssatzung bis zu einem bestimmten Termin, mit der u. a. die Kreditaufnahme auf das zuvor genehmigte Maß zurückgeführt wird.

174 Schließlich geben einzelne Bundesländer – so z.B. Hessen, Rheinland-Pfalz und Schleswig-Holstein – der Kommunalaufsicht auch die Möglichkeit, sich im Rahmen der Gesamtgenehmigung die Einzelgenehmigung dann vorzubehalten, wenn eine mögliche Gefährdung der dauerhaften Leistungsfähigkeit der Gemeinde besteht (§ 103 Abs. 4 Nr. 2 GemO Rh-Pf; anders Thüringen → Anhang 2 Ziff. 6.1). In dem Fall gilt die Haushaltssatzung insgesamt als genehmigt; es bedarf keines Beitrittsbeschlusses der Gemeindevertretung. Allerdings unterliegt jede einzelne Kreditaufnahme der Gemeinde einem zusätzlichen Genehmigungsvorbehalt [→ Rz. 297]. Dies ist die Abkehr vom Grundsatz der Gesamtgenehmigung.

175 Die Aufsichtsbehörde kann im Rahmen des Genehmigungsverfahrens Auflagen und Bedingungen zur Haushaltswirtschaft der Gemeinde geben. Insbesondere kann sie – im Hinblick auf die Subsidiarität der Kreditaufnahme – auf die Ausschöpfung anderer Einnahmen verweisen [→ Anhang 1 Ziff. 4.1.5 und Anhang 2 Ziff. 3.3]. Darüber hinaus sind sind allgemeine Aussagen zur Gestaltung der Ausgaben, z.B. im freiwilligen Bereich, nicht unüblich. Schließlich kann als Auflage verfügt werden, daß der Schuldendienst aus den neuen Kreditverpflichtungen eine bestimmte Höhe nicht übersteigt [→ Anhang 2 Ziff. 3.5.2]. Der Gemeinde obliegt es dann, durch günstige Gestaltung der Kreditkonditionen diese Auflage möglichst einzuhalten; andernfalls ist die vorgesehene Kreditaufnahme zu reduzieren. Diese Form der Auflage entspricht insoweit einer „flexiblen Teilgenehmigung" der Kreditermächtigung. Gezielte Auflagen hingegen, innerhalb des Haushalts bestimmte Maßnahmen zu ergreifen bzw. zu unterlassen, sind im Grunde nicht zulässig, in der Praxis allerdings nicht unüblich [→ vgl. dazu Anhang 1 Ziff. 4.2.1 zur Beurteilung einzelner Investitionsvorhaben]. Wie die Gemeinde die Versagung der Kreditaufnahme ganz oder in Teilen jeweils in ihrer Haushaltswirtschaft umsetzt, muß sie jedoch in eigener Verantwortung entscheiden.

Erwähnt sei schließlich noch die vereinzelte Prüfung der Personalausstattung der jeweiligen Kommune [→ Anhang 3 Ziff. 3b]; die Kreditgenehmigung unterliegt dann besonders strengen Anforderungen, wenn bestimmte Personalkennziffern überschritten werden. Dieser Aspekt dürfte allerdings ausschließlich auf die besonderen Verhältnisse in den neuen Bundesländern bezogen sein.

176 Eine besondere Form der Auflage im Genehmigungsverfahren ist die Verpflichtung, ein Haushaltssicherungskonzept aufzustellen. Kann die Kommune keinen ausgeglichenen Haushalt vorlegen, hat sie dann in einem derartigen Konzept darzustellen, mit welchen Maßnahmen und in welchem Zeitraum sie eine Rückkehr zu einer ausgeglichenen Haushaltswirtschaft erreichen will. In vielen Bundesländern hat das Instrument des Haushaltssicherungskonzepts mittlerweile Eingang in

Grenzen der Kreditaufnahme

das kommunale Haushaltsrecht gefunden (§ 93 Abs.4 GemO Rh-Pf, § 75 Abs. 4 und 5 GO NW; § 74 Abs. 4 GO Brb). Mit diesem Konzept bindet sich die Kommune an eine von ihr selbst zu bestimmende Konsolidierungsstrategie, die allerdings wiederum durchweg der Genehmigung der Aufsichtsbehörde bedarf. Abweichungen vom vorgelegten Haushaltskonsolidierungskonzept sind dementsprechend nur bei Eintritt unvorhergesehener und unabweisbarer Ereignisse möglich.

Allerdings läßt sich nicht ausschließen, daß auch bei Fehlen einer „freien Spitze" eine Genehmigung der vorgesehenen Kreditaufnahme trotzdem notwendig werden kann. Als Beispiele seien genannt [→ Anhang 1 Ziff. 4.1.4; ähnlich Anhang 3 Ziff. 3c]: *177*

- Investitionen zur Gefahrenabwehr
- Investitionsvorhaben mit besonderer Dringlichkeit und hoher staatlicher Förderung
- Zwischenfinanzierungen, die durch Zuweisungen, Beiträge o.ä. Einnahmen abgelöst werden können
- Kreditaufnahmen, für die eine andere öffentliche Kasse den Schuldendienst auf Dauer übernimmt

In den beiden letztgenannten Fällen ist davon auszugehen, daß die kommunale Haushaltswirtschaft nicht nennenswert belastet wird. Auch die rentierliche Verschuldung [→ Rz. 150ff.] ist unter diese Fälle zu fassen. Ähnliches gilt für Vorhaben, die in hohem Masse bezuschusst werden. Allerdings dürfen die über den Schuldendienst hinausgehenden Folgelasten nicht außer Acht bleiben. Investitionen zur Gefahrenabwehr schließlich dulden - unabhängig von ihrer Finanzierung - keinen Aufschub. Allerdings ist in solchen Fällen u.U. die Kreditgenehmigung in den Folgejahren restriktiver zu handhaben [→ Anhang 2 Ziff. 3.6].

4.3 Konjunkturpolitische Grenzen
4.3.1 „Schuldendeckel" nach dem Stabilitätsgesetz

Zu den Grundsätzen der Haushaltswirtschaft zählt auch die Verpflichtung der Gemeinden, den Erfordernissen des gesamtwirtschaftlichen Gleichgewichts Rechnung zu tragen (§ 93 Abs. 1 Satz 2 GemO Rh-Pf; § 53 Abs. 1 Satz 2 ThürKO). Dies hat auch Auswirkungen auf die kommunale Kreditwirtschaft [→ Kapitel V]. Unabhängig von den übrigen Grenzen der Kommunalverschuldung kann die Kreditaufnahme der Gemeinden einer konjunkturpolitisch begründeten Einschränkung unterworfen werden, um eine Überhitzung des Kapitalmarkts durch die öffentliche Kreditaufnahme zu verhindern. *178*

Sofern die Bundesregierung durch eine – zustimmungsbedürftige – Rechtsverordnung die Kreditaufnahme nach § 19 StabWG beschränkt hat (Schuldendeckelverordnung), unterliegt die Aufnahme jedes einzelnen Kredits durch eine Kommune dem Genehmigungsvorbehalt der Aufsichtsbehörde (§ 103 Abs. 4 Nr. 1 GemO Rh-Pf; § 63 Abs. 4 ThürKO). Die von der Aufsichtsbehörde ursprünglich genehmigte Kreditermächtigung kann daher dann nur in Anspruch genommen werden, *179* wenn auch für den jeweiligen Einzelkredit eine Genehmigung erteilt wurde; das Prinzip der Gesamtgenehmigung wird in dem Fall durch die Einzelgenehmigung [→ Anhang 1 Ziff. 4.2.2] ersetzt. Die Einzelgenehmigung kann indes nur insoweit versagt werden, als dadurch die durch die „Schuldendeckelverordnung" insgesamt vorgegebene Kreditbeschränkung beeinträchtigt würde.

180   Um zu vermeiden, daß es durch eine Schuldendeckelverordnung zu unzumutbaren Finanzierungsschwierigkeiten kommt, darf die Kreditaufnahme lediglich auf einen Betrag, der 80 % der öffentlichen Kreditaufnahme im Durchschnitt der letzten 5 Jahre nicht unterschreitet, begrenzt werden. Für den kommunalen Bereich kann die Beschränkung auf 70 % abgesenkt werden, um dann allerdings den Differenzbetrag als Härteausgleich für besonders betroffene Kommunen zu verwenden.

181   Entsprechendes gilt in dem Fall, daß die Landesregierung eine Rechtsverordnung nach § 16 Abs. 2 StabWG erlassen hat. Diese Maßnahme können die Länder ergreifen, wenn andernfalls die Kreditbedingungen am Kreditmarkt ungünstig beeinflußt würden oder die Versorgung mit wirtschaftlich vertretbaren Krediten gefährdet wäre (§ 103 Abs. 5 GemO Rh-Pf; § 63 Abs. 5 ThürKO). Auch in diesem Fall ist die Einzelgenehmigung nach Maßgabe der vorgenannten Voraussetzungen erforderlich [→ Anhang 1 Ziff. 4.2.2]. Die Voraussetzungen für den Erlaß einer derartigen Rechtsverordnung müssen allerdings sehr streng gesehen werden, da ansonsten auf diesem Wege die generelle Einzelkreditgenehmigung eingeführt werden könnte. In Thüringen ist daher eine Befristung auf längstens 1 Jahr vorgesehen (§ 63 Abs. 5 Satz 3 ThürKO). Im übrigen kann die Vorschrift nur bei einer besonderen Krisensituation am Kapitalmarkt zum Tragen kommen.

4.3.2 Die Anforderungen der Wirtschafts- und Währungsunion

182   Die bislang geringe Bedeutung der konjunkturpolitisch begründeten Schuldengrenzen dürfte als Folge der Verpflichtungen aus dem Maastrichter Vertrag zur Europäischen Wirtschafts- und Währungsunion künftig wachsen. Danach haben sich die Teilnehmerländer dauerhaft verpflichtet, daß

- Der Schuldenstand der öffentlichen Haushalts 60 % und
- Das jährliche Defizit der öffentlichen Haushalts 3 % des Bruttoinlandprodukts

nicht übersteigt. Der Begriff „öffentliches Defizit" ergibt sich aus Art. 2 des sog. Defizit-Protokolls i.V.m. Art. 1 Abs. 3 der Verordnung (EG) Nr. 3605/93 des Rates vom 22.11.1993. Er umfasst im wesentlichen neben den Gebietskörperschaften die Sozialversicherungen. Sofern die genannten Grenzwerte in einem Staat überschritten werden, können vorübergehende oder endgültige finanzielle Sanktionen die Folge sein. Gerade im Hinblick auf das Defizitkriterium besteht im übrigen die feste Absicht, in wirtschaftlichen Normallagen den Wert von 3 % deutlich zu unterschreiten:

Grenzen der Kreditaufnahme

Übersicht 12: Die Entwicklung der Defizitquote nach den Planungen der Bundesregierung

Defizite von	1997	1998	1999	2000	2001	2002
			in Mrd. DM			
Bund einschl. Sonderrechn.	– 59,1	– 65 bis –70	– 65 bis –70	– 60 bis – 65	– 45 bis – 50	– 40 bis – 45
Länder und Gemeinden	– 43,0	– 30 bis – 35	– 25 bis – 30	– 20 bis – 25	– 10 bis – 15	– 10 bis – 15
Sozialversicherungen	+6,0	Rd. +10	Rd. +15	Rd. +10	Rd. +5	Rd. +5
Staat insg.	– 96,2	– 85 bis – 95	– 75 bis – 80	– 70 bis – 80	– 50 bis – 60	– 45 bis – 55
Defizitquote[*]	– 2,7	– 2,5	– 2	– 2	– 1,5	– 1

[*] in % des BIP

Quelle: Deutscher Städte- und Gemeindebund Aktuell – 5/99 Nr. 10
Nach der neuen Europäischen Systematik der Volkswirtschaftlichen Gesamtrechnungen (ESGV) fallen die Defizitquoten geringfügig niedriger aus; für 1997 läge sie danach bspw. bei 2,6 %

Zwar ist der Maastrichter Vertrag ein Abkommen der Nationalstaaten, die Kriterien umfassen indes – wie aus Übersicht sehr deutlich wird – die Haushaltswirtschaft aller Gebietskörperschaften sowie der Sozialversicherungen. Nach den Planungen der Bundesregierung müßten z.B. Länder und Gemeinden zusammen ihre Nettoneuverschuldung auf ein Drittel bis ein Viertel des 1997 erreichten Betrages reduzieren, wenn das Defizitziel von 1 % im Jahr 2002 realisiert werden soll. Im Innenverhältnis müssen daher Regelungen getroffen werden, wie Bund, Länder und Gemeinden sowie die Sozialversicherungen die genannten Kriterien gewährleisten können. Hierfür gibt es bisher – anders als z.B. in Österreich – noch keine entsprechenden Bestimmungen.

Erste Verhandlungen zwischen Bund und Ländern haben bislang nur in einem Punkt Übereinstimmung gezeigt. Der Bund sieht die Finanzwirtschaft der Sozialversicherungen, die Länder sehen die Kommunalhaushalte in ihrer Verantwortungssphäre. Im übrigen sind alle weitergehenden Fragen ungelöst. Dies betrifft zum einen den Charakter der zu treffenden Regelungen. Für den Bund kommt vor allem eine gesetzliche – vermutlich durch Änderung des Grundgesetzes – Lösung, für die Länder hingegen ein Staatsvertrag (der im Gegensatz zur Grundgesetzänderung der Zustimmung aller Länder bedarf) in Betracht.

185 Zum anderen zeichnet sich keine Einigung darüber ab, wie die möglichen Defizite zwischen den Staatsebenen aufgeteilt werden sollen. Der Bund spricht sich – nach dem gegenwärtigen Stand der Erörterungen – für eine hälftige Lösung aus, d.h. die Defizitquote kann zu 50 % vom Bund und den Sozialversicherungen, zu 50 % von den Ländern einschl. der Kommunen genutzt werden. Die Länder präferieren hingegen ein Verhältnis von 60:40 zu ihren Gunsten. Die in Übersicht 12 wiedergegebenen Planungen hingegen sehen ein deutlich stärkeres Gewicht für den Bund vor.

186 Ebenfalls völlig offen ist die Frage, wie mögliche Sanktionszahlungen zwischen Bund und Ländern, im Anschluß daran dann auch ggf. den Kommunen behandelt werden sollen. Sollten die Länder direkt oder indirekt an der Aufbringung von Sanktionszahlungen beteiligt werden, hätte dies mit großer Wahrscheinlichkeit über den Kommunalen Finanzausgleich auch Auswirkungen auf die kommunale Ebene.

187 Zu den ungelösten Problemen zählt auch die Verteilung von Defizitquoten zwischen den Bundesländern. Je nach ihrer haushaltswirtschaftlichen Lage befürworten die Bundesländer dabei entweder eine stärkere Berücksichtigung der jeweiligen Wirtschaftskraft oder aber der bisherigen Defizite. Da die für jedes Bundesland maßgebliche Defizitgröße jeweils auch die kommunalen Gebietskörperschaften einschließt, ist die zwischen den Bundesländern zu treffende Regelung von außerordentlicher Bedeutung für die Kommunen.

188 In einem weiteren Schritt sind schließlich in jedem Bundesland Defizitgrößen zwischen dem Land und den Kommunen in ihrer Gesamtheit sowie innerhalb des kommunalen Sektors zu definieren. Hierzu gibt es noch gar keine Vorüberlegungen, da erst die Bestimmungen für die staatliche Ebene getroffen werden müssen. Allerdings dürfte die Fixierung gemeindespezifischer Defizitquoten ausgeschlossen sein; dies wäre ein unangemessen kompliziertes und schwer zu handhabendes Verfahren. Möglicherweise wird versucht werden, den notwendigen Abstimmungsbedarf durch eine Art länderweisen Finanzplanungsrat zu gewährleisten.

189 Auch wenn nach der derzeitigen Finanzplanung (vgl. Übersicht 12) die Einhaltung der Maastricht-Kriterien – zumindest im Hinblick auf die Defizitquote – als problemlos angesehen wird, kann auf eine dauerhafte Regelung innerhalb der Bundesrepublik Deutschland nicht verzichtet werden. Im Ernstfall stünde dann kein Koordinationsmechanismus zur Verfügung; allerdings ist derzeit nicht erkennbar, wann mit entsprechenden gesetzlichen Bestimmungen zu rechnen ist.

5. Dauer der Kreditermächtigung

190 Die Haushaltssatzung gilt für ein Haushaltsjahr (§ 95 Abs. 1 GemO Rh-Pf; § 55 Abs. 1 Satz 1 ThürKO); wird von der Möglichkeit Gebrauch gemacht, Festsetzungen für zwei Jahre zu treffen, sind diese – so auch die Kreditermächtigung – nach Jahren getrennt auszuweisen (§ 95 Abs. 4 Satz 2 GemO Rh-Pf; § 55 Abs. 1 Satz 2 ThürKO). Das für die kommunale Haushaltswirtschaft maßgebliche Prinzip der Jährlichkeit gilt für die Kreditermächtigung allerdings nur begrenzt. Zwar wird der für die Finanzierung der Ausgaben des betreffenden Haushaltsjahres erforderliche

Dauer der Kreditermächtigung

Kreditbedarf in der Haushaltssatzung festgesetzt; die Kreditermächtigung erlischt jedoch nicht – wie im Grundsatz alle übrigen haushaltswirtschaftlichen Ermächtigungen – mit dem Ablauf des Haushaltsjahres (→ Übersicht 13). Sie gilt grundsätzlich bis zum Ende des nachfolgenden Jahres; sofern die Haushaltssatzung für das übernächste Jahr nicht rechtzeitig beschlossen wurde, bleibt die Kreditermächtigung auch bis zum Erlaß dieser Haushaltssatzung bestehen (§ 103 Abs. 3 GemO Rh-Pf; § 63 Abs. 3 ThürKO). Die Kreditermächtigung des Jahres 2000 kann mithin bis ins Jahr 2002 reichen; innerhalb eines Haushaltsjahres können dementsprechend mehrere Kreditermächtigungen gleichzeitig Gültigkeit haben.

Übersicht 13: Zeitliche Überlagerung von Kreditermächtigungen

2000	2001	2002	2003	2004	2005
Kreditermächtigung 2000					
	Kreditermächtigung 2001				
		Kreditermächtigung 2002			
			Kreditermächtigung 2003		

So sind im Jahr 2002 im Fall des verspäteten Erlasses der Haushaltssatzung für dieses Jahr zunächst die Kreditermächtigungen 2000 und 2001 sowie eine mögliche Kreditermächtigung im Rahmen der vorläufigen Haushaltsführung [→ Rz. 196ff.] 2002 gültig. Mit dem Erlaß der Haushaltssatzung erlischt die Kreditermächtigung 2000; dafür erlangt die Kreditermächtigung 2002 Gültigkeit. Demgegenüber ist die Festsetzung des Höchstbetrages der Kassenkredite [→ Rz. 123] auf das jeweilige Haushaltsjahr begrenzt. Sie bleibt allerdings bis zur Bekanntmachung der neuen Haushaltssatzung bestehen (§ 105 Abs. 1 Satz 2 GemO Rh-Pf; § 65 Abs. 1 Satz 2 ThürKO). 191

Die Kreditermächtigung gilt indes nicht automatisch fort. Hierzu bedarf es am Jahresende der Bildung eines Haushaltseinnahmerestes. Haushaltseinnahmereste können nur im Vermögenshaushalt und in der Regel nur aus einer nicht vollständig in Anspruch genommenen Kreditermächtigung, in einzelnen Bundesländern (so z.B. in Rheinland-Pfalz, Thüringen oder Schleswig-Holstein) auch aus noch ausstehenden Investitionszuschüssen, gebildet werden (§ 40 Abs. 2 GemHVO Rh-Pf; § 79 Abs. 2 ThürGemHV). Ihnen stehen Haushaltsausgabereste gegenüber, die kraft Gesetzes im Vermögenshaushalt zulässig sind. Haushaltsausgabereste sind Mittel, die im Haushaltsjahr veranschlagt waren, nicht oder nicht vollständig ausgegeben wurden, aber nicht als erspart in Abgang gestellt werden sollen. 192

Sie müßten strenggenommen in der Jahresrechnung abgesetzt und im neuen Haushaltsjahr erneut veranschlagt werden. Dies ist gerade bei Maßnahmen, deren Finanzierung sich über einen längeren Zeitraum erstreckt, nicht unproblematisch, so daß die Bildung von Haushaltsausgaberesten in der Praxis zweckmäßig ist. Haushaltsausgabereste können im übrigen – sofern Ausgaben für übertragbar erklärt wurden – im Ausnahmefall auch im Verwaltungshaushalt gebildet, selbstverständlich aber nicht durch eine als Haushaltseinnahmerest ins Folgejahr übertragene Kreditermächtigung finanziert werden. 193

194 Zu Sicherung der Finanzierung von Haushaltsausgaberesten im Vermögenshaushalt, denen keine entsprechenden Einnahmen im neuen Haushalt mehr gegenüberstehen, dienen Haushaltseinnahmereste. Sofern die Haushaltsausgabereste größer sind, müssen sie im Ergebnis aus dem Kassenbestand bzw. aus Mitteln des laufenden Haushaltsjahres bestritten werden. Umgekehrt ist die Übertragung einer Kreditermächtigung nicht an die Höhe möglicher Haushaltsausgabereste gebunden. Der ins Folgejahr übertragene Haushaltseinnahmerest kann – sofern die Kreditermächtigung noch nicht entsprechend ausgeschöpft ist – die Summe der Haushaltsausgabereste auch übersteigen. Dies könnte z.B. dann zweckmäßig sein, wenn zusätzliche hohe Belastungen für das folgende Haushaltsjahr bereits erkennbar sind. Im übrigen besteht jedoch keine Verpflichtung, eine nicht ausgeschöpfte Kreditermächtigung als Haushaltseinnahmerest ins Folgejahr zu übertragen.

195 Die Bildung von Haushaltseinnahmeresten erfolgt im Zuge der Jahresrechnung durch die Verwaltung. Einer gesonderten Genehmigung durch die Aufsichtsbehörde bedarf es dabei nicht, da die der Übertragung zugrundeliegende Kreditermächtigung bereits der Genehmigungspflicht unterworfen war. Ausnahmen können allenfalls dann gelten, wenn sich die Aufsichtsbehörde in der Genehmigung der Haushaltssatzung eine Überprüfung der Bildung von Haushaltsresten vorbehalten hat.

6. Einige Sonderfragen
6.1 Kreditwirtschaft bei vorläufiger Haushaltsführung

196 Besondere Regelungen gelten für die Übergangswirtschaft im Rahmen der vorläufigen Haushaltsführung (99 GemO Rh-Pf; § 61 ThürKO). Diese Vorschriften dienen dem Ziel, der Gemeinde die Erfüllung ihrer Aufgaben zu ermöglichen, auch wenn die Haushaltssatzung zu Beginn des Haushaltsjahres noch nicht beschlossen, genehmigt und bekanntgemacht ist. Im Grundsatz kann die Gemeinde dann ihre Haushaltswirtschaft auf der Basis des Vorjahres fortführen. Dementsprechend gilt auch die Festsetzung des Höchstbetrages der Kassenkredite bis zum Erlaß der neuen Haushaltssatzung (§ 105 Abs. 1 Satz 2 GemO Rh-Pf; § 65 Abs. 1 Satz 2 ThürKO). Für die Kreditaufnahme sind indes weitere Regelungen maßgeblich.

197 Für die Finanzierung der im Rahmen der vorläufigen Haushaltsführung zulässigen Investitionsvorhaben stehen neben den übrigen Einnahmen des Vermögenshaushalts zunächst die noch nicht ausgeschöpften Kreditermächtigungen [→ Rz. 190] der beiden Vorjahre zur Verfügung. Die Kreditermächtigung des vorvergangenen Jahres kann jedoch nur herangezogen werden, wenn ein entsprechender Haushaltseinnahmerest [→ Rz. 192] gebildet wurde. Dies ist – sofern der Zeitraum der Übergangswirtschaft nicht außerordentlich lang ist – im Hinblick auf das vergangene Jahr nicht erforderlich, da die Jahresrechnung erst bis zum Ende des ersten Quartals erstellt sein muß. Die Kreditermächtigung des Vorjahres gilt bis zum Abschluß der Jahresrechnung mithin unmittelbar fort (§ 103 Abs. 3 GemO Rh-Pf; § 63 Abs. 3 ThürKO).

198 Darüber hinaus besteht die Möglichkeit, neue Kredite bis zu einem Viertel der Kreditermächtigung des Vorjahres aufzunehmen (§ 99 Abs. 2 GemO Rh-Pf; § 61

Einige Sonderfragen

Abs. 2 ThürKO). Im Gegensatz zur Inanspruchnahme früherer Kreditermächtigungen bedarf diese Kreditaufnahme der Genehmigung durch die Aufsichtsbehörde. Für die Genehmigung gelten die für die Kreditaufnahme üblichen Voraussetzungen. Die vorgezogene Kreditaufnahme ist im übrigen auf die spätere in der Haushaltssatzung für das betreffende Haushaltsjahr festgesetzte Kreditermächtigung anzurechnen (vgl. VV zu § 99 GemO Rh-Pf Nr. 2).

Mit diesen Bestimmungen dürfte der Kreditbedarf im Rahmen der vorläufigen 199
Haushaltsführung im Regelfall hinreichend berücksichtigt sein, zumal die Begrenzung auch dazu dienen soll, möglichst rasch den Erlaß der endgültigen Haushaltssatzung herbeizuführen. Schwierigkeiten könnten sich indes dann ergeben, wenn während der vorläufigen Haushaltsführung ein höherer Betrag zur Umschuldung ansteht. In den Bundesländern, die – wie Rheinland-Pfalz und Thüringen – die Umschuldung nicht der genehmigungspflichtigen Kreditermächtigung zurechnen [→ Rz. 122], ist die Umschuldung auch während der vorläufigen Haushaltsführung unbegrenzt möglich (so ausdrücklich § 61 Abs. 1 Nr. 3 ThürKO).

Ein besonderer Fall liegt dann vor, wenn in den Vorjahren die Haushaltssatzung 200
keine Kreditermächtigung enthielt. Dann ist weder eine Übertragung von Haushaltseinnahmeresten noch eine Neuaufnahme in Höhe des Vorjahrsviertels möglich. In Thüringen ist daher – ähnlich wie in Bayern – vorgesehen, daß dann bis zu einem Viertel der im Finanzplan des Vorjahres für das Haushaltsjahr vorgesehenen Kredite aufgenommen werden kann (§ 61 Abs. 2 ThürKO).

6.2 Veränderung der Kreditermächtigung im Haushaltsjahr

Die Kreditermächtigung ist Bestandteil der Haushaltssatzung [→ Rz. 120]; sie 201
kann daher nur durch Veränderung der Haushaltssatzung selbst korrigiert werden. Dabei ist lediglich der Fall einer Erhöhung der Kreditermächtigung von Bedeutung, ein zu hoch veranschlagter Kreditbedarf kann durch Nichtausnutzung im Rahmen der Jahresrechnung reduziert werden. Wenn sich erweist, daß während des Haushaltsjahres eine Korrektur der Kreditermächtigung erforderlich wird – z. B. aufgrund rückläufiger eigener Einnahmen oder höherer Investitionskosten –, kann diese nur im Wege einer Nachtragshaushaltssatzung (§ 98 Abs. 1 Satz 1 GemO Rh-Pf; § 60 Abs. 1 Satz 1 ThürKO) erfolgen. Eine auch nur geringfügige überplanmäßige Kreditaufnahme ist nicht zulässig.

Dabei ist zu berücksichtigen, daß lediglich der zur Deckung der Ausgaben des 202
Vermögenshaushalts erforderliche Kreditbedarf erhöht wird. Über die Entwicklung der tatsächlichen Kreditaufnahme ist damit nichts ausgesagt. Bis zum Erlaß der Nachtragshaushaltssatzung, für die ein nicht unerheblicher Zeitaufwand erforderlich ist, müssen in der Regel die laufende Kreditermächtigung und eine als Haushaltseinnahmerest übertragene Kreditermächtigung aus Vorjahren den Finanzierungsbedarf decken; sollte dies nicht der Fall sein, muß der Liquiditätsengpaß mit Hilfe von Kassenkrediten vorübergehend überbrückt werden.

Da die Kreditermächtigung zu den genehmigungspflichtigen Teilen der Haus- 203
haltssatzung zählt, bedarf auch ihre Veränderung durch eine Nachtragssatzung der aufsichtsbehördlichen Genehmigung. Nur ergänzend sei darauf hingewiesen, daß

die Nachtragssatzung bis zum 31. 12. des jeweiligen Haushaltsjahres beschlossen, genehmigt und bekannt gemacht, d. h. im Regelfall spätestens im November des Jahres von der Gemeindevertretung verabschiedet sein muß (§ 98 Abs.1 GemO Rh-Pf; § 60 Abs. 1 ThürKO).

7. Kreditaufnahme kommunaler Unternehmen

204 Die Kommunen erfüllen vielfältige Aufgaben, insb. in der Ver- und Entsorgung, der Wohnungswirtschaft, der Wirtschaftsförderung oder im Verkehrswesen durch kommunale Unternehmen. Dies können

- öffentlich-rechtliche Betriebe, insb. der Eigenbetrieb (§ 86 GemO Rh-Pf; § 76 ThürKO), in einzelnen Bundesländern mittlerweile auch die Anstalt des öffentlichen Rechts (§ 86a GemO Rh-Pf), aber auch Einrichtungen von Zweckverbänden
- oder Unternehmen in privater Rechtsform (§ 87 GemO Rh-Pf; § 73 Thür-KO)

sein. An Unternehmen der privaten Rechtsform können neben der Gemeinde auch andere Gebietskörperschaften oder private Dritte beteiligt sein. Die wirtschaftliche Betätigung der Kommunen unterliegt wie die Haushaltswirtschaft dem Wirtschaftlichkeitsgebot (§ 85 Abs. 2 GemO Rh-Pf; § 75 Abs. 1 bis 3 ThürKO).

7.1 Öffentlich-rechtliche Formen

7.1.1 Eigenbetriebe

205 Für Eigenbetriebe, die ein rechtlich unselbständiges Sondervermögen der Gemeinde darstellen (§ 80 Abs. 1 Nr. 3 GemO Rh-Pf; § 76 Abs. 1 Satz 1 ThürKO), gelten die für den kommunalen Haushalt maßgeblichen Bestimmungen weitgehend analog (so ausdrücklich § 76 Abs. 2 ThürKO). Dabei ist allerdings zu berücksichtigen, daß Eigenbetriebe das kaufmännische Rechnungswesen anwenden. Auf Grund seiner Rechtsstellung kann der Eigenbetrieb nicht selbst als Kreditschuldner auftreten; das Kreditgeschäft ist für den Eigenbetrieb von der Gemeinde abzuschließen. Wer die jeweiligen Entscheidungen trifft (Werkleitung, Werkausschuß, Bürgermeister oder Rat), ist in der Regel in der Betriebssatzung des Eigenbetriebes festzulegen. Insoweit kann aus Sicht des Kreditgebers die Kreditaufnahme für einen Eigenbetrieb der unmittelbaren Kommunalverschuldung gleichgesetzt werden.

206 Die Kreditaufnahme eines Eigenbetriebs ist zunächst aus der wirtschaftlichen Situation des Betriebes heraus zu beurteilen [→ Anhang 1 Ziff. 4.1.1]. Ergeben sich aus der Kreditaufnahme keine Rückwirkungen auf die kommunale Haushaltswirtschaft, weil z.B. die höheren Schuldendienstzahlungen über die Gebühren oder den Tarif an die Nutzer weitergegeben werden („rentierliche Schulden"; → Rz. 150ff.), sind weitergehende Überlegungen nicht erforderlich. Anders verhält es sich, wenn die aus der Kreditaufnahme resultierenden Schuldendienstbelastungen die Abführung des Betriebs an den Haushalt mindern oder zu einem höheren Zuschuß aus dem Haushalt an den Betrieb führen. Diesem Aspekt ist durch die Aufsichtsbehörde im Rahmen der Gesamtgenehmigung der Haushaltssatzung und der von der Kommune vorgesehenen Kreditermächtigung Rechnung zu tragen [→ Rz. 171].

Eine gesonderte Genehmigungspflicht für die Kreditaufnahme von Eigenbetrieben hinsichtlich ihrer Rückwirkungen auf die gemeindliche Haushaltswirtschaft besteht ebensowenig wie eine eigenständige Kreditgrenze. Die Kreditaufnahme der Eigenbetriebe steht unter dem Vorbehalt der Wahrung der dauerhaften Leistungsfähigkeit der Gemeinde; sie ist mithin bei der Genehmigung der gemeindlichen Kreditermächtigung zu berücksichtigen. In Rheinland-Pfalz ist dies ausdrücklich geregelt; danach ist der Gesamtbetrag der im Vermögensplan des Eigenbetriebs vorgesehenen Kreditermächtigung im Rahmen der Haushaltssatzung festzusetzen (§ 16 Abs. 4 EigVO Rh-Pf). Damit findet er mittelbar gleichzeitig Eingang in das Genehmigungsverfahren [so wohl auch in Thüringen → Anhang 2 Ziff. 10 i.V.m. Ziff. 1.1.1]. *207*

Die Kreditwirtschaft der Eigenbetriebe findet im kommunalen Haushaltsplan keinen unmittelbaren Niederschlag, da lediglich das wirtschaftliche Ergebnis der Betriebe (Nettoprinzip) veranschlagt wird (§ 14 Abs. 5 GemHVO Rh-Pf). Allerdings schreibt das kommunale Haushaltsrecht in einzelnen Bundesländern vor, die vorgesehene Kreditaufnahme der Eigenbetriebe in der Haushaltssatzung gesondert auszuweisen [→ Rz. 124]; folgerichtig muß sie dann auch im Schuldennachweis (§ 2 Abs. 2 Nr. 4 GemHVO Rh-Pf i.V.m. Muster 17 zu § 42 Abs. 2; § 2 Abs. 2 Nr. 3 ThürGemHV) berücksichtigt werden [→ Rz. 133]. *208*

Unabhängig davon ist die beabsichtigte Kreditaufnahme eines Eigenbetriebs im Wirtschaftsplan des Betriebs auszuweisen, der grundsätzlich als Anlage zum Haushaltsplan von der Gemeindevertretung zu beschließen ist (§ 32 Abs. 2 Nr. 2 GemO Rh-Pf i.V.m. § 2 Abs. 2 Nr. 5 GemHVO Rh-Pf; ähnlich zu verstehen § 26 Abs. 2 Nr. 7 ThürKO i.V.m. § 2 Abs. 2 Nr. 4 ThürGemHV). Insoweit bleibt die einheitliche Beschlußfassung zur Kreditwirtschaft gewahrt. *209*

7.1.2 Anstalten und Zweckverbände

Bei der – in der Praxis auf kommunaler Ebene bislang äußerst seltenen – Rechtsform der Anstalt des öffentlichen Rechts ist abweichend zu beachten, daß die Anstalt eigene Rechtspersönlichkeit besitzt, insofern also Kreditgeschäfte im eigenen Namen tätigen kann. Im übrigen orientiert sich ihre Wirtschaftsführung im wesentlichen an den für die Eigenbetriebe geltenden Regelungen. Über die Aufteilung der Zuständigkeiten zwischen Vorstand und Verwaltungsrat ist in der entsprechenden Anstaltssatzung zu befinden (§ 86a Abs. 2 GemO Rh-Pf). Da allerdings die Kommune die Anstaltslast kraft Gesetzes hat (Gewährträgerschaft, § 86a Abs. 4 GemO Rh-Pf), kann auch in diesem Fall die Verschuldung der unmittelbaren Kommunalverschuldung gleichgesetzt werden. *210*

Eine Besonderheit sind die Zweckverbände, die – gerade in den Neuen Bundesländern – insb. im Bereich der Entsorgung, aber auch der Wasserversorgung tätig sind. Zweckverbände sind die wichtigste Form interkommunaler Zusammenarbeit. *211*

89

Haushaltsrechtliche Grundlagen

Sie besitzen eigene Rechtspersönlichkeit und eine eigenständige Haushaltswirtschaft. Insoweit können sie auch im eigenen Namen Verbindlichkeiten eingehen. Auch für den Zweckverband sind die entsprechenden Zuständigkeiten zwischen Verbandsvorsteher, Verbandsversammlung oder ggf. einem Untergremium zu bestimmen. Die Haushaltswirtschaft (§ 7 Abs. 1 Nr. 8 ZwVG Rh-Pf) der Zweckverbände unterliegt auch hinsichtlich der Kreditaufnahme den gleichen Regelungen wie der Kommunalhaushalt [→ Anhang 2 Ziff. 12.2]. Schließlich ist noch zu beachten, daß letztlich für die Verbindlichkeiten des Zweckverbandes – sofern seine eigenen Mittel hierfür nicht ausreichen – die ihn tragenden Kommunen einzutreten haben; in der Regel wird hierfür dann die Verbandsumlage entsprechend anzupassen sein. Insoweit ist auch die Verschuldung der Zweckverbände der unmittelbaren Kommunalverschuldung vergleichbar.

7.2 Unternehmen in privater Rechtsform

212 Dies ist anders bei der Erfüllung kommunaler Aufgaben in Unternehmen der privaten Rechtsform. Der Wirtschaftsplan und damit die Kreditermächtigung werden durch den Aufsichtsrat bzw. die Gesellschafterversammlung beschlossen. Zwar sind die kommunalen Vertreter im Aufsichtsrat bzw. in der Gesellschafterversammlung oft gleichzeitig Mitglieder der Gemeindevertretung; der Rat als Organ ist mit der Wirtschaftsführung kommunaler Unternehmen in privater Rechtsform jedoch nur insoweit befaßt als Zahlungen von Unternehmen an den Haushalt oder umgekehrt aus dem Haushalt an das Unternehmen zu erwarten sind. Allerdings besteht die Möglichkeit, den Vertretern der Gemeinde in den Gremien des Unternehmens Weisung zu erteilen (§ 88 Abs. 1 GemO Rh-Pf).

213 Der Wirtschaftsplan der Unternehmen ist dabei durchweg nur dann Anlage zum Haushaltsplan, wenn die Beteiligung der Kommune 50 % übersteigt (§ 2 Abs. 2 Nr. 5 2. Halbsatz GemHVO Rh-Pf; § 2 Abs. 2 Nr. 4 2. Halbsatz ThürGemHV). Eine gesonderte Genehmigungspflicht für die Kreditaufnahme kommunaler Unternehmen in privater Rechtsform gibt es nicht; die Kreditaufnahme ist zunächst abhängig von der wirtschaftlichen Lage des Unternehmens. Wenn und soweit Rückwirkungen auf den kommunalen Haushalt zu erwarten sind, ist die Kreditwirtschaft der Unternehmen zwar im Hinblick auf die dauerhafte Leistungsfähigkeit der Kommune zu beurteilen; eine Einwirkungsmöglichkeit hat die Kommune – anders als beim Eigenbetrieb – lediglich aus ihrer Eigentümer- oder Miteigentümerstellung. Dabei ist allerdings zu berücksichtigen, daß Kommunen oft auch jene Unternehmen, die auf längere Sicht oder dauerhaft Verluste haben (so im ÖPNV), stützen, das Konkursrisiko – für den Kreditgeber bedeutsam – de facto nahezu ausgeschlossen ist.

214 Einzelne Bundesländer sehen indessen gewisse Einschränkungen dieses Grundsatzes vor. So dürfen in Thüringen - wiederum ähnlich wie in Bayern – die Vertreter der Kommune in einem Unternehmen des privaten Rechts einer Kreditaufnahme erst nach vorheriger Beschlußfassung der Gemeindevertretung zustimmen (§ 74 Abs. 1 Satz 1 ThürKO); darüber hinaus wird dieser Beschluß noch der Genehmigungspflicht unterworfen (§ 74 Abs. 1 Satz 3 ThürKO). Dies sind außerordentlich restriktive und zeitaufwendige Regelungen, die strenggenommen für jede

– auch unwesentliche – Beteiligung gelten. Dabei sind – im Falle einer kommunalen Minderheitsbeteiligung – die Vertreter der Mehrheitseigner, sofern der Gesellschaftsvertrag nicht etwas anderes bestimmt, nicht gezwungen, die Kreditaufnahme bis zur Erteilung der Genehmigung für den kommunalen Anteilseigner zurückzustellen.

Ergänzend sei darauf hingewiesen, daß die Sicherung von Kommunalkreditkonditionen bei der Kreditaufnahme kommunaler Unternehmen in der Regel die Gewährung einer Bürgschaft (§ 104 Abs.2 GemO Rh-Pf; § 64 Abs. 2 ThürKO) durch die Kommune erfordert [→ Rz. 353ff.]. In dem Fall ist eine Genehmigung der Bürgschaft – und damit indirekt auch des zugrundeliegenden Kreditgeschäfts – notwendig.

Kapitel III
Praktische Fragen der Kreditpolitik

1. Zeitpunkt der Kreditaufnahme

1.1 Die Bedeutung der Zinsentwicklung

In der Mehrzahl der Kommunen erfolgt die Kreditaufnahme nach wie vor im Zeitpunkt des aktuellen Liquiditätsbedarfs [so ausdrücklich → Anhang 3 Ziff. 3a]. Maßgeblich war und ist die Überlegung, daß diese Strategie einerseits ohne Risiko, andererseits mit wenig Aufwand verbunden ist. Einen wirtschaftlich eindeutig bestimmbaren richtigen Zeitpunkt für eine Kreditaufnahme gibt es jedoch nicht. Ob eine Kreditaufnahme

215

- vor dem eigentlichen Liquiditätsbedarf (Vorratskreditaufnahme)
- im Zeitpunkt des Liquiditätsbedarfs (zeitgleiche Kreditaufnahme)
- erst nach dem Liquiditätsbedarf (spätere Kreditaufnahme mit vorläufiger Zwischenfinanzierung)

erfolgt, hängt von einer Reihe von Faktoren ab, die jeweils im Einzelfall bewertet werden müssen. Maßgeblich ist zunächst die Entwicklung des Liquiditätsbedarfs im Verlauf des Haushaltsjahres. Dies ist eine in der kommunalen Praxis keineswegs eindeutig zu beantwortende Frage, da eine präzise Prognose der Zahlungsein- und Zahlungsausgänge nicht durchgängig möglich ist. Zwar gibt es viele zeitlich und der Höhe nach zu fixierende Zahlungsvorgänge in der Kommunalverwaltung; hierzu zählen z.B.

auf der Ausgabenseite

- die Personalausgaben
- der Schuldendienst
- die Umlagezahlungen an andere Gebietskörperschaften und Zweckverbände

auf der Einnahmeseite

- die Grundbesitzabgaben
- die Schlüsselzuweisungen
- der Einkommensteueranteil
- der Umsatzsteueranteil

Demgegenüber sind andere Zahlungsvorgänge zeitlich und/oder quantitativ nicht oder nur schwer vorauszuschätzen. Auf der Einnahmeseite ist z.B. das Gewerbesteueraufkommen zeitlich auf die quartalsweisen Zahlungstermine konzentriert, seine Höhe schwankt jedoch im Jahresverlauf auf Grund von Nachzahlun-

216

gen, der nachträglichen Anpassung von Vorauszahlungen oder von Erstattungsansprüchen nicht selten beträchtlich. Zweckgebundene Zuweisungen, insb. für Investitionen, sind zwar auf Grund der Bewilligungsbescheide der Höhe nach bekannt, der Auszahlungszeitpunkt hingegen nicht. Dies liegt nicht zuletzt daran, daß auch die Ausgaben für investive Maßnahmen einen sehr unregelmäßigen Verlauf zeigen. Die Qualität der Liquiditätsvorausschau wird indes auch dadurch bestimmt, ob innerhalb der Verwaltung Auszahlungsanforderungen oder erwartete Einnahmen rechtzeitig mitgeteilt werden.

217 Im Ergebnis wird eine präzise Liquiditätsplanung für ein gesamtes Haushaltsjahr im Voraus kaum möglich sein. Bei der Festlegung des Liquiditätsbedarfs ist daher von bestimmten Unwägbarkeiten auszugehen. Diese können zum einen auf Grund der Erfahrungen der Vergangenheit eingegrenzt werden; gleichwohl wird darüber hinaus stets eine bestimmte Reserve für unvorhergesehene Ereignisse in der Liquiditätsplanung zu berücksichtigen sein. Je genauer allerdings der Liquiditätsbedarf vorausgeschätzt werden kann, umso günstiger lassen sich Zinsbelastungen bzw. Zinserträge der Kommune gestalten. Vermehrt gehen Kommunen daher dazu über, sich bei ihrer Liquiditätsplanung EDV-gestützter Verfahren zu bedienen.

218 Das zweite wichtige Kriterium für die Entscheidung über den Zeitpunkt der Kreditaufnahme ist die Höhe und die erwartete Entwicklung des Zinssatzes. Um dies beurteilen zu können, bedarf es der laufenden Kapitalmarktbeobachtung durch die Kommune; hierzu wird sie zweckmässigerweise die Beratung durch Kreditinstitute nutzen. Bei einem erwarteten Zinsanstieg ist die Vorratskreditaufnahme zu erwägen; umgekehrt kann bei einem zu erwartenden Zinsrückgang die vorübergehende Deckung des Liquiditätsbedarfs durch einen Kassenkredit in Betracht gezogen werden. In dem Fall würde der Kassenkredit zu einem späteren – auf Grund der Zinsentwicklung vermuteten günstigsten – Zeitpunkt fundiert, d.h. durch einen mittel- oder langfristigen Kredit [→ Rz. 55] ersetzt. Ob diese Möglichkeiten in Anspruch genommen werden sollten, ist in erster Linie abhängig von der Zinsdifferenz zwischen dem Zeitpunkt der Kreditaufnahme und dem Zeitpunkt des Liquiditätsbedarfs.

Übersicht 14a: Vorratskreditaufnahme

1. Beispiel – Vorratskreditaufnahme	
Ratenkredit über 10 Jahre	
Kreditbetrag:	1.000.000 DM
Zinssatz bei Kreditaufnahme:	6 %
Kreditaufnahme am 1.1. des Haushaltsjahres	
Liquiditätsbedarf am 31.12. des Haushaltsjahres	
Zinssatz am 31.12.:	7 %

Zeitpunkt der Kreditaufnahme

Jahr	Vorratskreditaufnahme			Zeitgleiche Kreditaufnahme	
	Zinszahlung	Abzinsungsfaktor	Barwert	Zinszahlung	Barwert
1	60.000	1	60.000	0	0
2	54.000	0,9346	50.468	70.000	65.421
3	48.000	0,8734	41.923	63.000	55.024
4	42.000	0,8163	34.285	56.000	45.713
5	36.000	0,7629	27.464	49.000	37.382
6	30.000	0,7130	21.390	42.000	29.946
7	24.000	0,6663	15.991	35.000	23.321
8	18.000	0,6228	11.210	28.000	17.438
9	12.000	0,5820	6.984	21.000	12.222
10	6.000	0,5439	3.263	14.000	7.615
11	0	0,5083	0	7.000	3.558
Summe			272.978		297.640

Barwert (Abzinsungsfaktor 7 %) der Zinszahlungen bei Vorratskreditaufnahme zum 1. 1. des Haushaltsjahres: 272.978 DM

Barwert (Abzinsungsfaktor 7 %) der Zinszahlungen bei Kreditaufnahme zum Zeitpunkt des Liquiditätsbedarfs am 31. 12. des Haushaltsjahres: 297.640 DM

Barwertdifferenz: 24.662 DM

In diesem – aus Vereinfachungsgründen auf einen Zeitraum von 12 Monaten bezogenen – Beispiel erweist sich die Vorratskreditaufnahme mithin als vorteilhaft. Dies gilt umso mehr, als während des Jahres die durch die Kreditaufnahme zugeflossene Liquidität ertragbringend angelegt werden kann. Umgekehrt sind bei einer späteren Umwandlung eines Kassenkredits in einen längerfristigen Kredit die dann zu leistenden Überbrückungszinsen zu berücksichtigen:

Übersicht 14b: Vorfinanzierung durch Kassenkredit

2. Beispiel: Vorläufige Finanzierung über einen Kassenkredit	
Ratenkredit über 10 Jahre	
Kreditbetrag:	1.000.000 DM
Zinssatz bei Kreditaufnahme:	6 %
Kreditaufnahme am 31. 12. des Haushaltsjahres	
Liquiditätsbedarf am 1. 1. des Haushaltsjahres	
Zinssatz am 1. 1.:	7 %

Praktische Fragen der Kreditpolitik

Jahr	Nachträgliche Kreditaufnahme			Zeitgleiche Kreditaufnahme	
	Zinszahlung	Abzinsungsfaktor	Barwert	Zinszahlung	Barwert
1	0	1	0	70.000	70.000
2	60.000	0,9346	56.076	63.000	58.879
3	54.000	0,8734	47.164	56.000	48.910
4	48.000	0,8163	39.182	49.000	40.000
5	42.000	0,7629	32.046	42.000	32.041
6	36.000	0,7130	25.668	35.000	24.955
7	30.000	0,6663	19.989	28.000	18.656
8	24.000	0,6228	14.947	21.000	13.079
9	18.000	0,5820	10.476	14.000	8.146
10	12.000	0,5439	6.527	7.000	3.807
11	6.000	0,5083	3.050		
Summe	0		255.125		318.473

Barwert der Zinszahlungen bei nachträglicher Kreditaufnahme zum 31. 12. des Haushaltsjahres: 255.125 DM

Barwert der Zinszahlungen bei Kreditaufnahme zum Zeitpunkt des Liquiditätsbedarfs am 1. 1. des Haushaltsjahres: 318.473 DM

Barwertdifferenz: 63.348 DM

220 Auch in diesem Beispiel erweist sich eine vom Zeitpunkt des Liquiditätsbedarfs abweichende Kreditaufnahme zunächst als vorteilhaft. Allerdings gilt dies nur, sofern die für den Überbrückungszeitraum zu leistenden Kassenkreditzinsen nicht höher ausfallen als die Barwertdifferenz. Es darf jedoch nicht übersehen werden, daß selbst kurzfristige Zinsprognosen mit erheblichen Unsicherheiten behaftet sind. Lange Zeiträume – wie hier zur Veranschaulichung gewählt – zwischen dem Zeitpunkt des Liquiditätsbedarfs und dem Zeitpunkt der Kreditaufnahme lassen sich kaum prognostizieren. Insofern wird eine einfache Entscheidung für eine Vorratskreditaufnahme oder einen kurzfristigen Vorfinanzierungskredit schwer zu treffen sein. Deshalb ist der Einsatz derivater Finanzinstrumente verstärkt ins Blickfeld gerückt.

1.2 Der Einsatz von Derivaten zur Zinsoptimierung

221 Mit der Entscheidung über die Kreditaufnahme und die Zinsbindungsfrist hat die Gemeinde im klassischen Kommunalkredit keine weiteren Möglichkeiten, aktiv auf die Schuldendienstzahlungen für dieses Kreditgeschäft einzuwirken. Dies ist ihr erst wieder nach Auslaufen der Zinsbindungsfrist im Zuge von Verhandlungen über eine Umschuldung möglich. Bei den derzeit – in Anbetracht historisch niedriger Zinsen – sehr langen Zinsbindungsfristen von oft weit mehr als 10 Jahren ist

Zeitpunkt der Kreditaufnahme

die Kommune mithin für viele Jahre gebunden, allerdings auch haushaltswirtschaftlich gesichert. Eine Auflösung bestehender Zinsbindungen, z.B. um ein gesunkenes Zinsniveau zur Minderung des Zinsaufwandes zu nutzen, ist trotz der entsprechenden haushaltsrechtlichen Vorgaben [→ Rz. 269ff.] nicht unproblematisch, zumal der Kreditgeber nach einem Urteil des BGH aus dem Jahre 1997 Anspruch auf eine Vorfälligkeitsentschädigung hat.

Vor diesem Hintergrund sind in den letzten Jahren zahlreiche derivative Finanzinstrumente für den kommunalen Bereich entwickelt worden, die ursprünglich in der Privatwirtschaft – vor allem im grenzüberschreitenden Warenverkehr – Anwendung gefunden haben. Ihnen liegt der Gedanke zugrunde, auch für laufende Kreditverpflichtungen eine Zinsoptimierung aus der Sicht des Kreditschuldners, d.h. der Kommune, zu erreichen. Voraussetzung dafür sind bestimmte Zinserwartungen der Kommune für die Zukunft; wird für die Laufzeit mit einem höheren als im Kreditvertrag vereinbarten Zins gerechnet, ist eine Zinsoptimierung für diesen Kredit nicht möglich. Eine derartige Prognose wird jedoch – gerade für lange Laufzeiten – kaum möglich sein, so daß in aller Regel von Zinsschwankungen um den vereinbarten Zins herum auszugehen ist. 222

1.2.1 Der Swap

Der Swap ist das häufigste Instrument für derivative Finanzgeschäfte, um Zins- und Währungsgeschäfte abzusichern. Unter einem Zins-Swap versteht man eine Vereinbarung über einen Zinstausch (fest gegen variabel oder umgekehrt) auf Basis eines fiktiven Kapitalbetrages, bezogen auf einen bestimmten Zeitraum. In den hier betrachteten Fällen geht es darum, den variablen Zins durch einen Festzins zu ersetzen; dabei fungiert als Basis für den variablen Zins z.B. der Euribor oder der Libor (Schaubild 16). Aus Sicht der Kommune werden das eigentliche Kreditgeschäft und die Zinsvereinbarung voneinander getrennt. Während auf den Kredit ein variabler Zins zu zahlen ist, wird durch das Swapgeschäft ein fester Zins gesichert. Dabei können Kreditgeber und Swappartner durchaus unterschiedliche Institutionen sein. 223

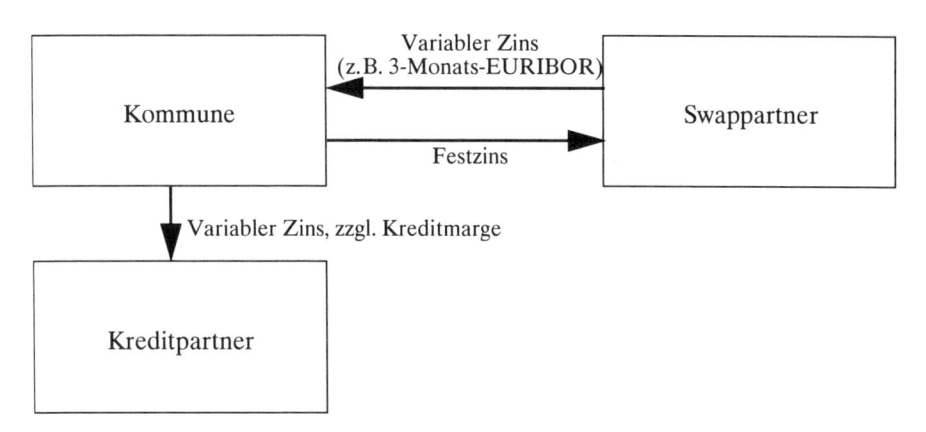

Schaubild 16: Grundzüge des Swap

224 Der Abschluß eines solchen Zinssicherungsgeschäfts ist für die Kommune dann von Vorteil, wenn der künftige Marktzins den vereinbarten Festzins übersteigt. Insofern bleibt stets ein gewisses Risiko der Fehleinschätzung der Marktentwicklung, so daß der Kommune die Chance entgeht, sich in Zukunft zu einem noch günstigeren als dem vereinbarten Zinssatz zu finanzieren.

225 Der Einsatz eines Swap ist sowohl bei Neuaufnahme eines Kredits als auch zur Ergänzung eines bereits laufenden Kredits möglich. Dies läßt sich deshalb realisieren, weil es sich um zwei Rechtsgeschäfte handelt. Die Laufzeit des Swaps kann in Abhängigkeit der Markteinschätzung individuell vereinbart werden. Ferner besteht die Möglichkeit, bei Änderung der Zinsmeinung den bestehenden Swap durch einen Gegenswap in seiner Wirkung aufzulösen; das Kreditgeschäft selbst bleibt davon unberührt.

Übersicht 15: Derivative Finanzinstrumente

Swap	Austausch von Zinszahlungen über einen festgelegten Zeitraum; die eine Partei zahlt einen festen, die andere Partei einen variablen Zins, der sich an einem Referenzzins orientiert
Forward Swap	Terminvereinbarung auf den Abschluß eines genau spezifizierten Swaps
Swaption	Option auf ein Swap-Geschäft
Cap	Zinsobergrenze für den variablen Zins
Floor	Zinsuntergrenze für den variablen Zins
Collar	Kombination von Cap und Floor

226 Im übrigen können im Zusammenhang mit einem Swap auch Sicherungen gegen allzu starke Zinsausschläge vereinbart werden. So sind Regelungen über Zinsobergrenzen („Caps") und über Zinsuntergrenzen („Floors") nicht unüblich. Mit dem „Cap" vermeidet der Kreditschuldner das Überschreiten des von ihm zu zahlenden variablen Zinses über ein von ihm als Maximum angesehenen Satz, während sich umgekehrt der Kreditgläubiger mit einem „Floor" gegen ein allzu starkes Absinken des variablen Zinses sichert. Im Falle der Anlage von liquiden Mitteln sind die Positionen entsprechend umgekehrt zu betrachten. Da „Caps" und „Floors" nichts anderes als eine Art Versicherung sind, müssen hierfür entsprechend Prämien vereinbart werden.

227 Der Gedanke, mit Swap-Operationen variable und flexible Kreditkonditionen für die Kommunen zu erreichen, erinnert an die früher nicht unüblichen variabel verzinslichen Kommunaldarlehen, die insb. vom Sparkassensektor angeboten wurden. Sie waren allerdings weit weniger flexibel, da Zinsvereinbarung und Kredit ein einheitliches Rechtsgeschäft darstellten. Variabel verzinsliche Kredite konnten – bei steigenden Zinsen – zu einem erheblichen Haushaltsrisiko werden, da der

Zeitpunkt der Kreditaufnahme

Schuldendienst auch ohne weitere Neuverschuldung stieg. Zwar gab es die Möglichkeit, mit der Neufestsetzung der Zinsen das Darlehen zu kündigen; allerdings ergab sich dann die Notwendigkeit der kompletten Umschuldung. Der Swap hingegen erlaubt eine separate Steuerung der Zinslast aus einem Darlehen, ohne die Liquidität aus der Kreditvereinbarung selbst zu tangieren.

1.2.2 Der Forward-Swap

Ein zweites Einsatzfeld für derivative Finanzinstrumente ist die Umschuldungsplanung. Je nach Markteinschätzung kann es wirtschaftlich zweckmässig sein, bereits zu einem Zeitpunkt vor Auslaufen der Zinsbindungsfrist die neuen Konditionen für die Umschuldung zu fixieren. Auch hierzu dient wiederum ein Swap-Geschäft, das in diesem Fall auf Termin, d.h. für die Zukunft abgeschlossen wird. Sofern das auf diese Weise zu sichernde Zinsniveau unterhalb der für den Umschuldungszeitpunkt erwarteten Zinsprognose liegt, wird damit ein Zinsvorteil erreicht, zugleich Planungssicherheit für die Zukunft gegeben. Dies ist nicht unerheblich gerade für Gebührenhaushalte, bei denen sich alle Finanzierungsrisiken direkt oder mit Zeitverzögerung auf die Gebührenkalkulation auswirken. *228*

Eine sofortige Entlastung wird erreicht, wenn aus dem für die Restbindungsfrist des Darlehens und dem später für den Forward-Swap zu zahlenden Zins ein Mischsatz gebildet wird, der sofort Gültigkeit erlangt. Dies kann gerade für bestehende hochverzinsliche Darlehen von besonderem Interesse sein. Dabei werden die Zinsverpflichtungen bis zum Auslaufen der Zinsbindungsfristen durch den Swappartner abgedeckt, während die Kommune ihm den vereinbarten niedrigeren (Misch-) Zins zahlt. Nach Ende der Zinsbindungsfrist setzt dann für den umgeschuldeten Kredit ein reguläres Swapgeschäft oder aber auch ein klassischer Kommunalkredit ein, wofür dann allerdings auch der (jetzt höhere) Mischzins gilt (Schaubild 17). *229*

Für einen Kredit, der 1992 aufgenommen wurde, ist ein mittlerweile als hoch anzusehender Zins zu zahlen. Noch vor Auslaufen der Zinsbindungsfrist wird ein neuer Vertrag mit einem Kreditinstitut geschlossen, der dann eine Laufzeit von mehr als 10 Jahren hat. Bis 2002 wird der bestehende Kredit durch den neuen Kreditgeber bedient, die Kommune zahlt in dieser Zeit einen Zins, der zwischen dem ursprünglichen Zins und dem Zins für einen Forward-Swap liegt (Misch-Zins). In diesem Zeitraum hat die Kommune einen definitiven Zinsvorteil; dafür zahlt sie ab 2002 einen höheren Zins, als wenn sie nur eine Zinsvereinbarung für den Zeitraum 2002–2012 getroffen hätte. Vor Abschluß einer derartigen, zum aktuellen Zeitpunkt entlastenden Vereinbarung, ist indes eine sorgsame Abwägung der über die gesamte Vertragslaufzeit entstehenden Verpflichtungen erforderlich. *230*

Im übrigen ist eine vergleichbare Vereinbarung selbstverständlich auch für eine in Zukunft beabsichtigte neue Kreditaufnahme anzuwenden (Forward Credit), für die dann natürlich kein Mischzins, sondern der jeweilige Forward Swap vereinbart wird. In dem Fall dürfte es sich jedoch anbieten, lediglich eine Option auf einen Swap („Swaption") einzugehen, da in der Regel nicht sicher ist, ob und zu welchem Zeitpunkt der Kredit schließlich benötigt wird. Ergänzend können aber auch Zwischenfinanzierungvereinbarungen getroffen werden. Dies wird vor allem im Zusammenhang mit Sonderfinanzierungen [→ Kap. IV] von Bedeutung sein. *231*

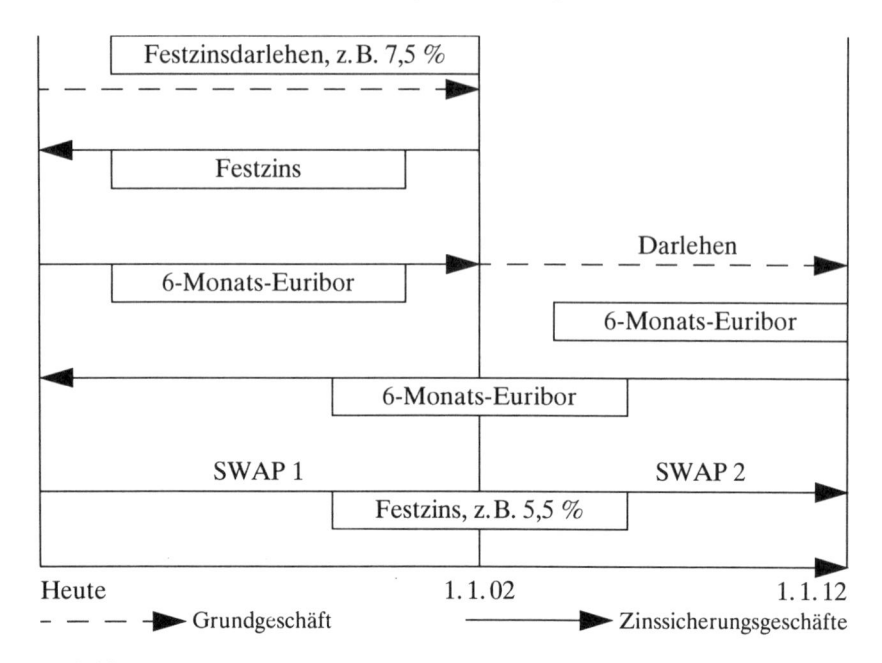

Schaubild 17: Frühzeitige Umschuldungsfinanzierung (Altdarlehen mit einer
Laufzeit bis 1.1.2002)
Quelle: Landesbank Rheinland-Pfalz

1.2.3 Haushaltsrechtliche Einordnung

232 Derivative Finanzinstrumente lassen sich nicht ganz einfach in das haushaltsrechtliche Regelwerk einfügen. Sie sind selbst keine Kreditgeschäfte, fallen mithin nicht unter die einschlägigen Vorschriften der Krediterlasse. Sie sind vielmehr ein Teil der Konditionenvereinbarung. Insofern ist es nur folgerichtig, wenn bereits 1995 das Land Bayern eine Genehmigungspflicht verneint hat, allerdings im Hinblick auf die noch mangelnden Erfahrungen mit derartigen Geschäften eine Anzeige bei der Aufsichtsbehörde fordert. Andere Bundesländer hatten sich zunächst abwartend verhalten, mittlerweile wird offenbar der Einsatz derivativer Finanzinstrumente weitgehend ähnlich bewertet. In einem Punkt gibt es zwischen allen Bundesländern allerdings Einvernehmen: derivative Finanzinstrumente sind nur im Zusammenhang mit Kreditoperationen zulässig, spekulative Geschäfte sind zu Recht ausgeschlossen.

233 Angesichts des Interesses an solchen Lösungen, die auf Länderebene – nach eigenem Bekunden – erhebliche Vorteile gebracht haben sollen, ist eine rasche Klärung der offenen Rechtsfragen wünschenswert. Dies gilt auch für das Problem, ob der Abschluß derivativer Geschäfte zu den Angelegenheiten der laufenden Verwaltung zählt. In der Tendenz scheinen die Aufsichtsbehörden diese Frage zu verneinen und einen Ratsbeschluß für erforderlich zu erachten. Allerdings wird dies

wohl auch vom Umfang, von der Art und der Bedeutung des jeweiligen Kreditgeschäfts und der Fristen für die Entscheidung abhängen. Unabhängig davon erfordert der Einsatz von Derivatgeschäften einschlägige Kenntnisse in der Verwaltung.

Der Einsatz derivativer Finanzinstrumente ist – in einem gemeinsamen europäischen Währungsraum – nicht losgelöst von den Entwicklungen in den europäischen Nachbarländern zu betrachten. Bereits heute ist ihre Nutzung in Frankreich nicht nur gesetzlich zulässig, sondern tatsächlich auch verbreitet. In anderen Ländern, so in Skandinavien oder in Südeuropa sind Derivate auf staatlicher Ebene gängig, für die kommunale Seite hingegen unüblich bzw. – wie in Italien – untersagt.

1.3 Zeitliche Verteilung von Zahlungsterminen

Ein weiterer Gesichtspunkt für die Wahl des Zeitpunkts der Kreditaufnahme ist *234* die daraus resultierende zeitliche Verteilung der künftigen Schuldendienstzahlungen. Hierbei wird darauf zu achten sein, daß einerseits nicht zuviele unterschiedliche Zahlungstermine anfallen, um damit eine gewisse Verwaltungsvereinfachung zu erreichen. Andererseits sollten die Zahlungstermine so gewählt werden, daß sie zu keinen vorübergehenden Liquiditätsengpässen führen. Da viele kommunale Einnahmen, namentlich die Grundbesitzabgaben, die Gewerbesteuer, der Anteil an der Einkommensteuer und die Schlüsselzuweisungen, quartalsweise – z.T. allerdings zeitversetzt – eingehen, könnte die Konzentration der Schuldendienstzahlungen auf nur einen Termin zu Liquiditätsproblemen führen, da die laufenden Ausgaben ebenfalls regelmäßig geleistet werden müssen.

Die in diesem sehr einfachen Beispiel (→ Schaubild 18) dargestellte Konzentration der Schuldendienstzahlungen auf einen – zudem von der Liquiditätsentwicklung her betrachtet ungünstigen – Termin führt zu einem erheblichen Liquiditätsengpass am Jahresende. Eine Verteilung der Schuldendienstzahlungen auf zwei oder mehr Zahlungstermine könnte das Problem beheben. Dies kann erreicht werden durch *235*

- die Vereinbarung mehrerer Zahlungstermine im jeweiligen Kreditvertrag (halbjährlich, vierteljährlich) [→ Rz. 255]
- unterschiedliche Zeitpunkte der Einzelkreditaufnahme

Die zweite Strategie kann sowohl durch zeitlich versetzte Variation der Kreditaufnahme zwischen einzelnen Haushaltsjahren als auch im Wege der ratierlichen Kreditaufnahme während eines Jahres verfolgt werden. Eine ratierliche Kreditaufnahme, d.h. die Aufteilung des für das Jahr vorgesehenen Gesamtbetrags in mehrere Tranchen, kommt allerdings nur für ein größeres Kreditvolumen in Betracht; die Einzelbeträge sollten zumindest nicht geringer als 1 Mio. DM sein. Bei geringem Kreditvolumen ist die Aufteilung in mehrere Einzelbeträge für die Schuldenverwaltung der Kommune vermutlich zu aufwendig und u.U. mit ungünstigeren Konditionen am Kapitalmarkt verknüpft, so daß sich die ratierliche Kreditaufnahme dann nicht empfiehlt.

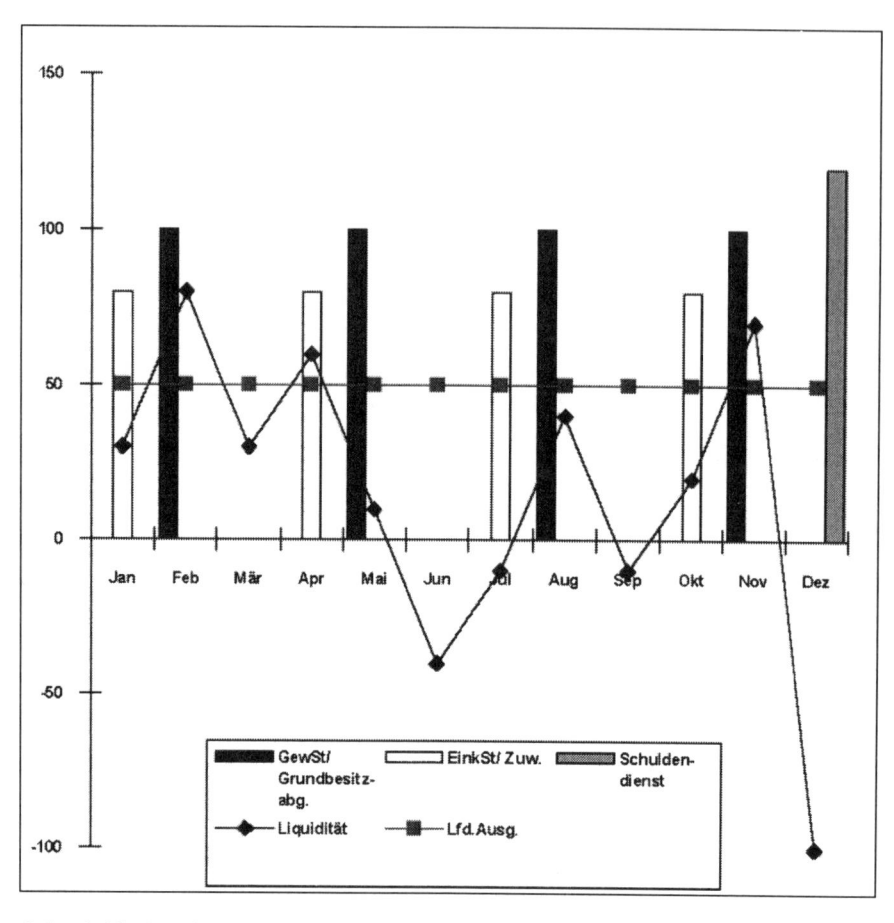

Schaubild 18: Schuldendienst und Liquiditätsentwicklung

2. Laufzeit und Umschuldung
2.1 Zinsbindungsfristen und Tilgungszeitraum

236 In Anbetracht der engen Bindung der Kreditaufnahme an die Investitionstätigkeit sollte die durch den Tilgungszeitraum definierte Laufzeit langfristig sein [→ Anhang 1 Ziff. 3.2; Anhang 2 Ziff. 4.5], d.h. zumindest 10 Jahre betragen [→ Rz. 53ff.]. Mit dem in der kommunalen Kreditwirtschaft üblichen Annuitätendarlehen mit einem Tilgungssatz von 1 % zuzüglich ersparter Zinsen entscheidet sich die Kommune für eine Tilgung des Darlehens in einem Zeitraum von – je nach Zinssatz – 30 und mehr Jahren. Auch bei einem Tilgungssatz von 2 % beträgt die Laufzeit noch etwa 20–25 Jahre. Die Lebensdauer der Mehrzahl kommunaler Investitionen, insb. der baulichen Einrichtungen dürfte zwar deutlich höher liegen; gleichwohl kann ein Tilgungszeitraum von etwa 20 bis gut 30 Jahren als angemessen bezeichnet werden.

Laufzeit und Umschuldung

Übersicht 16: Laufzeit eines Annuitätendarlehens (in Jahren)

Tilgungssatz	Zinssatz		
	6 %	7 %	8 %
1 %	33	31	29
2 %	24	22	21
3 %	19	18	17
4 %	16	15	14
5 %	14	13	12

Kürzere Tilgungsfristen haben finanzwirtschaftlich zwar den Vorteil, daß die Schuldendienstbelastungen rascher abgebaut werden; so ist ein Annuitätendarlehen mit einem Tilgungssatz von 5 % zuzüglich ersparter Zinsen vergleichsweise schnell getilgt. Andererseits erhöht sich aber der jährlich zu leistende Tilgungsbetrag und damit die für den Haushaltsausgleich erforderliche Pflichtzuführung aus dem Verwaltungs- an den Vermögenshaushalt. Dies ist z.B. ein Merkmal des Bauspardarlehens [→ Rz. 325 ff.]. Eine derartige Anspannung wird die Haushaltswirtschaft in vielen Städten und Gemeinden, angesichts der vielfach bereits jetzt unausgeglichenen Haushalte, oft nicht tragen können. 237

Eine weitere Entscheidung ist hinsichtlich der Zinsbindungsfristen zu treffen. Grundsätzlich sollten zwar langfristige Zinsbindungen als ein Beitrag zur Stetigkeit der Haushaltswirtschaft gewählt werden [→ Anhang 2 Ziff. 4.8]. Als Richtwert wird eine Untergrenze von 5 Jahren angesehen [→ Anhang 1 Ziff. 3.3.1]. Ob aber eine langfristige Zinsbindung wirtschaftlich vertretbar ist, hängt zum ersten von der Höhe des Zinsniveaus, zum zweiten aber auch von seiner erwarteten Entwicklung ab. Dazu bedarf es der laufenden Beobachtung des Kapitalmarkts durch die Kommune. So dürfte in der Hochzinsphase in Erwartung mittelfristig sinkender Zinsen eine kürzere Zinsbindungsfrist anzustreben sein. Demgegenüber sollte bei niedrigen Zinsen – deren Niveau dann auch nicht dauerhaft unterschritten wird – eine möglichst lange Festschreibung des vereinbarten Zinssatzes, ggf. auch über 10 Jahre hinaus, gesucht werden. Das hängt selbstverständlich auch davon ab, ob längere Zinsbindungsfristen überhaupt angeboten werden; bei der derzeit als relativ stabil angesehenen Situation am Kapitalmarkt sind Zinsbindungen von deutlich mehr als 10 Jahren am Markt zu erzielen. 238

Die Einstufung eines gegebenen Zinsniveaus als hoch bzw. niedrig ist nicht unproblematisch, da es dafür keinen verbindlichen Indikator gibt. Ausgehend von der in den letzten Jahrzehnten zu beobachtenden Durchschnittsverzinsung [→ Rz. 113] läßt sich jedoch formulieren (→ Schaubild 19), daß 239

- ein Zinssatz von deutlich unter 6 % als vergleichsweise niedrig,
- ein Zinssatz von deutlich über 8 % als vergleichsweise hoch

bezeichnet werden kann. Allerdings ist seit einigen Jahren das Zinsniveau so niedrig, daß auch Zinssätze von z.T. unter 5 % realisiert werden konnten. Ob diese Si-

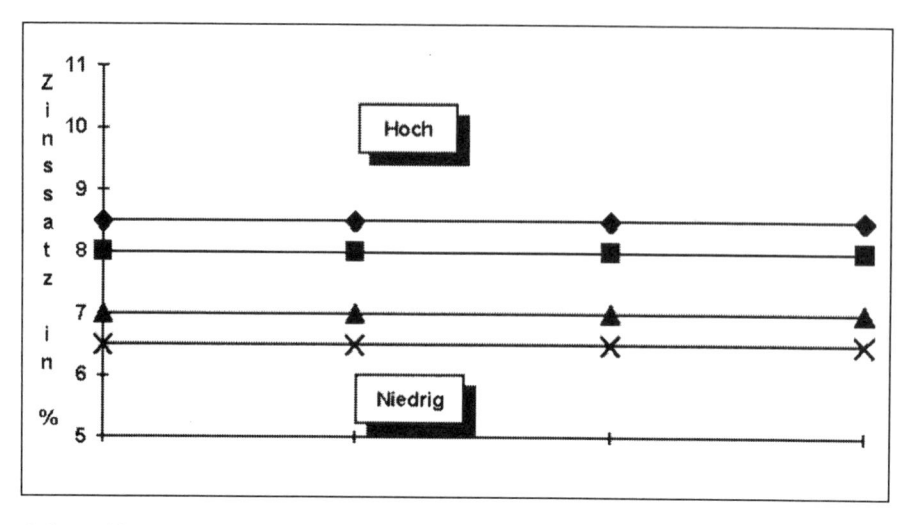

Schaubild 19: Hoch- und Niedrigzins

tuation dauerhaft bleiben wird, läßt sich indes nicht voraussagen; entscheidend wird dafür vor allem die Entwicklung der Inflationsrate sein.

2.2 Fragen der Umschuldungsplanung

240 Die Wahl der Zinsbindungsfrist ist aber auch abhängig von den Umschuldungserfordernissen in der kommunalen Haushaltswirtschaft. Laufen Zinsbindungsfristen vor der endgültigen Tilgung aus, so ist zu dem Zeitpunkt eine Prolongation oder Umschuldung des Kredits [→ Rz. 48] erforderlich. Hohe Umschuldungsbeträge bergen haushaltswirtschaftliche Risiken, da nicht vorhersehbar ist, ob zum Zeitpunkt der Umschuldung geringere oder höhere Zinsen realisiert werden. Sind in einer Niedrigzinsphase Kreditaufnahmen in größerem Umfang getätigt worden, deren Zinsbindung zum gleichen Termin endet, kann die Haushaltswirtschaft allein auf Grund eines zum Zeitpunkt der Umschuldung höheren Zinsniveaus mit erheblichen Mehrbelastungen konfrontiert sein.

Übersicht 17: Kreditaufnahme und Umschuldung

Jahr	Betrag	Zinsbindungsfrist
1	5.000.000 DM	11 Jahre
2	10.000.000 DM	10 Jahre
3	5.000.000 DM	12 Jahre
4	10.000.000 DM	8 Jahre
5	10.000.000 DM	10 Jahre

241 In dem dargestellten Beispiel konzentrieren sich die Umschuldungserfordernisse dann im 12. und 15. Jahr (→ Schaubild 20). Die Haushaltswirtschaft der Kom-

Laufzeit und Umschuldung

mune steht in diesen beiden Jahren vor erheblichen, nur aus der Laufzeitenstruktur der Kredite bedingten, Schwierigkeiten:

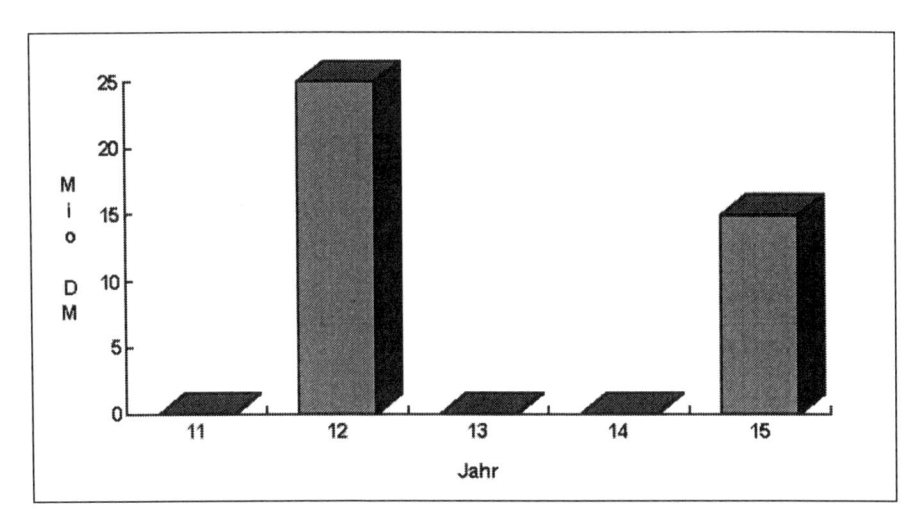

Schaubild 20: Konzentration von Umschuldungszahlungen

Diesem Aspekt ist bei der Wahl von Zinsbindungsfristen im Rahmen der Kreditaufnahme – soweit die erwartete Zinsentwicklung keine andere Entscheidung zwingend nahelegt – Rechnung zu tragen. Die Umschuldungserfordernisse sollten daher möglichst gleichmässig über die Haushaltsjahre verteilt werden, um die Zinsrisiken breit zu streuen. In dem Zusammenhang kann es durchaus geboten sein, frühzeitig im Wege des Forward-Swap [→ Rz. 228ff.] künftige Kreditkonditionen abzusichern, bzw. hohe Zinsbelastungen vorzeitig zu reduzieren. 242

Schließlich ist auf das Laufzeitenproblem im Zuge einer Umschuldung hinzuweisen. Wird ein Annuitätendarlehen mit einem Tilgungssatz von 1 % zuzüglich ersparter Zinsen durch einen neuen gleichartigen Kredit nach Ablauf einer Zinsbindungsfrist von z.B. 10 Jahren ersetzt, beginnt die Tilgung der – allerdings um die bisherigen Kreditbeträge verminderten – Kreditsumme von neuem (→ Schaubild 21). Der neue Kredit wäre dann wiederum erst nach etwa 30 Jahren zurückgezahlt. 243

Da er aber nur einen bereits früher aufgenommenen Kredit ersetzt, verlängerte sich der Tilgungszeitraum auf etwa 40–45 Jahre, bzw. – da auch künftig mit Umschuldungen zu rechnen ist – auf einen noch längeren Zeitraum. Diese Form der Tilgungsstreckung würde nicht nur die durchschnittlichen Laufzeiten verlängern, sondern auch eine Kumulierung noch nicht zurückgezahlter Kredite zur Folge haben. Darüber hinaus würde auf Grund der zunächst wieder niedrigen Tilgungsbeträge die Pflichtzuführung an den Vermögenshaushalt vorübergehend sinken. Damit würde möglicherweise haushaltsrechtlich ein zusätzlicher – finanzwirtschaftlich indes problematischer – Kreditspielraum eröffnet. 244

Vor diesem Hintergrund ist es konsequent, wenn in einzelnen Bundesländern darauf verwiesen wird, daß im Rahmen der Umschuldung der Zeitpunkt der end- 245

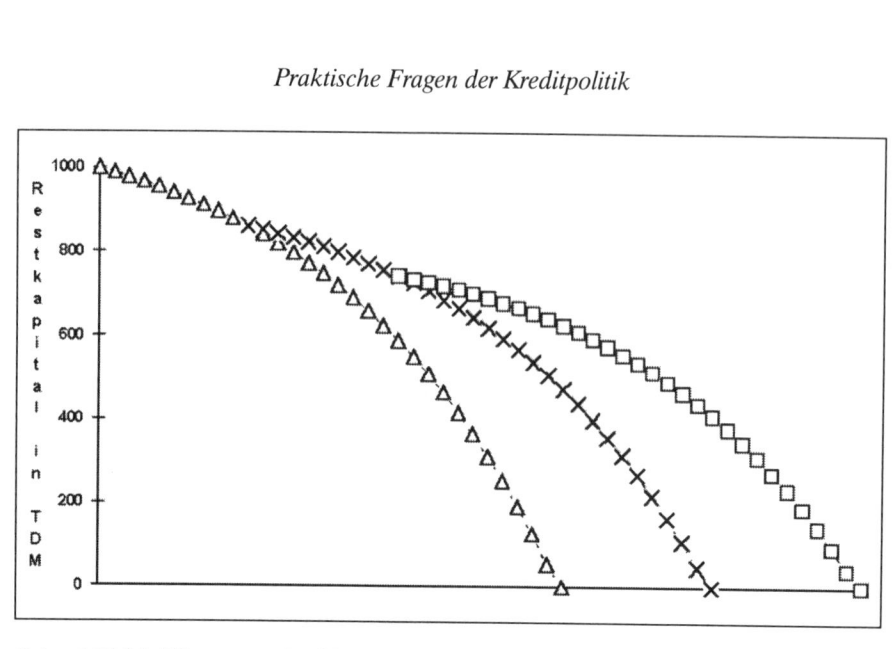

Schaubild 21: Tilgungsverlauf bei Tilgungsstreckung
(Ursprungskapital 1 Mio. DM)

gültigen Tilgung nicht verändert wird [→ Anhang 1 Ziff. 3.3.1]. Dies setzt einen entsprechend höheren Tilgungssatz voraus. Nach 10 Jahren ist der Tilgungssatz dann etwa doppelt, nach 20 Jahren etwa viermal so hoch anzusetzen wie bei Vertragsbeginn vereinbart.

3. Kreditkonditionen

246 Zins und Tilgung sind nicht die einzigen im Kreditvertrag festzulegenden Konditionen (→ Übersicht 19 Ziffer 1). Darüber hinaus sind Bestimmungen zu treffen über

- den Auszahlungskurs
- Tilgungsfreijahre
- Zinszahlungsfreijahre
- die Zahlungstermine für den Schuldendienst
- sonstige Nebenleistungen wie Gebühren, Provisionen o.ä.

Erst im Zusammenwirken aller Faktoren können Kreditangebote bewertet werden. Hierfür ist das Instrument der Effektivzinsberechnung entwickelt worden, das – mit Ausnahme einmaliger Nebenleistungen wie Provisionen oder Gebühren – alle Kreditkonditionen in einer Größe abbildet. Aus dem Vergleich der Effektivzinsen läßt sich dann auch die Wirtschaftlichkeit einzelner Kreditangebote ableiten [→ Anhang 1 Ziff. 3.1; Anhang 2 Ziff. 4.4].

Kreditkonditionen

3.1 Auszahlungskurs

Zwischen der im Kreditvertrag benannten Kreditsumme und dem tatsächlich ausgezahlten Betrag kann es – auf Grund besonderer Vereinbarung – Unterschiede geben. Der Auszahlungsbetrag kann höher (Agio) oder niedriger (Disagio) als die Kreditsumme festgesetzt werden; der Auszahlungskurs ist dann beim Agio größer, beim Disagio geringer als 100 %. Für den Schuldendienst maßgeblich bleibt die im Kreditvertrag vereinbarte Kreditsumme. Dementsprechend sind die Einnahmen aus Krediten in Höhe der Rückzahlungsverpflichtung zu veranschlagen (§ 14 Abs. 1 GemHVO Rh-Pf; § 14 Abs. 1 ThürGemHV). Agio bzw. Disagio bedürfen des gesonderten Ausweises im Haushalt. Da es sich um dem Kredit zugehörige Beträge handelt, werden sie im Vermögenshaushalt veranschlagt. Zins und Tilgung für den aufgenommenen Kredit sind stets auf der Basis von 100 % zu leisten. Das Disagio kann – auch wenn es haushaltsrechtlich dem Vermögenshaushalt zugeordnet wird – als Vorauszahlung auf die Verzinsung, das Agio als Zusatzkredit bezeichnet werden. Der Nominalzins dürfte daher in aller Regel beim Agio höher, beim Disagio niedriger ausfallen als bei einem Kredit mit einem Auszahlungskurs von 100 %, sofern die übrigen Kreditbedingungen unverändert bleiben. *247*

Das Disagio kann mithin dazu dienen, den Nominalzins niedriger festzusetzen [→ Anhang 1a Ziff. 2.3; Anhang 2 Ziff. 4.6]. Finanzwirtschaftlich ist dies solange unerheblich, wie die Effektivverzinsung eines Kredits mit Disagio der eines zu 100 % ausgezahlten Kredits entspricht. So ist ein Nominalzins eines Annuitätendarlehens mit 1 %iger Tilgung von 7 % bei 100 %iger Auszahlung einem Nominalzins von etwa 6,5 % bei 95 %iger Auszahlung, d.h. einem Disagio von 5 %, gleichzusetzen. Haushaltswirtschaftlich werden die Zinsbelastungen zeitlich allerdings anders verteilt. Während das Disagio einmal im Jahr der Kreditaufnahme zu veranschlagen ist, sind in den Folgejahren die Zinszahlungen geringer als bei einem Kredit mit einem Auszahlungskurs von 100 %. *248*

Damit erhöht sich auch – soweit es sich um ein Annuitätendarlehen handelt – die Gesamtlaufzeit, da die endgültige Tilgung bei niedrigerem Zins später erfolgt. Da das Disagio im Jahr der Kreditaufnahme bei der Berechnung der Pflichtzuführung zu berücksichtigen ist, wird der Verwaltungshaushalt zu dem Zeitpunkt besonders beansprucht. Dem stehen die Entlastungen durch geringeren Zinsaufwand in den Folgejahren gegenüber; die Kommune muß mithin abwägen, ob sie die hohe Anfangsbelastung tragen will. Im übrigen muß sie über hinreichend Liquidität verfügen, um den durch das Disagio verringerten Liquiditätszufluß zu kompensieren. *249*

Auswirkungen eines Disagios

- Niedriger Nominalzins
- Geringerer Liquiditätszufluß im Vermögenshaushalt
- Hohe Einmalbelastung im ersten Jahr auf Grund der Veranschlagung des Disagios
- Geringere Zinsbelastung in den Folgejahren
- Längere Gesamtlaufzeit

250 Im Rahmen der Umschuldung ist selbstverständlich zu beachten, daß der Nominalzins bei sonst gleichen Bedingungen relativ höher ausfällt, wenn kein erneutes Disagio in Anspruch genommen wird. Soll der ursprüngliche Nominalzinsvorteil über die Gesamtlaufzeit eines Darlehens erhalten bleiben, ist bei jeder Umschuldung ein erneutes Disagio – in gleicher Relation wie im Ursprungsvertrag – zu vereinbaren. Aus diesem Grund wird das Disagio in den Krediterlassen der Bundesländer durchweg eher zurückhaltend beurteilt [→ Anhang 1 Ziff. 3.1; Anhang 2 Ziff. 4.6].

251 Während die Krediterlasse sich mit dem Fall des Disagios befassen, enthalten sie jedoch keine Hinweise auf das kreditwirtschaftlich ebenso mögliche Agio. Mit einem Agio wird der der Kommune zufließende Betrag höher, Zins und Tilgung hingegen bemessen sich wiederum nach der vereinbarten Kreditsumme. Damit nimmt die Kommune mehr Geld auf als durch den Kreditvertrag ausgewiesen. Im Jahr der Kreditaufnahme ist mithin der Mittelzufluß größer als bei einem zu 100 % ausgezahlten Darlehen; gleichzeitig wird in den Folgejahren der Verwaltungshaushalt auf Grund des höher festgesetzten Nominalzinses belastet. Die für den Fall des Disagios getroffenen Feststellungen gelten analog auch für mit einem Agio versehene Kredite.

252 Im Schuldenstand schlägt sich ein Agio – ebenso wie ein Disagio – nicht nieder, da die zu tilgende Schuld gegenüber einem Kredit mit einem Auszahlungskurs von 100 % unverändert ist. Insoweit erhebt sich die Frage, ob bei regelmäßiger Inanspruchnahme eines Agios die Verschuldungssituation einer Kommune zutreffend bewertet werden kann. Dabei ist auch zu prüfen, ob mit einem Agio nicht die durch die Kreditermächtigung gezogenen Grenzen überschritten werden können. Dies ist im Extremfall zumindest nicht auszuschließen, da das Agio ein über den Kredit hinausgehender Mittelzufluß an die Gemeinde ist, der sich lediglich in höheren Zinszahlungen, keiner höheren Verschuldung niederschlägt. Da die höheren Schuldendienstbelastungen die dauerhafte Leistungsfähigkeit der Gemeinde jedoch gefährden könnten, sollte das Instrument des Agios im Kommunalkredit außer Betracht bleiben.

3.2 Freijahre und Zahlungstermine

253 Je später die Tilgung eines Kredits einsetzt, umso geringer ist in den tilgungsfreien Jahren die Schuldendienstbelastung im Haushalt; dabei ist zu beachten, daß Tilgungsfreijahre durchweg nur bei Ratenzahlungskrediten gewährt werden. Der Tilgungsverzicht schlägt sich nicht nur vorübergehend im Vermögenshaushalt in Form entfallender Tilgungszahlungen, sondern auch im Verwaltungshaushalt in Gestalt einer geringer anzusetzenden Pflichtzuführung nieder. Sofern die Haushaltswirtschaft für einen begrenzten Zeitraum besonders angespannt ist, kann die Vereinbarung tilgungsfreier Jahre zweckmässig sein. Allerdings müssen haushaltswirtschaftliche Vorkehrungen getroffen sein, um auch bei Einsetzen der Tilgungspflicht den Haushaltsausgleich zu gewährleisten. Dies ist von besonderer Bedeutung, wenn tilgungsfreie Zeiten über den Zeithorizont der Finanzplanung hinausreichen, die zusätzlichen späteren Tilgungsbelastungen mithin in der Finanzplanung nicht sichtbar gemacht werden können [→ Anhang 3 Ziff. 3b].

Kreditkonditionen

Im übrigen ist zu bedenken, daß bei Vereinbarung tilgungsfreier Jahre die Laufzeit oder der Tilgungssatz des Darlehens steigen. Da überdies die Verzinsung stets auf das – in den ersten Jahren unveränderte – Restkapital erfolgt, sind die nominal von der Kommune zu leistenden Zahlungen daher höher. Ob die zeitliche Verschiebung der Belastungen finanzwirtschaftlich gerechtfertigt ist, muß im Einzelfall genau geprüft werden. Tilgungsfreien Jahren vergleichbar ist die Vereinbarung von Freijahren für Zinszahlungen. Dabei wird der Zinsverzicht in den ersten Jahren durch einen höheren Nominalzins während der Restlaufzeit des Darlehens ausgeglichen. Auch hierbei kommt es zu einer temporären Entlastung des Verwaltungshaushalts. *254*

Von Bedeutung sind auch die Vereinbarungen über die Zahlungstermine. Üblich ist die Unterscheidung viertel-, halbjährlicher und jährlicher Zahlung (→ Schaubild 22). Dabei ist – bei sonst gleichen Konditionen – die Effektivverzinsung der jährlichen Zahlungsweise stets niedriger. Welche Ratierlichkeit der Zahlungen als günstiger anzusehen ist, hängt vom jeweiligen Nominalzins ab. Daneben sind auch die Liquiditätserfordernisse [→ Rz. 215] zu beachten. *255*

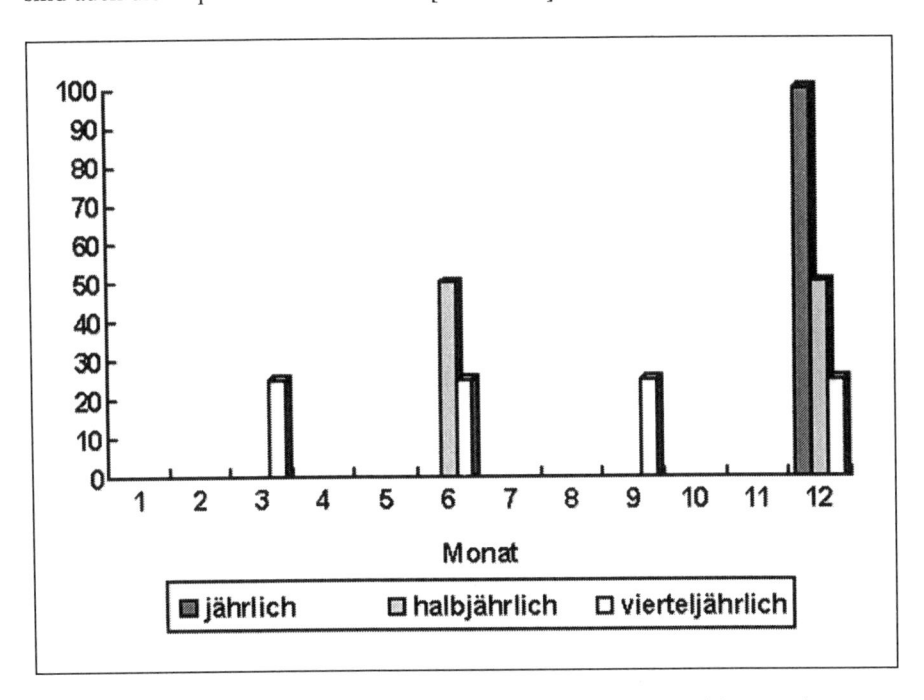

Schaubild 22: Verteilung der Schuldendienstzahlungen nach Zahlungsweise

Andere Nebenleistungen, wie Gebühren, Provisionen, Auslagenersatz o. ä., können im Rahmen der Effektivzinsberechnung nicht erfaßt werden. Deshalb sollte auf die Vereinbarung derartiger Nebenleistungen verzichtet werden. Sie müssen mit dem Nominalzins abgegolten sein. *256*

Praktische Fragen der Kreditpolitik

Eine Zusammenfassung aller Elemente eines Kreditvertrages im Effektivzins bildet dann die Grundlage für alle weiteren Entscheidungen:

Übersicht 18: Kreditkonditionen und Effektivzins (Berechnung nach Braess)
– Einige Beispiele –

Nominalzins	Art des Darlehens	Tilgungsbeginn	Tilgungssatz	Auszahlungskurs	Fälligkeit	Effektivzins
7 %	Annuitäten	sofort	1 %	100 %	jährlich	7,00 %
7 %	Annuitäten	sofort	1 %	100 %	1/2jährlich	7,18 %
7 %	Annuitäten	sofort	1 %	100 %	1/4 jährlich	7,26 %
7 %	Raten	sofort	4 %	100 %	1/4 jährlich	7,12 %
7 %	Raten	ab dem 4.Jahr	4 %	95 %	jährlich	7,58 %
7 %	Raten	sofort	4 %	95 %	jährlich	7,68 %
7 %	Raten	sofort	4 %	102 %	jährlich	6,74 %
8 %	Raten	sofort	4 %	100 %	1/2jährlich	7,12 %

4. Sicherheiten und Kündigungsklauseln
4.1 Sicherheiten und Bonität

257 Die Bestellung von Sicherheiten, namentlich von Immobilien oder anderem Sachvermögen ist im Kreditwesen durchaus üblich. Dem Gläubiger wird damit die Möglichkeit eröffnet, im Falle des Zahlungsverzugs des Schuldners auf den als Sicherheit gegebenen Vermögenswert zurückzugreifen. Das kommunale Vermögen dient jedoch der Aufgabenerfüllung der Gemeinde (§ 78 Abs. 1 GemO Rh-Pf; § 66 Abs. 1 ThKO); folgerichtig besteht daher für kommunales Vermögen Vollstreckungsschutz, der nur in sehr engem Rahmen durch die Aufsichtsbehörde aufgehoben werden kann (§ 128 GemO Rh-Pf; abgeschwächter § 69 Abs.1 ThKO). Ausgenommen vom Vollstreckungsschutz sind jedoch dingliche Rechte, um die es sich bei der Kreditsicherung üblicherweise handelt (§ 128 Satz 1, 2. Halbsatz GemO Rh-Pf; § 69 Abs. 1 Satz 1, 2. Halbsatz ThKO). Die Bestellung von Sicherheiten bei der Kreditaufnahme würde daher den Vollstreckungsschutz beseitigen.

258 Aus diesem Grund besteht für die Kommunen grundsätzlich ein Kreditsicherungsverbot (§ 103 Abs. 7 Satz 1 GemO Rh-Pf; § 63 Abs. 6 Satz 1 ThKO). Für den Gläubiger besteht die Sicherheit nicht im Gegenwert eines bestimmten Vermögensgegenstandes, sondern in der Finanzhoheit der Gemeinde, die sich vor allem in der eigenverantwortlichen Festsetzung von Abgaben und in Ansprüchen an Leistungen aus dem kommunalen Finanzausgleich dokumentiert. Im übrigen ist der Konkurs über das Gemeindevermögen ohnedies ausgeschlossen [so ausdrücklich in Sachsen § 122 Abs. 4 SächsGemO → Anhang 7 Ziff. 3].

259 Sofern die Bestellung von Sicherheiten für den Gläubiger unerläßlich ist, weil dies der Verkehrsübung entspricht (z.B. im Rahmen des Wohnungsbaus), kann die Aufsichtsbehörde Ausnahmen zulassen (§ 103 Abs. 7 Satz 2 GemO Rh-Pf; § 63 Abs. 6 Satz 2 ThKO). Im Regelfall sollten jedoch Kreditangebote, die die Bestel-

Sicherheiten und Kündigungsklauseln

lung von Sicherheiten zur Bedingung machen, keine Berücksichtigung finden [→ Anhang 2 Ziff. 4.11].

4.2 Zur Bonität des Kommunalkredits

Die Frage der Bonität kommunaler Kreditschuldner hat in der Vergangenheit keine nennenswerte Rolle gespielt. Kommunalkredite gelten in Deutschland per se als Darlehen ohne Ausfallrisiko. Dies wird durch die Bestimmungen des KWG, das Kommunalkredite nicht dem Kreis der Risikoaktiva zurechnet und weitere Erleichterungen für die Vergabe von Kommunalkrediten enthält, eindeutig unterstrichen. Dabei werden alle kommunalen Schuldner, unabhängig von ihrer Haushaltslage, gleich behandelt; Zinsdifferenzierungen nach der Einschätzung der finanziellen Leistungsfähigkeit durch den Kreditgeber – wie es sie z.b. im Hinblick auf internationale öffentliche Kredite gibt – waren und sind nicht üblich. *260*

Ergänzend tritt in dem Zusammenhang die Überlegung hinzu, daß für den Fall, daß Kommunen haushaltswirtschaftlich nicht in der Lage sein sollten, ihre Kreditverpflichtungen zu erfüllen, den Ländern eine „Quasi-Garantenstellung" für ihre Kommunen zukomme. Dies gelte umso mehr als die staatliche Aufsicht in fast allen Bundesländern die Kreditermächtigung in den Haushaltssatzungen genehmigen müsse, einer drohenden Überschuldung mithin rechtzeitig vorgebeugt werden könne. *261*

Tatsächlich hat das Prinzip der Vorab-Kontrolle kommunaler Kreditwirtschaft sichergestellt, daß – zumindest durch die Verschuldung – die Haushaltslage der Kommunen nicht nachhaltig gefährdet wurde. Wenn und soweit kommunale Haushalte, wie in den letzten Jahren in hohem Maße der Fall, defizitär geworden sind, so lag dies in aller Regel an hohen Ausgabenbelastungen, insb. im Bereich der Sozialhilfe, sowie unerwarteten Steuermindereinnahmen. Gleichwohl sind die kommunalen Gebietskörperschaften stets ihren Kreditverpflichtungen nachgekommen. Dies gilt im übrigen auch für die wirtschaftlichen Unternehmen der Kommunen, ob in öffentlich-rechtlicher oder privatrechtlicher Form. Ihre Bonität ist mithin derjenigen kommunaler Gebietskörperschaften vergleichbar. *262*

Probleme hat es indes vereinzelt in den neuen Bundesländern gegeben. Im Zuge des Ausbaus der Infrastruktur sind bisweilen Einrichtungen geschaffen worden, die die für die Kommunen zweckmässigen Dimensionen übersteigen. Soweit hierfür Kredite in Anspruch genommen wurden, ist es dann im Einzelfall zu Rückzahlungsschwierigkeiten gekommen. Beispielhaft seien Abwasserbeseitigungsanlagen genannt, deren Grösse die mittelfristig zu erwartenden Einwohnergleichwerte erheblich überschritt. Die daraus resultierenden Gebühren wären indes den Abgabepflichtigen nicht zuzumuten gewesen, so daß der Haushalt der Kommune Defizite der Abwassereinrichtung übernehmen musste. *263*

Das Land Brandenburg hat für derartige Fälle 1996 einen „Haushaltssicherungsfonds zur Unterstützung kreisangehöriger Gemeinden, die aufgrund ihrer ungeordneten Haushaltswirtschaft zahlungsunfähig sind" eingerichtet. Viele andere Bundesländer haben – ohne eine so ausdrückliche Begründung – im Rahmen des Finanzausgleichs Mittel für Bedarfszuweisungen vorgesehen, die jenen Gemein- *264* den auf Antrag zur Verfügung gestellt werden können, die aus eigener Kraft den Haushaltsausgleich nicht sicherstellen können. Allerdings haben die Länder es bislang strikt vermieden, daraus eine rechtliche Garantenstellung für kommunale Schulden anzuerkennen [→ Anhang 7 Ziff. 1]. Die Frage ist bisher noch nicht endgültig beantwortet.

265 Wenn derzeit dennoch das Rating, d.h. die Bonitätseinschätzung öffentlicher Schuldner, eine gewisse Rolle in der Diskussion spielt, so hat dies mehrere Gründe:

- Zum einen haben verschiedene Bundesländer für ihre Kreditwürdigkeit ein Rating durchführen lassen. Dabei hat es Ergebnisse gegeben, die von der Gesamteinschätzung der Bundesrepublik Deutschland mit der Bestnote AAA („Triple A") nach unten abweichen. Die Annahme, die Bonität des Schuldners Bundesrepublik Deutschland gelte automatisch auch für alle übrigen Gebietskörperschaften, hat sich damit als fragwürdig erwiesen.

- In anderen Ländern ist ein Rating verschiedener öffentlicher Schuldner – mit der Folge möglicher Zinsdifferenzen – nicht ungewöhnlich. In der Schweiz ist in dem Zusammenhang eine spezielle Ausfallversicherung entwickelt worden. Im Zuge der europäischen Währungsunion läßt sich mithin nicht ausschließen, daß ausländische Kreditinstitute mit anderen Maßstäben an das Kommunalkreditgeschäft in Deutschland herangehen.

- Schließlich wird derzeit international das Risikomanagement der Kreditwirtschaft einer Neubewertung unterzogen. In dem Zusammenhang können sich auch Auswirkungen auf den öffentlichen Sektor ergeben.

Es bleibt indes offen, ob sich daraus Folgerungen für die Kreditwirtschaft der Kommunen ergeben. Bislang sind sie jedenfalls noch nicht erkennbar.

4.3 Forderungsabtretung

266 Ein anderes Problem ist die Abtretung von Forderungen aus einem Kreditvertrag an einen Dritten, z.B. zur Sicherung eines ihm von diesem Dritten gewährten Kredits, die auf dem Kapitalmarkt nicht ungewöhnlich ist. Der Dritte übernimmt damit die Funktion des Kreditgebers, insb. im Hinblick auf den vom Kreditnehmer zu leistenden Schuldendienst. Im Grunde entspricht die Abtretung einem Gläubigerwechsel; alle übrigen Vereinbarungen des Kreditvertrages bleiben unberührt.

267 Im Kommunalkredit wird diese Form der Forderungsabtretung als problematisch angesehen, weil damit der Schuldennachweis erschwert und die Schuldenstatistik beeinträchtigt wird. Dies gilt in erster Linie dann, wenn der neue Gläubiger einer anderen Gruppe der Kreditwirtschaft als der Ursprungsgläubiger zuzurechnen ist. Darüber hinaus ist die Abtretung auch an einen ausländischen Gläubiger möglich, wodurch dann mittelbar eine Auslandskreditaufnahme – allerdings inzwischen europäischer Währung – erfolgt. Deshalb wird die Möglichkeit der Forderungsabtretung noch in einigen Bundesländern erheblich eingeschränkt. So ist in Thüringen darauf hinzuwirken, daß die Forderungsabtretung höchstens einmal und dann nur an einen inländischen Gläubiger und nur mit Zustimmung der Gemeinde erfolgt [→ Anhang 2 Ziff. 4.10].

Sicherheiten und Kündigungsklauseln

Allerdings stellt sich die Frage, welches Gewicht die vorgetragenen Bedenken haben. Der Schuldennachweis ist im Rahmen jeder Umschuldung zu verändern; eine Abtretung an einen ausländischen Gläubiger kann – wenn eine Zustimmungspflicht der Gemeinde vereinbart wird – ausgeschlossen werden. Die Begrenzung der Forderungsabtretung auf die Einmaligkeit ist im Hinblick auf die Veränderungen am Kapitalmarkt problematisch. So ist z.B. bei der Nutzung der Angebote von Finanzmaklern die Abtretung dann erforderlich, sofern diese Kreditangebote in eigenem Namen unterbreiten, mittelbar aber für einen Dritten tätig sind. Schwierigkeiten mit dem Abtretungsverbot gab es auch seinerzeit bei der Einführung der Quellensteuer, da eine Steuerpflicht auf die Zinszahlungen nur dann entfiel, wenn eine zumindest dreimalige Abtretung nach dem Kreditvertrag zulässig war (→ Übersicht 19 Ziffer 2.7). Insofern ist es durchaus folgerichtig, wenn viele Bundesländer – so z.B. Nordrhein-Westfalen und Rheinland-Pfalz – auf das Abtretungsverbot inzwischen verzichten. *268*

Übersicht 19:

Muster einer Schuldurkunde – Annuitätendarlehen	
Der/Die nachstehend „Kreditnehmer" genannt	
bekennt hiermit, der nachstehend „Bank" genannt	
den Betrag von	
DM _____	
(in Worten: Deutsche Mark ....)	
aus einem Kredit zu schulden.	
1. Für den Kredit, der zur Deckungsmasse für Schuldverschreibungen der Bank gehört, gelten folgende Bedingungen:	
Zinssatz	v.H. p.a. – fest bis
Zinszahlungstermine (nachträglich)	
Auszahlungskurs	v.H.
Tilgung	v.H. p.a. zuzüglich ersparter Zinsen
Tilgungstermine (sofortige Abschreibung)	
Tilgungsbeginn erstmals am	
Leistung für Zinsen und Tilgung (Annuität)	v.H. p.a. des ursprünglichen Kreditbetrages

[Bereitstellungsprovision	1/4 % pro Monat ab für den bis zu diesem Zeitpunkt noch nicht in Anspruch genommenen Betrag]

2. Weitere Bedingungen:

2.1 Aus- und Rückzahlungstag werden mitverzinst. Fällt ein Fälligkeitstag für Zinsen und Tilgung auf einen Tag, an dem die Banken nicht arbeiten, sind die Leistungen am letzten vorherigen Bankarbeitstag zu zahlen.

2.2 Die vorgenannten Kreditbedingungen (Ziffer 1) gelten bis zum .... (Ablauf der Zinsfestschreibung). Der Kredit wird mit Ablauf der Zinsbindung oder einer später vereinbarten neuen Zinsbindungsfrist in Höhe des jeweils noch valutierenden Betrages zuzüglich Zinsen zur Rückzahlung fällig. Die Bank ist grundsätzlich bereit, den Kredit zu den dann auf der Basis ihrer Refinanzierungsmöglichkeiten zu vereinbarenden Bedingungen zu prolongieren.

2.3 Wird eine nach dieser Urkunde oder nach einer dieser Urkunde ergänzenden Vereinbarung geschuldete Zahlung ganz oder teilweise bei Fälligkeit nicht geleistet, so ist die Bank berechtigt, unbeschadet weiterer Ansprüche ihren Verzugsschaden in Rechnung zu stellen.

2.4 Die Bank ist berechtigt, den Kredit aus wichtigem Grunde ohne Einhaltung einer Kündigungsfrist zur sofortigen Rückzahlung einschließlich Zinsen, Nebenforderungen und Kosten zu kündigen bzw. vor Auszahlung vom Vertrag zurückzutreten, insbesondere wenn der Kreditnehmer

a) mit einer nach dieser Urkunde oder nach einer diese Urkunde ergänzenden Vereinbarung geschuldeten Zahlung länger als 14 Tage ganz oder teilweise im Rückstand bleibt und auch nach einer Nachfrist durch die Bank von mindestens weiteren 14 Tagen nicht zahlt;

b) eine sonstige Verpflichtung dieser Urkunde oder eine diese Urkunde ergänzende Vereinbarung trotz Mahnung nicht erfüllt.

2.5 Das Kündigungsrecht des Kreditnehmers nach § 609a Abs. 1 und 2 BGB wird gemäß § 609a, Abs. 3 Satz 2 BGB ausgeschlossen. Eine vorzeitige Rückzahlung im ganzen oder in Teilbeträgen ist somit nicht möglich.

2.6 Kommt der Kredit ganz oder teilweise nicht zur Auszahlung oder kündigt die Bank den Kredit aus wichtigem Grunde (Ziffer 2.4), so hat der Kreditnehmer der Bank neben den damit verbundenen Bearbeitungskosten den gesamten darüber hinausgehenden Schaden – insbesondere aus der Refinanzierung des Kreditbetrages – zu ersetzen.

2.7 Die Kreditforderung darf im ganzen oder in Teilbeträgen bis zu dreimal in schriftlicher Form abgetreten werden. Die Wirksamkeit einer Abtretung hängt von der vorherigen schriftlichen Zustimmung des Kreditnehmers ab, der einer mehr als dreimaligen Abtretung nicht zustimmen wird. Der Kreditnehmer wird die Zustimmung für die ersten drei Abtretungen nicht verweigern. Im Falle einer Verpfändung gilt das Vorstehende entsprechend.

Sicherheiten und Kündigungsklauseln

[2.8 Der Kreditnehmer hat der Bank oder einem von ihr Beauftragten jederzeit Auskunft über seine Finanzlage durch geeignete Unterlagen zu erteilen.]

2.9 Alle Zahlungen sind kostenfrei in den Geschäftsräumen der Bank oder bei einer von ihr zu bezeichnenden Stelle zu leisten oder ihr so rechtzeitig zu überweisen, daß die Zahlungen bis zum Leistungstermin bei ihr eingegangen sind.

2.10 Alle durch den Abschluß und Vollzug dieser Urkunde entstehenden Kosten trägt der Kreditnehmer.

2.11 Sämtliche Vereinbarungen zwischen Kreditnehmer und Bank, insbesondere Änderungen und Ergänzungen dieser Urkunde, sowie sämtliche einseitigen Erklärungen gegenüber einem Vertragspartner bedürfen der Schriftform.

2.12 Sollte eine Bestimmung dieser Urkunde nichtig sein oder nichtig werden, so sollen die übrigen Bestimmungen wirksam bleiben. Unwirksame Bestimmungen sollen so umgedeutet und entsprechende Lücken so ergänzt werden, daß der ursprünglich verfolgte Sinn und Zweck in rechtlich zulässiger Weise erreicht wird. Werden Bestimmungen dieser Urkunde nicht durchgeführt, so liegt darin kein Verzicht der Bank auf ihre Recht.

2.13 Ergänzend gelten die allgemeinen Geschäftsbedingungen der Bank. Der Kreditnehmer bestätigt, ein Exemplar erhalten zu haben.

2.14 Der Kreditnehmer übernimmt die Gewähr dafür, daß der Kreditabschluß von seiner Seite unter Beachtung aller gesetzlichen und satzungsmässigen Vorschriften ordnungsgemäß zustande gekommen ist, insbesondere die erforderlichen haushaltsrechtlichen Beschlüsse und Genehmigungen vorliegen, und die Unterzeichner zur Vertretung des Kreditnehmerws berechtigt sind.

4.4 Kündigung und Zinsanpassung

Die Kündigung eines Kreditvertrages kann die kommunale Haushaltswirtschaft erheblich beeinträchtigen. Wird der Vertrag durch den Kreditgeber gekündigt, muß die Kommune für eine anderweitige Sicherstellung der Finanzierung Sorge tragen. Andererseits ist ein Kündigungsausschluß für den Kommunalhaushalt dann von Nachteil, wenn ein zu einem hohen Zins abgeschlossener Kreditvertrag auch bei sinkenden Zinsen fortgeführt werden muß. Darüber hinaus wäre die Gemeinde – auch bei hinreichender Liquidität – an einer vorzeitigen Rückzahlung gehindert. Demzufolge sehen die Krediterlasse der Bundesländer vielfach ein gespaltenes Kündigungsrecht vor [→ Anhang 2 Ziff. 4.7]:

269

> - Für die Kommune sollen Kredite grundsätzlich jederzeit kündbar sein, um eine vorzeitige Rückzahlung – sofern die Haushaltslage dies zuläßt – zu ermöglichen; die Verschuldung soll damit zum frühestmöglichen Zeitpunkt abgebaut werden.
> - Für den Kreditgeber sollen Kredite grundsätzlich – abgesehen von der Kündigung bei Zahlungsverzug oder sonstiger Vertragsverletzung – unkündbar sein, um Haushalts- und Liquiditätsprobleme bei den Gemeinden zu verhindern.

270 Auf jeden Fall sollte gewährleistet sein, daß die Gemeinde nicht vom Kündigungsrecht nach § 609a Abs. 1 und 2 BGB ausgeschlossen ist, wonach dann allein dem Kreditgeber das Kündigungsrecht zustünde [→ Anhang 1 Ziff. 3.3; s. aber dagegen Übersicht 19 Ziff. 2.5]. Ein gespaltenes Kündigungsrecht zugunsten der Gemeinde ist mit den Verhältnissen am Kapitalmarkt nur schwer in Einklang zu bringen. Kreditangebote enthalten üblicherweise die Angabe einer Zinsbindungsfrist; damit ist der Zinssatz innerhalb dieses Zeitraums unveränderlich (→ Übersicht 19 Ziffer 2.2). Ein einseitiges Kündigungsrecht durch den Kreditgeber ist insoweit in dieser Zeit ausgeschlossen.

271 Ein Kündigungsrecht der Kommune innerhalb der Bindungsfrist würde die Kalkulationsgrundlagen des Kreditgebers in Frage stellen; denn die Kreditkonditionen und die Zinsbindungsfrist richten sich im wesentlichen nach den Refinanzierungsbedingungen der anbietenden Kreditinstitute. Die Vereinbarung eines jederzeitigen Kündigungsrechts der Kommune als Kreditnehmer läßt sich in der Regel nicht erreichen (→ Übersicht 19 Ziffer 2.5). Sollte das kommunale Kündigungsrecht gleichwohl gefordert werden, würde es sich in deutlich höheren Kreditkonditionen bzw. in einem Auflösungsentgelt niederschlagen.

272 Ein lediglich einseitiges Kündigungsrecht des Kreditgebers hingegen entspräche einer Zinsgleitklausel, die im Hinblick auf die Haushaltssicherheit der Kommunen nicht in Betracht kommt [→ Anhang 1 Ziff. 3.3.2; Anhang 2 Ziff. 4.9]. Automatische Zinsgleitklauseln, die auf einen Preisindex oder ähnliche volkswirtschaftliche Größen Bezug nehmen, unterlagen bisher der Genehmigungspflicht der Deutschen Bundesbank (§ 3 Währungsgesetz) und wurden im Hinblick auf die Stabilität des Preisniveaus zumeist untersagt; dies gilt analog auch im europäischen Währungsraum. Im Vertrag kann daher nur vereinbart werden, daß beide Vertragsparteien nach Ablauf des Zeitraums der Festzinsvereinbarung das Recht haben einen neuen Zinssatz auszuhandeln.

Anders verhält es sich, wenn die Kommune zusätzlich zu dem Kreditvertrag ein Swap-Geschäft abschließt. In dem Fall gilt zwar für den Kredit weiterhin eine Festzinsvereinbarung; durch den Swap wird daraus jedoch – je nach Ausgestaltung – eine variable Verzinsung, ohne daß hierfür ein spezifisches Kündigungsverfahren erforderlich ist [→ Rz. 223 ff.].

273 Eine Änderungskündigung zur Neufestsetzung der Kreditkonditionen (Zinsanpassungsklausel) [Anhang 1 Ziff. 3.3.2; Anhang 2 Ziff. 4.8] ist im Rahmen einer Festzinsvereinbarung nicht möglich; sie findet indes Anwendung bei variabel verzinslichen Darlehen. Sie kann allerdings auch dann nicht als unmittelbare Kündi-

Sicherheiten und Kündigungsklauseln

gung des Kreditvertrages durch den Kreditgeber ausgesprochen werden mit der Folge, daß die Kommune den noch nicht getilgten Kreditbetrag zurückzahlen müsste. Eine unmittelbare Kündigung kann sich nur auf den Fall der Vertragsverletzung, insbesondere des Zahlungsverzugs, beschränken (→ Übersicht 19 Ziffer 2.4) Das Änderungsbegehren kann mithin nur ein Angebot zur Prolongation des Kredits [→ Rz. 93] zu neuen Konditionen durch den Kreditgeber sein; insoweit ist im Kreditvertrag eine Verpflichtung zur Abgabe eines Prolongationsangebots erforderlich. Erst wenn die Kommune dieses Angebot nicht wahrnimmt, ist dann der Kreditvertrag in seiner Gesamtheit beendet; die Kommune hat die noch ausstehende Restschuld zurückzuzahlen.

4.5 Rückzahlung und Umschuldung

Für die Kommune sollte bei Auslaufen der Zinsbindungsfrist grundsätzlich die Möglichkeit gegeben sein, das noch ausstehende Restkapital an den Gläubiger zurückzuzahlen. Dies ist zum einen notwendig, um bei hinreichend vorhandener Liquidität den Schuldenstand vorzeitig zu verringern und damit die haushaltswirtschaftliche Belastung möglichst frühzeitig zu senken [→ Anhang 1 Ziff. 3.2]. Zum anderen ist dieses Recht der Kommune unerläßlich, um bei Auslaufen der Zinsbindungsfrist im Wege der Umschuldung einen – sofern auf Grund des Konditionenwettbewerbs gebotenen – Gläubigerwechsel vornehmen zu können. 274

Das Rückzahlungsrecht der Kommune darf daher auch nicht eingeschränkt werden. Vereinbarungen, wonach der Kreditgeber der Kündigung eines Kreditvertrages nur zustimmen muß, wenn Konkurrenzangebote um eine bestimmte Spanne günstiger liegen als sein eigenes Prolongationsangebot, sind haushaltsrechtlich unzulässig. Gleiches gilt für Forderungen des Kreditgebers nach einer einmaligen Abstandszahlung über den noch ausstehenden Kreditbetrag hinaus, wenn die Kommune einen Gläubigerwechsel vornimmt [→ Anhang 2 Ziff. 4.8]. Im übrigen ist bei Neufestsetzung des Zinssatzes ein Nachtrag zur Schuldurkunde erforderlich. 275

Ein Darlehen mit fester Zinsvereinbarung ist mit Ablauf der Bindungsfrist fällig. Entspricht die Frist der Gesamtlaufzeit, sind weitergehende Überlegungen hinfällig, da das Darlehen getilgt ist. Allerdings ist auf die Notwendigkeit zu verweisen, daß für den Fall der einmaligen Tilgung zum Ende des Darlehenszeitraums (Festbetragskredit) rechtzeitig Rücklagen anzusammeln sind [→ Rz. 85]. Endet die Zinsbindungsfrist jedoch vor der endgültigen Tilgung des Darlehens, und ist zu dem Zeitpunkt eine vorzeitige Tilgung nicht möglich, ist rechtzeitig für eine Anschlußfinanzierung Sorge zu tragen. Auf das Instrument des Forward-Swap sei dabei verwiesen [→ Rz. 228 ff.]. 276

Dies gilt in besonderem Maße für Kredite mit einer sehr kurzfristigen Zinsbindung. Bereits vor Ablauf der Zinsbindungsfrist sind daher rechtzeitig Verhandlungen über eine Prolongation bzw. über eine Ablösung und Umschuldung aufzunehmen (→ Übersicht 19 Ziffer 2.2); hierfür sollte ein ausreichender Zeitraum, z.B. 3 Monate, eingeräumt werden [→ Anhang 1 Ziff. 3.3.1; Anhang 2 Ziff. 4.8]. Ist bis zum Ablauf der Frist keine Vereinbarung zustandegekommen, wäre die Gemeinde gehalten, die noch ausstehende Kreditsumme zurückzuzahlen und die dadurch entstehende Liquiditätslücke durch einen Kassenkredit zu überbrücken. 277

278   Da Kassenkredite in aller Regel teurer als fundierte Schulden sind, sollte bereits bei Abschluß des Kreditvertrages eine mögliche Zwischenfinanzierung berücksichtigt werden (Übergangsprolongation). Zwar lassen sich bei einer 10-jährigen Zinsbindungsfrist konkrete Zinssätze für eine Zwischenfinanzierung nicht festsetzen; allerdings sollte vereinbart werden, daß der Zinssatz z.B. dem allgemeinen Zinsniveau für langfristige Ausleihungen oder dem Kommunalkreditzins im Zeitpunkt des Beginns der Zwischenfinanzierung entspricht [→ Anhang 1 Ziff. 3.3.1]. Dies bedarf allerdings einer gesonderten Regelung im Kreditvertrag.

279   Ursprünglich hatten alle Übergangsregelungen in erster Linie den Sinn, der Kommune auch für den Fall eines knappen Kreditangebots Kreditmittel zu sichern. Da aber die Kreditversorgung der Kommunen in den vergangenen Jahrzehnten keine Probleme bereitet hat, sichern sie der Gemeinde lediglich einen längeren Zeitraum, um den Wettbewerb oder ein erwartetes Sinken des Zinsniveaus zu nutzen. Sollten tatsächlich Knappheiten am Kreditmarkt eintreten, kommt der Sicherung einer Anschlußfinanzierung indes ein viel größeres Gewicht zu.

5. Verfahren der Kreditaufnahme
5.1 Einholung von Kreditangeboten

280   Ein für alle Kommunen gleichermassen gültiges Verfahren der Kreditaufnahme gibt es nicht, da die örtlichen Bedingungen erheblich voneinander abweichen. Grundsätzlich gelten allerdings für die kommunale Kreditaufnahme das Wirtschaftlichkeitsgebot (§ 93 Abs. 2 GemO Rh-Pf; § 53 Abs.2 ThürKO) und die für die Vergabe von Aufträgen maßgeblichen Bestimmungen (§ 31 GemHVO Rh-Pf; § 31 ThürGemHV). Im einzelnen wird in jeder Kommune zu bestimmen sein,

- wie Angebote eingeholt werden,
- nach welchen Kriterien sie bewertet werden,
- wer die Entscheidung über die Kreditaufnahme trifft
- ob eine vorherige Genehmigung der Aufsichtsbehörde erforderlich ist.

281   Die Kreditaufnahme ist eine Vergabeentscheidung der Kommune. Die für kommunale Vergaben im Regelfall vorgeschriebene öffentliche Ausschreibung (§ 31 Abs. 1 1. Halbsatz GemHVO Rh-Pf; § 31 Abs. 1 1. Halbsatz ThürGemHV) ist auf Grund der damit verknüpften langen Fristen jedoch viel zu schwerfällig. Die permanenten Veränderungen auf dem Kapitalmarkt rechtfertigen eine Abkehr von der öffentlichen Ausschreibung; eine zinsorientierte Kreditaufnahme erfordert die freihändige Vergabe. Anders verhält es sich mit Leasing-Verträgen und ähnlichen Rechtsgeschäften. Hierfür wird in vielen Bundesländern die Ausschreibung ausdrücklich gefordert. Dies gilt nicht nur im Hinblick auf die mit einem Leasing-Vertrag zumeist verknüpften Bauvorhaben, sondern bereits für die Gesamtfinanzierung [→ Rz. 383 ff.].

282   Die Kommune hat allerdings darauf zu achten, daß sie über eine hinreichende Zahl von Angeboten verfügt, um die Marktbedingungen überblicken und den Wettbewerb nutzen zu können [→ Anhang 2 Ziff. 4.2]. Eine Beschränkung auf nur

Verfahren der Kreditaufnahme

wenige Angebote dürfte – zumindest bei einem größeren Kreditbetrag – nicht ausreichen. Viele Kommunen fordern daher bis zu 20 oder 30 Anbieter auf, kurzfristig Angebote abzugeben. Hierzu können auch Finanzmakler zählen, die u. a. im Auftrag von Kreditinstituten tätig sein können; im Zuge der Bildung der europäischen Währungsunion sind selbstverständlich auch Kreditinstitute aus den Telnehmerländern zu berücksichtigen. In dem Zusammenhang kann es sehr zweckdienlich sein, eine – der im Vergabewesen üblichen Bewerberkartei vergleichbare – Anbieterübersicht zu führen.

Nach wie vor ungeklärt ist die europarechtliche Einordnung von Kreditverträgen. Strenggenommen handelt es sich bei einem Kreditgeschäft um einen Dienstleistungsauftrag, der den Regelungen der Dienstleistungsrichtlinie unterläge. Danach wäre bei Überschreiten des Schwellenwertes von 200.000 SZR für den Wert des Auftrags – gemessen an den zu zahlenden Zinsen zzgl. anfallender Provisionen, Gebühren und vergleichbarer Zahlungen – eine europaweite Ausschreibung erforderlich. Allerdings ist auch der europäischen Kommission bewusst, daß eine strikte Anwendung der Dienstleistungsrichtlinie mit ihren sehr langen Fristen nicht in Betracht kommt. Daher gibt es seit Jahren Bestrebungen, eine eigenständige Finanzdienstleistungsrichtlinie zu entwickeln. 283

Zunächst neigte die europäische Kommission dazu, das Verhandlungsverfahren nach vorheriger öffentlicher Bekanntmachung vorzusehen. Danach hätte jede Kommune bei Überschreiten der maßgeblichen Schwellenwerte von 200.000 SZR eine beabsichtigte Kreditaufnahme im Amtsblatt der Europäischen Gemeinschaft bekanntzumachen und zur Abgabe von Angeboten – mit einer Frist von 1 Monat – aufzufordern. Innerhalb des Kreises der Bieter, die ein Angebot abgegeben haben, käme es dann zu einer freihändigen Vergabe. 284

Es bleibt allerdings fraglich, ob dieses sehr zeitaufwendige Verfahren – das offenbar in Großbritannien verbreitet ist – erforderlich ist, um den europäischen Wettbewerb sicherzustellen. Umgekehrt ist – zumal angesichts der langen Bekanntmachungsfristen der Konditionenwettbewerb erst im Verhandlungsverfahren zum Tragen kommt – ein für die Kommunen günstigeres Ergebnis per se nicht zu erwarten. Daher wäre es zu begrüßen, wenn – wie jüngste Äußerungen der Kommission nahelegen – auf eine weitergehende Reglementierung verzichtet würde.

Angesichts der laufenden Änderungen am Kapitalmarkt können die Anbieter Kreditkonditionen nur für einen sehr kurzen Zeitraum garantieren. Die Übermittlung schriftlicher Angebote nach den üblichen Formerfordernissen wäre dafür zu zeitaufwendig, denn zum Zeitpunkt des Empfangs bei der Kommune wären bereits neue Kapitalmarktverhältnisse eingetreten. Jeder Anbieter würde daher ein derartiges schriftliches Angebot – an das er sich entsprechend länger zu halten hätte – mit einem Risikoaufschlag versehen müssen; das entspräche nicht dem wirtschaftlichen Interesse der Kommune. Anders als im Vergabeverfahren üblich, den Gepflogenheiten auf den Finanzmärkten jedoch entsprechend, werden Kreditangebote daher in aller Regel telefonisch oder per Telefax übermittelt. 285

Da die Kreditaufnahme nicht im förmlichen Vergabeverfahren erfolgt, besteht die Möglichkeit der Nachverhandlung. Dadurch können aktuelle Marktentwick- 286 lungen noch im Vergabeverfahren Berücksichtigung finden. Angesichts der Problematik von Nachverhandlungen im allgemeinen und einer telefonischen Verhandlungsführung im besonderen muß die Kommune dafür Sorge tragen, daß Verhandlungsverlauf und -ergebnisse nachprüfbar dokumentiert werden [→ Anhang 2 Ziff. 4.2]. Die Art der Kreditverhandlungen erlaubt es im übrigen auch, von einer Kreditaufnahme abzusehen, wenn die Angebote insgesamt zu ungünstig ausfallen, ohne daß es hierzu einer förmlichen Aufhebung einer Ausschreibung bedarf.

5.2 Bewertung von Kreditangeboten

287 Für die Bewertung der Kreditangebote ist zunächst der Effektivzins maßgeblich [→ Anhang 1 Ziff. 3.1; Anhang 2 Ziff. 4.4]; zur Berechnung der Effektivverzinsung gibt es unterschiedliche Verfahren, so daß einzelne Bundesländer [z.b. die Preisangabenverordnung → Anhang 1 Ziff. 3.1] auch die anzuwendende Berechnungsmethode angeben. Unabhängig davon ist es selbstverständlich erforderlich, daß ein einheitliches Berechnungsverfahren genutzt wird; es ist deshalb nicht unproblematisch, wenn die Effektivverzinsung durch das anbietende Kreditinstitut angegeben wird. In dem Fall ist es besonders wichtig, daß die Kommune ein Berechnungsverfahren vorgeben kann [→ Anhang 2 Ziff. 4.2].

288 Daneben wird bei der Bewertung von Kreditangeboten auch der Laufzeitenstruktur und den Zinsbindungsfristen – im Hinblick auf künftige Umschuldungserfordernisse – Gewicht beizumessen sein. Um ein möglichst hohes Maß an Vergleichbarkeit herzustellen, ist es daher zweckmässig, die von der Gemeinde gewünschten Fristen, einer Leistungsbeschreibung vergleichbar, bereits bei der Aufforderung zum Kreditangebot bekanntzugeben, um dann auf der Basis des Effektivzinses entscheiden zu können. Gleichwohl wird in der Praxis die Bewertung von Kreditangeboten nicht stets allein nach dem Effektivzins erfolgen können. Wie die einzelnen Aspekte dann gegeneinander abzuwägen sind, muß die Kommune in eigener finanzwirtschaftlicher Verantwortung entscheiden. Im Regelfall sollte indes der Effektivzins die maßgebliche Größe sein.

289 Einige Bundesländer (z.B. Nordrhein-Westfalen und Thüringen) verweisen auf die Bedeutung langfristiger Geschäftsverbindungen [→ Anhang 2 Ziff. 4.2]. Beim Vergleich von Kreditangeboten wäre dann auch auf jene finanzwirtschaftlichen Belange abzustellen, die sich aus möglichen Vorteilen einer langfristigen Geschäftsverbindung ergeben können. Derartige Vorteile - die nicht im Kreditgeschäft selbst liegen – wären z.B. die kostengünstige Wahrnehmung anderer Finanzdienstleistungen für die Kommune (z.B. Kontoführung, Überweisungsverkehr, Depotführung, Beratungsleistungen) oder die Sicherung von Kreditmitteln bei unzureichender Kreditversorgung.

290 Die Kreditaufnahme würde dann nicht ausschließlich durch den Konditionenwettbewerb, sondern auch durch eine gezielte Gläubigerwahl bestimmt. Üblicherweise wird diese „Hausbankfunktion" mit den Sparkassen verbunden sein. Allerdings lassen sich die Auswirkungen solcher Geschäftsbeziehungen nicht präzise quantifizieren und gegen Differenzen bei den Kreditkonditionen abwägen. Im übrigen dürfte angesichts der Integration der Kapitalmärkte zumindest der Aspekt der Kreditsicherstellung an Bedeutung verloren haben [→ Rz. 60ff.]. Ob es daher

Verfahren der Kreditaufnahme

gerechtfertigt ist, einen Kredit bei der „Hausbank" auch bei im Einzelfall ungünstigeren Konditionen aufzunehmen, wird sehr sorgfältig zu prüfen sein.

5.3 Abschluß des Kreditgeschäfts

5.3.1 Zuständigkeitsfragen

Die Zuständigkeit für die Kreditaufnahme (→ Übersicht 20) ist im kommunalen Haushaltsrecht – anders als im staatlichen Bereich – nicht abschließend geregelt. Während im staatlichen Haushaltsrecht der Finanzminister ermächtigt wird, nach Maßgabe der im jeweiligen Haushaltsgesetz vorgesehenen Beträge Kredite aufzunehmen (so z.B. § 18 Abs. 2 LHO Rh-Pf), gibt es eine vergleichbare Ermächtigung für den Bürgermeister oder Hauptgemeindebeamten nicht. Die Kreditaufnahme wird allerdings – auf Grund der damit verbundenen langfristigen Verpflichtungen – nicht zu den Geschäften der laufenden Verwaltung zu zählen sein, die dem Bürgermeister durch Gesetz zugewiesen sind (§ 47 Abs. 1 Nr. 3 GemO Rh-Pf; § 29 Abs. 2 Nr. 1 ThürKO). *291*

In mehreren Bundesländern zählt die Kreditaufnahme daher zu den der Gemeindevertretung vorbehaltenen Angelegenheiten (z.B. § 40 Abs. 1 Nr. 13 NGO; einzelne Bundesländer begrenzen den Vorbehalt auf den Kreis der kreditähnlichen Rechtsgeschäfte und die Bestellung von Sicherheiten (z.B. § 39 Abs. 2 Nr. 13 GemO Ba-Wü und § 41 Abs. 2 Nr. 13 GO Sachs). In Rheinland-Pfalz und in Thüringen zählt die Kreditaufnahme zu den übertragbaren Angelegenheiten (§ 32 Abs. 2 GemO Rh-Pf; 26 Abs. 2 ThKO). *292*

In Anbetracht der sehr kurzen Fristen, innerhalb derer die Kreditkonditionen durch den Kreditgeber garantiert werden, ist es in der Praxis schwierig, die Entscheidung über eine Kreditaufnahme jeweils in einer Sitzung der Gemeindevertretung zu treffen. Im Hinblick auf die Ladungsfristen (§ 34 Abs. 3 Satz 1 GemO Rh-Pf; § 35 Abs. 2 ThürKO) wäre dies nur möglich, wenn Kreditaufnahmen stets am Tag bereits vorher terminierter Sitzungen der Gemeindevertretung erfolgen würden. Dies wäre grundsätzlich auch bei verkürzter Ladungsfrist (§ 34 Abs. 3 Satz 2 GemO Rh-Pf; § 35 Abs. 2 Satz 3 ThürKO) nicht anders. Insoweit würde sich die Kommune in erheblichem Maße ihrer Flexibilität am Kreditmarkt begeben und möglicherweise nicht die günstigsten Konditionen realisieren können. Die Problematik wäre auch nicht dadurch zu beheben, daß die Gemeindevertretung, soweit in den einzelnen Bundesländern zulässig, die Angelegenheit auf einen ihrer Ausschüsse delegierte, da die Ladungsfristen unverändert bestehen bleiben. *293*

Die Gemeindevertretung kann jedoch – soweit die Kreditaufnahme nicht dem Rat vorbehalten ist – im Wege der Einzelentscheidung, durch die Hauptsatzung oder eine andere Form der Zuständigkeitsordnung dem Bürgermeister die Entscheidung über die Kreditaufnahme übertragen (§ 29 Abs. 4 ThürKO). Damit würde die Kreditaufnahme ausschließlich in der Verwaltung entschieden, angesichts der Bedeutung des Rechtsgeschäfts wird gleichwohl eine Pflicht zur Unterrichtung der Gemeindevertretung über die erfolgte Kreditaufnahme gegeben sein (§ 33 Abs. 1 GemO Rh-Pf; eingeschränkter § 22 Abs. 3 ThürKO). Ob und inwieweit der Bürgermeister oder Hauptgemeindebeamte die Aufgabe an andere Bedienstete *294*

Praktische Fragen der Kreditpolitik

der Gemeinde, insb. an einen Beigeordneten, delegieren kann (§ 50 Abs. 3 GemO Rh-Pf; § 32 Abs. 5 ThKO), ist von den von der Gemeindevertretung bzw. vom Bürgermeister getroffenen Regelungen abhängig.

295 Ist eine Übertragung der Entscheidung über die Kreditaufnahme auf den Bürgermeister nicht zulässig oder durch die Gemeindevertretung nicht vorgenommen worden, hat der Bürgermeister, in Rheinland-Pfalz im Benehmen mit den Beigeordneten, die Möglichkeit der Eil- oder Dringlichkeitsentscheidung (§ 48 GemO Rh-Pf; § 30 ThKO). In Ländern mit dualer kommunaler Spitze bedarf es hierzu des

Übersicht 20: Zuständigkeitsregelungen bei der Kreditaufnahme

a) Die Kreditaufnahme ist der Gemeindevertretung vorbehalten	BRA NDS SAAR SAH
b) Nur der Abschluß aller oder bestimmter kreditähnlicher Rechtsgeschäfte ist der Gemeindevertretung vorbehalten*	BA-WÜ HE NW S-H SACHS
c) Die Entscheidung über die Kreditaufnahme und den Abschluß kreditähnlicher Rechtsgeschäfte ist auf Ausschüsse, ggf. auch auf den Bürgermeister delegierbar	BAY MV RH-PF THÜR

* zumeist soweit bestimmte Grenzen überschritten werden

Gemeindedirektors und des Ratsvorsitzenden (§ 66 NGO). Die Eil- oder Dringleichkeitsentscheidung ist geboten, wenn ein Aufschub der Entscheidung über eine Kreditaufnahme bis zur Sitzung der Gemeindevertretung bzw. des zuständigen Ausschusses für die Kommune von Nachteil wäre.

296 Der Bürgermeister hat dann Begründung und Inhalt der Eil- oder Dringlichkeitsentscheidung den Mitgliedern der Gemeindevertretung bzw. des zuständigen Ausschusses anschließend unverzüglich mitzuteilen (§ 48 Satz 2 GemO Rh-Pf). Auch bei diesem Verfahren wird die Entscheidung (außer in den Ländern mit dualer Spitze) innerhalb der Verwaltung getroffen; allerdings handelt es sich dabei – anders als bei der Delegation – jeweils um einen Einzelfall. Ob das Eilverfahren gerechtfertigt ist, muß daher jeweils neu begründet werden. Die Gemeindevertretung kann zwar eine durch den Bürgermeister getroffene Eil- oder Dringlichkeitsentscheidung aufheben; dies ist aber nur möglich, soweit Rechte Dritter nicht entstanden sind. Angesichts der kurzen Fristen dürfte das bei Kreditaufnahmen jedoch regelmäßig der Fall sein.

5.3.2 Vertragsabschluß

297 Unterliegt die Kreditaufnahme einer Kommune der Einzelgenehmigungspflicht (§ 103 Abs. 4 und 5 GemO Rh-Pf; § 63 Abs. 4 und 5 ThKO), kann der Kreditvertrag erst abgeschlossen werden, wenn die Aufsichtsbehörde hierzu die Genehmigung erteilt hat. Fehlt die entsprechende Genehmigung, ist der Kreditvertrag unwirksam (§ 119 Abs. 2 GemO Rh-Pf; § 123 Abs. 2 ThKO). Zur Vermeidung von Verzögerungen wird es zweckmässig sein, die Aufsichtsbehörde vorab über die beabsichtigte Kreditaufnahme zu unterrichten. Sofern die Aufsichtsbehörde ihre Ge-

Liquiditätsmanagement

nehmigung von den am Markt erzielten Konditionen abhängig macht, wird sie auch zeitnah über die Verhandlungsergebnisse zu informieren sein.

Der Abschluß eines Kreditvertrages ist eine Verpflichtungserklärung der Gemeinde, die den hierfür erforderlichen Formerfordernissen unterliegt (§ 49 Abs. 1 GemO Rh-Pf; § 31 Abs. 2 ThKO). Sie bedarf insb. der Schriftform und ist vom gesetzlichen Vertreter der Gemeinde (Bürgermeister oder Hauptgemeindebeamter) bzw. seinem ständigen Vertreter unter Beifügung der Amtsbezeichnung und des Dienstsiegels handschriftlich zu unterzeichnen. In einzelnen Bundesländern ist eine weitere Unterschrift erforderlich (z.B. § 64 Abs. 1 GO NW; § 63 Abs. 2 NGO). *298*

Einer Bestätigung für den Kreditgeber, daß die Kreditaufnahme durch die Aufsichtsbehörde genehmigt wurde, bedarf es stets dann, wenn das Erfordernis der Einzelgenehmigung besteht. Die Bestätigung kann entweder durch die Aufsichtsbehörde (Thüringen) oder durch die Gemeinde selbst (Rheinland-Pfalz) gegeben werden. Darüber hinaus ist eine derartige Bestätigung nicht zwingend [→ Anhang 2 Ziff. 6.2], wird von Kreditgebern oft aber als zweckdienlich angesehen, wenn ein Kredit im Rahmen der durch die Gesamtgenehmigung erfaßten Kreditermächtigung aufgenommen wird. *299*

Muster einer Genehmigungsbestätigung

Dieser Kredit wird im Rahmen der von der Kreisverwaltung/Bezirksregierung in .... als zuständige Aufsichtsbehörde mit Schreiben vom ....
– Az. .... für das Jahr .. .. erteilten Gesamtgenehmigung aufgenommen.

Eine Einzelgenehmigung des Kredits ist nicht erforderlich.

[Eine Einzelgenehmigung des Kredits ist erforderlich und von der zuständigen Aufsichtsbehörde mit Verfügung vom .... – Az. .... erteilt.]

---

6. Liquiditätsmanagement
6.1 Kassenkredite

Im Rahmen ihrer Haushaltsführung muß die Gemeinde auch darauf achten, daß sie stets über hinreichend liquide Mittel verfügt, um notwendigen Ausgabenverpflichtungen nachkommen zu können. Hierzu bedarf es einer Liquiditätsplanung, die allerdings mit erheblichen Schwierigkeiten behaftet ist [→ Rz. 188ff.]. Allerdings gibt es mittlerweile eine Reihe EDV-gestützter Instrumente, die zumindest eine wertstellungsorientierte Bearbeitung der gemeindlichen Konten erlauben. Denn die lange Zeit geübte Praxis, die Liquiditätsplanung an Hand von Kontoauszügen zu betreiben, erweist sich angesichts differierender Wertstellung von Zahlungen als völlig unzureichend. *300*

Um ein Mindestmaß an Liquidität zu sichern, ist die Gemeinde verpflichtet, eine Mindestrücklage vorzuhalten, die 1 v.H. (Rheinland-Pfalz) oder 2 v.H. (Thüringen) der durchschnittlichen Ausgaben des Verwaltungshaushalts der letzten 3 Jahre beträgt (§ 20 Abs. 2 GemHVO Rh-Pf; § 20 Abs. 2 ThürGemHV). Kurzfristige *301*

Liquiditätsschwankungen, die aus der zeitlichen Differenz zwischen eingehenden Einnahmen einerseits und laufenden Ausgabenverpflichtungen andererseits entstehen, können damit zu einem gewissen Teil ausgeglichen werden. Soweit die Gemeinde über Rücklagen verfügt, die über diesen Betrag hinausgehen, kann sie diese ebenfalls zur Liquiditätssicherung in Anspruch nehmen. Eine Verzinsung der insoweit in Anspruch genommenen Rücklagemittel ist – soweit nicht aus sachlichen Gründen geboten – nicht erforderlich, da dies haushaltswirtschaftlich lediglich die Veranschlagung von Einnahmen und Ausgaben in gleicher Höhe darstellte.

302 Dies gilt nicht für die Inanspruchnahme von Sonderrücklagen (§ 106 Satz 2 GemO Rh-Pf; § 68 Satz 2 ThKO), z.B. für eine Eigenversicherung, Pensionsrückstellungen oder für Sondervermögen ohne Sonderrechnung. Da diese Rücklagen für einen bestimmten Zweck, z.B. zur Abdeckung von Versicherungsschäden, vorgehalten werden, müssen für die Inanspruchnahme im Verwaltungshaushalt Zinsen veranschlagt werden, die später der Sonderrücklage zuzuführen sind; damit wird der wirtschaftliche Bestand der Sonderrücklage nicht ausgezehrt. Die Kassenbestandsverstärkung aus Mitteln einer Sonderrücklage ist kein Inneres Darlehen (im Sinne von § 21 Abs. 1 Satz 2 GemHVO Rh-Pf; § 21 Abs. 1 Satz 2 ThürGemHV), da sie nicht über das Haushaltsjahr hinausreicht; in Analogie könnte sie jedoch als Innerer Kassenkredit bezeichnet werden. Im übrigen ist darauf hinzuweisen, daß Mittel einer Sonderrücklage nur solange zur Verfügung gestellt werden können, wie sie nicht für ihren eigentlichen Zweck benötigt werden.

303 Trotz Inanspruchnahme aller Rücklagen kann der Fall eintreten, daß die liquiden Mittel nicht ausreichen. Um auch dann die rechtzeitige Zahlung durch die Gemeinde sicherzustellen, gibt es die Möglichkeit des Kassenkredits (§ 105 GemO Rh-Pf; § 65 ThürKO). Die Aufnahme eines Kassenkredits dient zur Überbrückung von Liquiditätsengpässen, z.B. bis zum Steuertermin oder bis zur Auszahlung von Landeszuweisungen, aber auch als Zwischenfinanzierung bis zur Aufnahme eines fundierten Kredits [→ Rz. 218]. Kassenkredite können nicht als dauerhaftes Finanzierungsinstrument eingesetzt werden; sie sind entweder zurückzuzahlen oder – bei nicht hinreichender Liquidität – durch einen fundierten Kredit im Rahmen der Kreditermächtigung zu ersetzen. Im übrigen ist der Kassenkredit auf Grund seiner Natur stets in einer Summe zurückzuzahlen; er ist insoweit ein Festbetragskredit. Der Kassenkredit selbst wird nicht im Haushalt veranschlagt; lediglich die zu leistenden Zinszahlungen sind zu berücksichtigen.

304 Für die ganz kurzfristige und geringfügige Liquiditätsüberbrückung kommt der Kontokorrentkredit in Betracht, der allerdings vergleichsweise teuer ist. Benötigt die Kommune Liquidität in größerem Umfang oder für einen Zeitraum, der über wenige Tage hinausgeht, sollten andere Formen des Kassenkredits – z.B. die Aufnahme von Monats- oder 3-Monatsgeld – in Betracht gezogen werden. Dabei kann zwar der Kassenkredit nicht präzise an den tatsächlichen Liquiditätsbedarf angepaßt werden, insoweit sind Liquiditätsüberhänge oder kleinere Liquiditätslücken nicht auszuschließen; gleichwohl ist davon auszugehen, daß die Finanzierungskosten deutlich unterhalb des Kontokorrentkredits verbleiben.

Darüber hinaus ist zu erwägen, Kassenkredite mit verschiedenen Laufzeiten aufzunehmen, um ein höheres Maß an Flexibilität bei der Kassenführung zu gewinnen. Auch für den Kassenkredit gelten die zum Verfahren der Kreditaufnahme getroffenen Aussagen; allerdings wird die Aufnahme von Kassenkrediten in der Regel zu den Geschäften der laufenden Verwaltung zu zählen sein (so auch § 57 Abs. 3 ThürGemHV und § 18 Abs. 3 SächsGemKVO). Eine Beteiligung der Gemeindevertretung oder eines ihrer Ausschüsse ist schon in Anbetracht der Kurzfristigkeit des Kreditgeschäfts in der Praxis nicht geboten. Im übrigen ist die Entwicklung der Inanspruchnahme des Kassenkredits im Vorbericht [→ Rz. 134] darzustellen. *305*

6.2 Anlage von Kassenmitteln

Umgekehrt sind liquide Mittel – aus Rücklagen wie aus der laufenden Haushaltsführung – sicher und ertragbringend anzulegen, soweit sie vorübergehend nicht benötigt werden (§ 21 Abs. 1 GemHVO Rh-Pf; § 21 Abs. 1 ThürGemHV). Dabei genießt die Sicherheit der Anlage eindeutig Vorrang; die Anlage kommunaler Mittel in ertragversprechenden, aber risikobehafteten Anlagen kommt nicht in Betracht. Hierzu zählen z.B. Wertpapiere, die Kursschwankungen unterliegen, oder Geldanlagen in fremder Währung, die von Wechselkursänderungen betroffen sein können. *306*

Andererseits kann die Gemeinde größere Geldbeträge nicht für längere Zeit auf dem laufenden Girokonto belassen, da hier nur geringe Guthabenzinsen gezahlt werden. Dies würde zum einen dem Grundsatz der Wirtschaftlichkeit widersprechen; zum anderen genießen Erträge kommunalen Vermögens Vorrang in der Rangfolge der Deckungsmittel (§ 94 Abs. 2 GemO Rh-Pf; § 54 Abs. 2 ThürKO), sind mithin soweit möglich auszuschöpfen. Die Gemeinde hat sich daher in dem Fall, daß sie über liquide Mittel in nennenswertem Umfang verfügt, um eine ertragbringende, gleichwohl dem Sicherheitsgebot entsprechende, Anlage zu bemühen (§ 19 GemKVO Rh-Pf; § 57 Thür GemHV). *307*

Bei der Anlage von Kassenmitteln muß die Gemeinde sich im übrigen der Bonität des Schuldners versichern. Hierzu gehört z.B. die Frage, inwieweit das betreffende Kreditinstitut einem Einlagensicherungsfonds angeschlossen ist. Gerade bei Geldanlagen in der Euro-Zone wird diesem Aspekt verstärkt Gewicht beizumessen sein.

Geldanlagen können Fest- oder Termingeldanlagen bei Kreditinstituten für einen bestimmten Zeitraum (z.B. 1- oder 3-Monatsgelder, in seltenen Fällen auch längerfristige Festlegungen) sein. Darüber hinaus ist in jüngster Zeit auch die Möglichkeit entwickelt worden, Geldanlagen in einem (europäischen) Geldmarktfonds zu tätigen. Dabei erwirbt die Kommune – jederzeit veräußerbare – Anteile an einem Fonds, der selbst auf dem Geldmarkt tätig ist. Hierfür erhält sie einen garantierten Zins, z.B. auf der Basis des Euribor. Rechtliche Bedenken bestehen gegen derartige Lösungen grundsätzlich nicht, soweit sie in Euro abgewickelt werden. Ihre Nutzung hängt im wesentlichen vom Konditionenvergleich ab. *308*

309 Auch die Vergabe kurzfristiger Kredite an Dritte ist nicht auszuschließen, soweit die Sicherheit der Geldanlage hinreichend gewährleistet ist. Dies wäre z.B. bei kurzfristigen Ausleihungen an andere Gebietskörperschaften, die einen Kassenkredit benötigen, der Fall. In den letzten Jahren hat das Instrument des interkommunalen Kassenkredits besondere Aufmerksamkeit gefunden. Diese Kooperation zwischen Kommunen kann für Kreditgeber und Kreditnehmer vorteilhaft sein, da die Finanzmärkte nicht in Anspruch genommen werden müssen. Dafür ist allerdings ein hohes Maß an Information erforderlich, damit kreditsuchende und anlagesuchende Kommunen zusammengeführt werden können. Soweit diese Geschäfte nicht von Finanzmaklern vermittelt werden, bleibt die Möglichkeit auf den kleinen Kreis der Großstädte beschränkt.

310 Im übrigen muß gewährleistet sein, daß die Gemeinde – für den Fall größerer Ausgabenverpflichtungen – jederzeit auf die angelegten Mittel zurückgreifen kann, da sie ansonsten eine zumeist teurere Zwischenfinanzierung vornehmen müsste (§ 21 Abs. 1 Satz 1, 2. Halbsatz GemHVO Rh-Pf; § 21 Abs. 1 Satz 1, 2. Halbsatz ThürGemHV). Die Liquiditätsplanung muß mithin so sorgfältig gestaltet sein, daß im Zeitpunkt des Ausgabebedarfs angelegte Mittel wieder zur Verfügung stehen. Die längerfristige Anlage liquider Mittel wird daher auch wohl nur im Ausnahmefall und dann auch nur für einen Sockelbetrag in Frage kommen.

Kapitel IV
Alternativen der Investitionsfinanzierung

1. Grundlagen

1.1 Eine kurze Systematik

Sonderformen der Investitionsfinanzierung haben in jüngster Zeit vermehrt an Aufmerksamkeit gewonnen. Vor allem die Diskussion um die private Vorfinanzierung des Infrastrukturausbaus in den neuen Bundesländern hat dazu geführt, daß inzwischen eine ganze Reihe von Finanzierungsmodellen für kommunale Investitionen entwickelt worden ist. Am bekanntesten war dabei zunächst das für die Abwasserbeseitigung entwickelte Betreibermodell. Haushaltsrechtlich betrachtet fallen Sonderformen der Investitionsfinanzierung unter den Begriff der kreditähnlichen Rechtsgeschäfte. Sie lassen sich grundsätzlich in zwei Gruppen gliedern. Auf der einen Seite stehen reine Finanzierungslösungen; hierzu zählen

- Bausparverträge,
- Leibrentenverträge,
- Vorfinanzierungsverträge,
- Zwischenfinanzierungsverträge,
- im weiteren Sinne auch Bürgschaften, Factoring/Forfaitierung und verwandte Rechtsgeschäfte sowie
- Finanzierungsleasing.

Auf der anderen Seite finden sich sog. Full-Service-Verträge, bei denen neben der Finanzierung auch Planung, Bau und Bereitstellung von Anlagen und Einrichtungen durch den Finanzierungsgläubiger übernommen werden; hierzu zählen insbesondere

- Mobilien- und Immobilienleasing,
- Sale-and-lease-back-Verträge
- Energiespar-Contracting
- Ratenkauf
- Mietkauf und
- langfristige Mietverträge.

Darüber hinaus gibt es zahlreiche Modelle, bei denen zusätzlich auch der spätere Betrieb einer Einrichtung durch eine privatrechtlich organisierte Gesellschaft erfolgt. Hierzu zählen z.B. das Betreiber- und das Kooperationsmodell im Rahmen der Erfüllung von Entsorgungsaufgaben oder das Facility-Management für öffentliche Gebäude. Sie reichen zeitlich und inhaltlich weit über den reinen Investitions-

Alternativen der Investitionsfinanzierung

und Finanzierungsvorgang hinaus. So sind für diese Modelle z. B. zusätzlich gesellschaftsrechtliche Fragen zu klären.

Dies sind bereits Probleme der Privatisierung, die im folgenden nicht weiter behandelt werden sollen. Allerdings beziehen die genannten Modelle vielfach die hier erwähnten Finanzierungsinstrumenten mit ein. So liegt ihnen in aller Regel ein Leasing- oder leasingähnlicher Vertrag zugrunde. Ergänzend hierzu werden oft die Instrumente der Bürgschaftsgewährung oder der Forfaitierung genutzt.

1.2 Genehmigungsverfahren

314 Für Investitionen von erheblicher finanzieller Bedeutung müssen die Kommunen mehrere Lösungen prüfen und die im Vergleich wirtschaftlichste Möglichkeit auswählen (§ 10 Abs. 2 Satz 1 GemHVO Rh-Pf; § 10 Abs. 2 ThürGemHV); darunter kann auch eine Verpflichtung, Sonderformen der Investitionsfinanzierung in die Betrachtung einzubeziehen, gefaßt werden. Im weiteren Sinne wären auch andere Formen, z. B. die Beteiligung Dritter, dabei zu prüfen.

315 Als kreditähnliche Rechtsgeschäfte sind alternative Formen der Investitionsfinanzierung grundsätzlich – wie die Kreditaufnahme [→ Rz. 125] – der Genehmigungspflicht unterworfen (§ 103 Abs. 6 GemO Rh-Pf; § 64 Abs. 1 ThKO). Sie unterliegen allerdings der Einzelgenehmigung; die allgemeine Kreditermächtigung schließt kreditähnliche Rechtsgeschäfte nicht ein [→ Anhang 1 Ziff. 5; Anhang 2 Ziff. 7.4]. Ausnahmen können in einzelnen Bundesländern für solche Verträge gelten, die als Geschäft der laufenden Verwaltung anzusehen sind (§ 103 Abs. 6 Satz 2 GemO Rh-Pf; vgl. auch Anhang 2 Ziff. 7.6), z. B. das Leasing technischer Einrichtungen (so EDV-Ausstattungen). Für kreditähnliche Rechtsgeschäfte gelten die auch für die Kreditaufnahme maßgeblichen Voraussetzungen. Sie sind mithin nur im Vermögenshaushalt und dort nur für Investitionen [→ Rz. 141] zulässig. Die aus kreditähnlichen Rechtsgeschäften resultierenden Verpflichtungen dürfen die dauerhafte Leistungsfähigkeit der Kommune nicht gefährden [→ Rz. 154ff.].

1.3 Wirtschaftlichkeitsüberlegungen

316 Darüber hinaus unterliegen kreditähnliche Rechtsgeschäfte – sofern es sich nicht um die Gewährung von Bürgschaften oder die Bestellung von Sicherheiten [→ Rz. 353ff.] handelt – einem Wirtschaftlichkeitsvergleich mit dem herkömmlichen Kommunalkredit. Ausgehend von den Grundsätzen der Wirtschaftlichkeit und Sparsamkeit (§ 93 Abs. 2 GemO Rh-Pf; § 53 Abs. 2 ThKO) muß die Kommune im Rahmen des Genehmigungsverfahrens darlegen, daß sie nicht schlechter gestellt ist als bei einer Finanzierung über einen Kommunalkredit [→ Anhang 2 Ziff. 8.2; Anhang 5a Ziff. 3.2] Dies ist nur möglich, wenn zum Vergleich auch Angebote auf Kommunalkreditbasis eingeholt und im Rahmen des Genehmigungsverfahrens vorgelegt werden. Dabei können nicht nur die jährlichen Annuitäten betrachtet werden; vielmehr sind die Finanzierungslösungen über die Gesamtlaufzeit zu würdigen [Anhang 4 Ziff. 4.2.1]

317 Bei der Beurteilung der Wirtschaftlichkeit kreditähnlicher Rechtsgeschäfte dürfen jedoch nicht allein die Finanzierungskosten zu Grunde gelegt werden; diese

Grundlagen

werden – sofern nicht z.B. Steuervorteile beim Gläubiger ausgenutzt werden können oder eine kommunale Bürgschaft gegeben wird - in der Regel über den Kommunalkreditkonditionen liegen. Vielmehr ist in gewissem Umfang auch zu berücksichtigen, daß durch eine zeitlich schnellere und/oder kostengünstigere Realisierung einer Maßnahme Kostenvorteile erzielt werden können. Dabei ist vor allem darauf zu achten, daß eine plausible Bewertung von Zeitvorteilen (z.B. geringere Zwischenfinanzierungskosten) erfolgt. Vielfach ist auch darauf verwiesen worden, daß eine Sonderfinanzierung geeignet sei, gesetzlich vorgegebene Anforderungen – z.B. im Umweltschutz – früher zu erfüllen. Mit solchen zeitlichen Aspekten dürfen indes erhebliche Mehrkosten nicht gerechtfertigt werden.

Eine nicht unwesentliche Rolle spielt auch der Gedanke der Verwaltungsentlastung. Während bei herkömmlicher Erstellung eines Investitionsobjekts die Verwaltung in hohem selbst Planungs- und Betreuungsleistungen erbringt, sind diese Aufgaben bei einer Reihe von Sonderfinanzierungslösungen (Full-Service-Angeboten) auf einen privaten Dritten übertragen. Dieser Entlastungseffekt ist bei einer kritsichen Bewertung von unterschiedlichen Modellen durchaus zu beachten. Dabei darf allerdings nicht übersehen werden, daß auch in dem Fall die Gemeinde durch geeigneten Personaleinsatz eine regelmässige Überwachung des Investitionsvorhabens und seiner Durchführung gewährleisten muß (Wahrnehmung der Kontrollfunktion). *318*

Bei der Beurteilung kreditähnlicher Rechtsgeschäfte sind aber auch weiterreichende Verpflichtungen, z.B. Bestimmungen, die *319*

- die entgeltliche Übernahme von Einrichtungen, Anlagen oder Immobilien oder
- die Übernahme einer Gewährleistungspflicht

durch die Gemeinde vorsehen, zu beachten. Angesichts der Vielfalt und Komplexität der jeweiligen vertraglichen Vereinbarungen lassen sich verallgemeinernde Aussagen über die Wirtschaftlichkeit einzelner Finanzierungsalternativen nicht treffen. Jedes kreditähnliche Rechtsgeschäft ist daher aus sich heraus zu prüfen und zu bewerten. Dabei wird es in der Praxis oft schwierig sein, bestimmte Kostenvorteile kreditähnlicher Rechtsgeschäfte, die sich z.B. aus rascherer oder kostengünstigerer Durchführung einer Maßnahme ergeben können, präzise zu bewerten und in einen Vergleich mit Kommunalkreditkonditionen einzubringen.

In den Diskussionen über die Vorteilhaftigkeit von Sonderfinanzierungen hat in den vergangenen Jahren vor allem der Folgekostenaspekt eine wesentliche Rolle gespielt. Bei der Bewertung verschiedener Lösungen wird dann der Wirtschaftlichkeitsvergleich an Hand der künftigen Folgekosten, bzw. im Rahmen kostenrechnender Einrichtungen oder wirtschaftlicher Unternehmen der Gemeinden der daraus resultierenden Gebührenbelastungen der Bürger durchgeführt. Das Verfahren ist gewiß nicht zu beanstanden, da es nicht allein die reine Finanzierung, sondern weiterreichende Folgen berücksichtigt. Dabei fließen in den Vergleich möglicherweise auch unterschiedliche technische Lösungen ein (die ggf. nicht unabhängig *320*

Alternativen der Investitionsfinanzierung

vom jeweiligen Anbieter sind). Gerade dann allerdings ist bei der Abwägung der einzelnen Komponenten besondere Sorgfalt anzulegen.

321 Erweist sich ein kreditähnliches Rechtsgeschäft einer Finanzierung über einen Kommunalkredit als zumindest gleichwertig, kann es als Alternative in Betracht gezogen werden [Anhang 4 Ziff. 4.2.1]; dabei ist unterstellt, daß eine Finanzierung durch Kommunalkredit möglich und im Vergleich darstellbar ist. Insgesamt läßt das Gebot der sparsamen und wirtschaftlichen Haushaltsführung der Kommune einen nicht unerheblichen Entscheidungs- und Ermessensspielraum [→ Anhang 5a Ziff. 2]. Vor diesem Hintergrund ist es problematisch, wenn der Abschluß eines Leasingvertrages nur genehmigungsfähig sein sollte, wenn er einen – gegenüber einer konventionellen Finanzierung – nachweisbaren wirtschaftlichen Vorteil bietet. Ein derartiger Vorrang für die Finanzierung über einen Kommunalkredit, der den Entscheidungsspielraum der Kommune deutlich einengt, kann allenfalls dann begründet sein, wenn weitere Vertragsrisiken bei einem kreditähnlichen Rechtsgeschäft nicht abschließend quantifiziert und bewertet werden können.

1.4 Die Bedeutung von Verschuldungsgrenzen

322 Eines der wesentlichen Argumente für Sonderformen der Investitionsfinanzierung ist der Hinweis, dadurch könnten die vorgegebenen Verschuldungsgrenzen günstiger genutzt werden. Auf diese Weise seien zusätzliche Investitionen oder die raschere Realisierung vorgesehener Vorhaben möglich. Die Argumentation ist jedoch weder auf staatlicher noch erst recht auf kommunaler Ebene schlüssig. Im staatlichen wie im kommunalen Haushaltsrecht ist die Kreditaufnahme an die Investitionstätigkeit geknüpft. Zusätzliche Investitionen sind daher, soweit keine anderen haushaltswirtschaftlichen Restriktionen bestehen, grundsätzlich einer Kreditfinanzierung zugänglich [→ Rz. 141 ff.]. Dies gilt in besonderem Maße für Investitionen in kostenrechnenden Einrichtungen wie der Abwasser- und Abfallbeseitigung, da die dort anfallende Kreditaufnahme als „rentierlich" bezeichnet werden kann [→ Rz. 150 ff.].

323 Im kommunalen Haushaltsrecht ist die Kreditaufnahme vor allem jedoch an die dauerhafte Leistungsfähigkeit der gemeindlichen Aufgabenerfüllung gebunden. Dies gilt in gleicher Weise auch für die kreditähnlichen Rechtsgeschäfte. Die aus kreditähnlichen Rechtsgeschäften resultierenden Belastungen sind in ihren Auswirkungen dem Schuldendienst bei konventioneller Kreditfinanzierung vergleichbar. Sie müssen deshalb auch nach den gleichen Kriterien beurteilt werden. Bei der Genehmigung kreditähnlicher Rechtsgeschäfte ist dementsprechend zu prüfen, ob die aus dem jeweiligen Vertrag von der Kommune zu übernehmenden Verpflichtungen im Rahmen der dauerhaften Leistungsfähigkeit getragen werden können [→ Anhang 2 Ziff. 8.2]. Die für ein kreditähnliches Rechtsgeschäft erforderliche Einzelgenehmigung kann mithin nur auf Grund einer Gesamtbetrachtung der kommunalen Haushaltswirtschaft, insb. der Verschuldungssituation und bereits eingegangener Verpflichtungen aus anderen kreditähnlichen Rechtsgeschäften, erfolgen. Eine Ausweitung kommunaler Verschuldungsmöglichkeiten durch Sonderformen der Investitionsfinanzierung ist damit ausgeschlossen sein [→ Anhang 3 Ziff. 3e].

Bausparverträge

Dies gilt umso mehr in den Bundesländern, die einen Nachweis kreditähnlicher *324*
Rechtsgeschäfte in der Schuldenübersicht verlangen [→ Rz. 132ff.]. Dem aus herkömmlicher Kreditaufnahme vorhandenen Schuldenstand werden dabei die Verpflichtungen aus kreditähnlichen Rechtsgeschäften – am zweckmässigsten in kapitalisierter Form – zugerechnet [→ Rz. 130]. Dies führt dazu, daß im Schuldenstand die Gesamtverschuldung der Kommune – unabhängig von der Finanzierungsform – erfasst ist. Eine Einengung der finanzpolitischen Diskussion über Sonderformen der Investitionsfinanzierung auf die Höhe der herkömmlichen Kameralverschuldung ist dann nicht möglich.

Sonderformen der Investitionsfinanzierung und Verschuldungsgrenzen

- Haushaltsrechtliche Gleichstellung mit herkömmlicher Kreditaufnahme
- Strikte Bindung an die dauerhafte Leistungsfähigkeit
- Nachweis in der Schuldenübersicht

2. Bausparverträge
2.1 Ansparverpflichtung

Eine der klassischen Formen privater Investitionsfinanzierung ist das Bausparen. *325*
Es ist daher nicht überraschend, daß auch kommunale Gebietskörperschaften diese Art der Finanzierung als Alternative in Erwägung gezogen haben. Dabei ist allerdings zu berücksichtigen, daß zwei wichtige Vorteile des Bausparens für Private, die steuerliche Anrechnungsfähigkeit und die Gewährung von Bausparprämien, im kommunalen Bereich nicht zum Tragen kommen [→ Anhang 2 Ziff. 8.5.1].

Das Bausparen ist für den Wohnungsbau konzipiert; Bauspardarlehen sind da- *326*
her zunächst für wohnungswirtschaftliche Zwecke einzusetzen (§ 1 Abs. 1 Satz 1 BausparkG). Der Kreis der dem Bausparen zugänglichen kommunalen Investitionen ist damit zwar eingeschränkt, gleichwohl können neben direkten Investitionen in den Wohnungsbau auch der Erwerb von Wohnbauland und Maßnahmen zur Erschließung und Förderung von Wohngebieten – d.h. die Erstellung wohnnaher Infrastruktur – über Bauspardarlehen finanziert werden (§ 1 Abs. 3 Nr. 3 bis 5 BausparkG). Schließlich kann auch die Ablösung von Verbindlichkeiten, die die Gemeinde für die genannten Zwecke eingegangen ist, aus Bausparmitteln bestritten werden (§ 1 Abs. 3 Nr. 6 BausparkG).

Das wesentliche Merkmal des Bausparvertrages besteht darin, daß der Vertrags- *327*
abschluß zeitlich weit vor der Kreditgewährung liegt. Im Bausparvertrag wird eine feste Endsumme vereinbart, die zu einem Teil – in der Regel 40 bis 50 % – durch eigene Beiträge des Bausparers, in dem Fall der Kommune, erbracht wird. Der Differenzbetrag ist das eigentliche Bauspardarlehen, für das ein gesonderter Kreditvertrag geschlossen wird. Während beim Kommunalkredit mit Vertragsabschluß der Kommune Mittel zur Verfügung gestellt werden, verpflichtet sich die Kommune mit dem Bausparvertrag zunächst nur zur Leistung ihrer Bausparbeiträge; dafür erwirbt sie das Anrecht auf Zuteilung eines Bauspardarlehens.

Die Ansparleistung der Kommune kann durch die ratenweise Einzahlung oder *328*
eine Sofortauffüllung erbracht werden. In der Praxis ist oft eine Kombination bei-

Alternativen der Investitionsfinanzierung

der Einzahlungsformen üblich. Soweit die Kommune liquide Kassenmittel oder ihren Rücklagenbestand hierfür einsetzt, handelt es sich lediglich um Geldanlagen, die keiner haushaltsmäßigen Veranschlagung bedürfen. Dabei ist allerdings darauf zu achten, daß die für den kommunalen Zahlungsverkehr benötigten Kassenmittel stets verfügbar sind und der Bestand der Mindestrücklage unangetastet bleibt [→ Rz. 301]. Einzahlungen auf Bausparverträge können daher nur aus freier Liquidität oder nicht-gebundenen Rücklagemitteln getätigt werden. Sofern diese Möglichkeit nicht besteht, müssen Ansparleistungen im Vermögenshaushalt veranschlagt werden [→ Anhang 2 Ziff. 8.5.4]. Eine Finanzierung der Einzahlungen über Kassenkredite ist unzulässig; auch eine Kreditfinanzierung der Beträge im Vermögenshaushalt – nach dem Gesamtdeckungsprinzip im Grunde nicht auszuschließen – kann nicht in Betracht kommen, da dies mit der Bindung der Kreditaufnahme an die Investitionstätigkeit [→ Rz. 141] nicht in Einklang zu bringen wäre.

329 Die eingezahlten Beträge werden als Sparguthaben verzinst, d.h. der Zinssatz liegt deutlich unter den Kapitalmarktkonditionen. Darüber hinaus sind ggf. eine Abschlußgebühr und weitere laufende Gebühren für die Kontoführung zu berücksichtigen [→ Anhang 2 Ziff. 8.5.5]. Für sich genommen ist dies keine ertragbringende Anlage von Geldmitteln; sie kann nur im Zusammenhang mit dem gleichfalls niedrigen Darlehenszinsatz beurteilt werden. Die eingezahlten Bausparleistungen sind ein wichtiges Element der Refinanzierung der Bausparkassen; die geringe Guthabenverzinsung ist Voraussetzung für einen geringen Ausleihzins.

2.2 Zuteilung und Auszahlung

330 Die Auszahlung des angesammelten und um die Verzinsung vermehrten Guthabens und die Gewährung des Bauspardarlehens erfolgen nach Ablauf der Zuteilungsfrist. Diese beträgt in der Regel mindestens 18 Monate nach Vertragsabschluß; in der Praxis kann der Zeitraum bis zur Auszahlung jedoch erheblich länger ausfallen. Für die Ermittlung des Zuteilungszeitraums sind besondere Berechnungen erforderlich, die nicht auf den einzelnen Bausparvertrag, sondern auf das Gesamtgeschäft der jeweiligen Bausparkasse bezogen durchgeführt werden (§ 7 BausparkV). Bei Vertragsabschluß ist dieser Zeitpunkt nicht bekannt, so daß die Kommune keine Kenntnis darüber hat, wann sie über die Mittel verfügen kann.

331 Allerdings besteht die Möglichkeit – um die Investition in dem von der Kommune gewünschten Zeitrahmen tätigen zu können –, zu jedem beliebigen Zeitraum vor der Zuteilung, im Extremfall bereits bei Abschluß des Sparvertrages, eine Zwischenfinanzierung bis zur Zuteilung einzugehen. Diese ist allerdings nach marktüblichen Konditionen zu vergüten; sie umfaßt im übrigen nicht nur das Bauspardarlehen, sondern auch die eigene Sparleistung der Kommune. Diese Zwischenfinanzierung ist nur im Rahmen der durch die Haushaltssatzung gegebenen Kreditermächtigung, bei einer Laufzeit von weniger als zwölf Monaten im Rahmen des Höchstbetrags der Kassenkredite zulässig.

332 Zum Zuteilungszeitpunkt wird der Vertrag über den eigentlichen Bausparvertragskredit geschlossen. Spätestens zu diesem Zeitpunkt ist auch die Genehmigung der Aufsichtsbehörde erforderlich [→ Anhang 1 Ziff. 5.1; Anhang 2 Ziff. 8.5]; einzelne Bundesländer, so z.B. Nordrhein-Westfalen, unterwerfen bereits den Ab-

Bausparverträge

schluß des Bausparvertrages der Genehmigungspflicht; der anschließende Bausparkredit ist in Nordrhein-Westfalen dann allerdings genehmigungsfrei. Die Verzinsung des Bausparkredits ist – als Folge des niedrigen Guthabenzinses – vergleichsweise gering und über die Laufzeit konstant. Allerdings ist die Laufzeit gegenüber den im Kommunalkredit üblichen Schuldscheindarlehen erheblich kürzer; der Tilgungssatz beträgt oft 4,5 bis 5 %. Die während dieses Zeitraums für den Haushalt der Kommune maßgebliche Annuität ist mithin erheblich höher als es der Nominalzins des Bausparkredits erwarten läßt [→ Anhang 2 Ziff. 8.5.3]. Auf die – im Bauspargeschäft sonst übliche – Bestellung von Sicherheiten kann u. a. bei kommunalen Gebietskörperschaften verzichtet werden (§ 7 Abs. 5 Nr. 1 BausparkG).

JAHR	1	2	3	4	5	6	7	8	9	10	11	12
	Ansparzeitraum mind. 18 Monate		Kreditlaufzeit									
Abschluß des Bausparvertrages		Abschluß des Kreditvertrages										

Schaubild 23: Zeitverlauf eines Bauspardarlehens

2.3 Haushaltswirtschaftliche Aspekte

Mit dem Bausparen wird eine Kombination aus der Vorab- und der Nachherdeckung [→ Rz. 13ff.] von Investitionsvorhaben vorgenommen. Die Ansparleistung entspricht wirtschaftlich der Ansammlung von Rücklagen; der Bausparkredit ist dem üblichen Kommunalkredit vergleichbar. Allerdings hat ein Bauspardarlehen aufgrund des vergleichsweise hohen Tilgungssatzes eine deutlich höhere Pflichtzuführung zur Folge. Ob dies durch die niedrigere Nominalverzinsung kompensiert wird, d.h. zu keiner höheren Belastung im Verwaltungshaushalt insgesamt führt, kann nur anhand des Einzelfalles beurteilt werden. *333*

Eine der Schwierigkeiten dieser Finanzierungsform besteht in der Ungewißheit über den Auszahlungszeitpunkt [→ Anhang 2 Ziff. 8.5.2]. Dieses Problem kann die Kommune zwar über eine Zwischenfinanzierung umgehen; deren Kosten dürften indes – sofern es sich nicht über eine ganz kurzfristige Überbrückung handelt – nicht unbeträchtlich sein. Da der Zuteilungszeitpunkt vorab nicht bekannt ist, fällt auch ein Wirtschaftlichkeitsvergleich zur herkömmlichen Kreditfinanzierung *334* schwer. Zwar sind die Konditionen des Bausparens bekannt; welcher Vergleichszins am Kapitalmarkt gilt und welche Zwischenfinanzierung erforderlich ist, kann dem gegenüber nicht bestimmt werden [→ Anhang 2 Ziff. 8.5.6]. Insoweit ist ein präziser Wirtschaftlichkeitsvergleich frühestens im Zuteilungszeitpunkt möglich.

335 Zwar kann dann formal auf den Abschluß des Darlehensvertrages verzichtet werden [→ Anhang 2 Ziff. 8.5]; die Gemeinde hat jedoch mit dem Abschluß des Bausparvertrages bestimmte Mittel für einen gewissen Zeitraum niedrig verzinslich angelegt. Würde sie das Bauspardarlehen nicht in Anspruch nehmen – weil bei einer Gesamtbetrachtung im Zuteilungszeitpunkt die Aufnahme eines Kommunalkredits wirtschaftlicher gewesen wäre –, würde sich der Nachteil für die Kommune noch vergrößern. Insofern kann ein Wirtschaftlichkeitsvergleich bei Abschluß des Bausparvertrages nur auf der Grundlage von – plausiblen – Annahmen geführt werden. Ein späterer Wirtschaftlichkeitsvergleich, der auf der Basis tatsächlicher Werte erfolgt, käme für eine Korrektur der Entscheidung zu spät. Insoweit muß die Kommune bereits bei Abschluß des Bausparvertrages eine möglichst umfassende Prüfung vornehmen. Die z.B. in Nordrhein-Westfalen bereits zu dem Zeitpunkt vorgeschriebene Genehmigung unterstreicht dies noch.

3. Leibrenten- und Erbbaurechtsverträge

336 Leibrentenverträge (§§ 759 ff. BGB) finden bisweilen bei Immobilienverträgen Anwendung. Die Kommune erwirbt ein Grundstück oder Gebäude und zahlt – anstelle des einmaligen Kaufpreises – dem Veräußerer eine dauerhafte Rente. Sie entspricht damit einer langfristigen verzinslichen Stundung des Kaufpreises mit ratierlicher Abzahlung. Das Eigentum geht mit Vertragsabschluß an die Kommune über; dafür wird sie dem Veräußerer ggf. Sicherheiten für die zu zahlende Rente zu gewähren haben.

337 Die Höhe der Leibrente bemißt sich zum einen nach dem Wert der Immobilie, zum anderen nach der Lebenserwartung des Veräußerers. Für die Berechnung der Lebenserwartung sind die bei der Bemessung von Lebensversicherungen maßgeblichen Kriterien heranzuziehen. Die Leibrente ist bei gleichem Wert der veräußerten Immobilie daher um so höher, je älter der Veräußerer ist. Sie ist an die Person des Veräußerers gebunden; die Zahlpflicht der Kommune erlischt mit seinem Tod.

338 Der Leibrente nicht unähnlich sind Erbbaurechtsverträge. Auch in diesem Fall wird der üblicherweise zu zahlende einmalige Kaufpreis für den Erwerb einer Immobilie durch eine langfristige laufende Verpflichtung der Gemeinde ersetzt. Allerdings ist das Erbbaurecht unabhängig von der Person des Veräußerers lediglich an das Grundstück geknüpft. Auch bei einem Wechsel im Grundeigentum – z.B. aufgrund einer Erbschaft bleibt die Verpflichtung der Gemeinde zur Zahlung des Erbbauzinses bestehen. Umgekehrt ist allerdings – unter gewissen Voraussetzungen – das Erbbaurecht auch veräußerbar, so daß die Kommune sich grundsätzlich von der eingegangenen Verpflichtung wieder lösen kann (§ 1 Abs. 1 ErbbauVO).

339 Die Höhe des Erbbauzinses wird vertraglich vereinbart, üblich ist ein Zins in Höhe von 4 % des Grundstückswertes; andere Festlegungen sind jedoch ebenfalls möglich (§ 9 ErbbauVO). Die Laufzeit eines Erbbaurechtsvertrages wird gleich-

Leibrenten- und Erbbaurechtsverträge

falls vertraglich festgelegt. Normalerweise wird ein Erbbaurecht auf 99 Jahre begründet, gleichwohl sind auch kürzere Laufzeiten denkbar. Dabei ist zu beachten, daß sich das Erbbaurecht nach der voraussichtlichen Lebensdauer der Immobilie bzw. der Laufzeit der im Erbbaurecht eingetragenen Belastungen bemisst; ein Erbbaurecht von weniger als 75 Jahren dürfte die Ausnahme darstellen (s. dazu § 33 Abs. 2 Satz 2 II.WoBauG). Im Gegensatz zur Leibrente geht das Grundstück auch am Ende der Vertragslaufzeit nicht in das Eigentum des Erbbaurechtsnehmers, in diesem Fall der Kommune, über. Es kann zu dem Zeitpunkt erworben werden; andernfalls besteht die Möglichkeit, das Erbbaurecht fortzuführen (§ 2 Nr. 6 ErbbauVO). Insoweit ist der Erbbauzins – anders als im Falle der Leibrente – kein ratierlich gezahlter und verzinster Kaufpreis, sondern ein laufendes Nutzungsentgelt.

Folgerichtig wird der Erbbauzins im Verwaltungshaushalt den Mieten und Pachten zugerechnet, demgegenüber wird die Leibrente als Maßnahme des Vermögenserwerbs im Vermögenshaushalt veranschlagt. Strenggenommen müßte die Leibrente in einen Zins- und einen Tilgungsanteil getrennt werden; dies wird – nicht zuletzt aufgrund der seltenen Inanspruchnahme des Instruments – jedoch nicht gefordert. Der Abschluß eines Leibrentenvertrages berührt den kommunalen Schuldenstand nicht unmittelbar, gleichwohl sind die daraus resultierenden Verpflichtungen – soweit sie als kreditähnliche Rechtsgeschäfte gelten – in einigen Bundesländern in der Schuldenübersicht nachzuweisen [→ Rz. 132ff.]. Dies wird, da die Laufzeit eines Leibrentenvertrages nicht vorhersehbar ist, nur mit den in der Versicherungswirtschaft üblichen Wahrscheinlichkeitswerten möglich sein. Insoweit entzieht sich eine Leibrentenvereinbarung auch einem präzisen Wirtschaftlichkeitsvergleich. *340*

In der Vergangenheit ergaben sich für die Gemeinde als Erbbaurechtsgeber indes Probleme im Zwangsversteigerungsverfahren; sofern die Gemeinde gegenüber Kreditgebern des Erbbauberechtigten den Rangrücktritt eingeräumt hatte, ging in der Zwangsversteigerung der Anspruch auf Zahlung eines Erbbauzinses durch den Ersteigerer nicht selten unter. Denn die Zahlung des Erbbauzinses zählte nicht zum Inhalt des Erbbaurechts, und eine schuldrechtliche Verpflichtung des Ersteigerers ließ sich nicht herleiten. Mit dem Sachenrechtsänderungsgesetz von 1994 dürfte dieser Nachteil indes behoben sein, da nunmehr die Sicherung der Erbbauzinsreallast auch bei Nachrangigkeit gewährleistet ist (§ 1 ErbbauVO). *341*

Während der Leibrentenvertrag durchweg den kreditähnlichen Rechtsgeschäften zugerechnet wird – ausdrücklich aber nur in einigen Bundesländern (z.B. Thüringen) in den Ausführungsbestimmungen Erwähnung findet [→ Anhang 2 Ziff. 8.1.3] –, ist diese Zuordnung für Erbbaurechtsverträge problematisch. Sie binden zwar die Gemeinde langfristig, sind jedoch einem Kredit nicht vergleichbar. Da überdies Erbbaurechte veräußert werden können, stellt sich die Frage, ob die in Thüringen vorgesehene Genehmigungspflicht für Erbbaurechte, die zugunsten der Kommune bestellt werden [→ Anhang 2 Ziff. 8.1.4], gerechtfertigt ist. *342*

Umgekehrt ist im Rahmen von Leasing- oder leasingähnlichen Verträgen die Einräumung eines Erbbaurechts an einem kommunalen Grundstück für den Investor nicht unüblich. Zusammen mit dem Leasingvertrag unterliegt dann auch die-

Alternativen der Investitionsfinanzierung

ses Rechtsgeschäft der Prüfung durch die Aufsichtsbehörde [→ Anhang 1 Ziff. 5.3].

4. Vorfinanzierungsverträge
4.1 Grundzüge

343 Bei der Durchführung großflächiger städtebaulicher Vorhaben – z.B. im Rahmen der Stadtsanierung, der Entwicklung und Erschließung von Wohn- bzw. Gewerbegrundstücken oder der Umwandlung ehemals militärischer Liegenschaften in zivile Nutzung (Konversion) – kann der kommunale Haushalt überfordert sein. Bereits die für den Grunderwerb und die Freimachung erforderlichen Mitteln übersteigen vielfach die finanziellen Möglichkeiten einer Kommune; dies gilt erst recht für die Aufbereitungs-, Erschließungs- und Sanierungsmaßnahmen.

344 Es ist daher nicht ungewöhnlich, daß sich Kommunen in diesen Fällen eines Sanierungs- oder Entwicklungsträgers bedienen. Im Rahmen der Städtebauförderung ist dies – auch in Anbetracht der sehr langwierigen Maßnahmen – eine durch das Gesetz bereits vorgesehene Alternative (§§ 157 und 167 BauGB). Der Träger führt die jeweilige Maßnahme durch und finanziert alle damit verbundenen Aufwendungen; insoweit gehen derartige vertragliche Vereinbarungen über ein reines Finanzierungsgeschäft hinaus [→ Anhang 2 Ziff. 8.3 und Anhang 3 Ziff. 3f.].

345 Die Refinanzierung des Trägers erfolgt – abgesehen von gesetzlich vorgesehenen Ausgleichszahlungen und von speziellen Fördermitteln, wie sie in nennenswertem Umfang noch im Rahmen der Städtebauförderung in den neuen Bundesländern gewährt werden – durch Erlöse aus abgeschlossenen Sanierungs- und Entwicklungsmaßnahmen. Diese werden in erster Linie aus der Veräußerung von Grundstücken und Gebäuden erzielt. Eine Verpflichtung für die Gemeinde kann sich dann ergeben, wenn der Träger nach Ablauf einer bestimmten Frist die zu dem Zeitpunkt noch nicht veräußerten Grundstücke und Gebäude der Gemeinde übertragen kann oder Anspruch auf andere Leistungen hat. Im übrigen kann auch die Frage einer Bürgschaftsgewährung [→ Rz. 353ff.] zur Sicherung von Kommunalkreditkonditionen eine Rolle spielen. Insoweit ist das Rechtsgeschäft – in der Mehrzahl der Bundesländer ausdrücklich erwähnt – genehmigungspflichtig.

346 Im Falle der Ankaufsverpflichtung wird die Kommune dabei nicht nur die Kosten des ursprünglichen Erwerbs durch den Träger, sondern auch den Erschließungsaufwand, Finanzierungskosten und andere Leistungen zu zahlen haben. Wird ein derartiger Vorfinanzierungsvertrag langfristig abgeschlossen, muß die Kommune damit rechnen, nach Ablauf der Frist in gewissem Umfang Grundstücke und Gebäude vom Träger zu erwerben. Wirtschaftlich entspricht der Vorfinanzierungsvertrag damit einem Festbetragskredit in Form des Zero-Kredits [→ Rz. 86], der unter Einschluß der bis dahin aufgelaufenen Zinsen und Kosten in einer Summe fällig wird. Laufende Zahlungen sind bis dahin in der Regel nicht zu leisten.

347 Insofern ist es haushaltswirtschaftlich geboten, bereits rechtzeitig Mittel in der Rücklage anzusammeln [→ Rz. 85]. Die Höhe des von der Gemeinde zu leistenden Betrages ist allerdings nicht vorhersehbar. Im günstigsten Fall kann der Träger seine Aufwendungen in vollem Umfang aus seinen Erlösen bestreiten, die Gemeinde

wäre dann ihrer Verpflichtung ledig. Muß die Gemeinde jedoch am Ende der Vertragslaufzeit ihrer Ankaufspflicht nachkommen, ist der Gesamtbetrag zum einen vom Umfang der noch nicht veräußerten Grundstücke und Gebäude, zum anderen von den vom Träger aufgewandten Kosten abhängig. Beide Größen sind erst nach Ablauf des Vertrages bekannt; sie vorab, z.B. im Rahmen der Schuldenübersicht [→ Rz. 132ff.], zu beziffern, erweist sich als äußerst schwierig.

Übersicht 21: Abwicklung eines Vorfinanzierungsgeschäftes – Ein Beispiel –

Fläche:	50.000 qm
Einstandspreis:	20.-/qm
Verkaufspreis:	70.-/qm

JAHR	zu verzinsendes Restkapital zzgl. Kosten in DM	Zinsen in DM (Zinssatz 7 %)	Erschliessungsaufwand in DM (insg. 1.000.000 DM)	Nebenkosten in DM (50.000 DM p.a)	verkaufte Fläche in qm	Veräußerungserlös in DM
1	1.000.000	70.000	500.000	50.000	–	–
2	1.620.000	113.000	500.000	50.000	–	–
3	2.283.000	160.000	–	50.000	–	–
4	2.493.000	175.000	–	50.000	10.000	700.000
5	2.018.000	141.000	–	50.000	5.000	350.000
6	1.859.000	130.000	–	50.000	5.000	350.000
7	1.689.000	118.000	–	50.000	–	–
8	1.857.000	130.000	–	50.000	5.000	350.000
9	1.687.000	118.000	–	50.000	10.000	700.000
10	1.155.000	81.000	–	50.000	10.000	700.000
11	586.000					

4.2 Haushaltswirtschaftliche Aspekte

In dem gewählten Beispiel mit einer Laufzeit von 10 Jahren ist die Erschließung der betreffenden Grundstücke nach 2 Jahren abgeschlossen. Veräußerungserlöse treten ab dem 4. Jahr ein. Würde die Veräußerung vor Ende der Laufzeit abgeschlossen, könnte der Träger der Maßnahme einen Gewinn erwirtschaften. Da sich die Veräußerung in diesem Fall jedoch über einen langen Zeitraum hinzieht und im übrigen ein kleinerer Teil des Objekts nach Ablauf der Frist noch nicht veräußert ist, verbleibt ein ungedeckter Restbetrag. Die Kommune ist im Rahmen des abgeschlossenen Vertrages mithin verpflichtet, die noch nicht veräußerte Restfläche zu erwerben.

349 Bemisst sich der Ankaufspreis nach den noch nicht gedeckten Aufwendungen, hat die Kommune einen deutlich höheren Preis je qm zu leisten. Grundsätzlich gilt, daß das Risiko für die Kommune umso höher ist, je später die Veräußerungserlöse fließen und je größer der am Ende der Vertragslaufzeit nicht veräußerte Teil ausfällt. Dabei ist davon auszugehen, daß der Verkaufspreis nur in sehr engen Grenzen gestaltet werden kann, da seine Höhe im wesentlichen durch den Immobilienmarkt für vergleichbare Objekte bestimmt wird. Insoweit wird bei der Vertragsgestaltung darauf zu achten sein, daß das kommunale Risiko der Höhe nach begrenzt ist.

350 Eine andere Form ist die öffentliche Zwischenfinanzierung. Dabei wird für ein rentables kommunales Investitionsvorhaben ein Kreditrahmen zwischen der Kommune und einem Kreditinstitut vereinbart. Der Kredit ist auf das jeweilige Projekt beschränkt; er kann von der Kommune ganz oder in Teilen, sowie zeitlich gestaffelt abgerufen werden. Basis für den Schuldendienst ist nur der tatsächlich in Anspruch genommene Betrag. Die Kommune leistet während der Laufzeit des Vertrages keine laufenden Schuldendienstzahlungen, die anfallenden Zinsen werden kapitalisiert. Wie im Fall der Vorfinanzierung werden die Kosten des Kreditvertrages am Ende der Laufzeit aus den Erlösen des Vorhabens bestritten; verbleibt ein ungedeckter Rest, sind die entsprechenden Kosten von der Kommune zu zahlen.

351 Mit diesen Instrumenten wird eine temporäre Haushaltsentlastung erreicht; allerdings ist stets im Einzelfall zu prüfen, inwieweit sie im Hinblick auf das Gesamtdeckungsprinzip zulässig sind. Die haushaltswirtschaftlichen Risiken derartiger Vereinbarungen dürfen jedoch nicht unterschätzt werden, auch wenn sie zeitlich zumeist in erheblicher Ferne liegen. Die Leistungsfähigkeit der Gemeinde muß auch dann gewahrt bleiben, wenn sie aus dem Vertrag künftig Verpflichtungen zu tragen hat [→ Anhang 2 Ziff. 8.3 und Anhang 3 Ziff. 3f.]. Daher ist darauf zu achten, daß Sanierungs-, Erschließungs- und Entwicklungsmaßnahmen nicht zu großflächig dimensioniert werden; stattdessen sollten sachlich und zeitlich begrenzte Leistungseinheiten gebildet werden. Für Maßnahmen der Städtebauförderung sind diese Unwägbarkeiten am ehesten zu übersehen, schon weil durch Gesetz und spezielle Fördermittel die Finanzierung zu einem gewissen Anteil gesichert ist.

352 Weitaus risikobehafteter ist die Erschließung großflächiger Gewerbegebiete durch private Investoren. Der vom Träger gezahlte Einstandspreis kann sich auf Grund der Erschließungs-, Zwischenfinanzierungs- und anderen Nebenkosten rasch mehr als verdoppeln. Ist die Kommune zum Ankauf nicht veräußerter Flächen nach Ablauf des Vertrages verpflichtet, kann dies eine erhebliche Haushaltsbelastung darstellen. Insoweit ist neben den Bestimmungen des Vertrages selbst auch zu prüfen, inwieweit für die erschlossenen Flächen Veräußerungschancen bestehen. Darüber hinaus muß das Risiko zumindest zu einem beachtlichen Teil auch vom Träger selbst übernommen werden, um so einen Anreiz zu rascher Umsetzung der Maßnahme vor Ablauf des Vertrages zu geben.

5. Bürgschaften und Gewährleistungen für Dritte
5.1 Grundzüge der Bürgschaft

Bürgschaften sind strenggenommen keine kreditähnlichen Rechtsgeschäfte. Sie werden daher in den Gemeindeordnungen auch gesondert behandelt. Allerdings entsprechen sie im Falle der Inanspruchnahme einer Kreditaufnahme, daher weisen sie einen engen Bezug zu den für die Kreditwirtschaft geltenden Bestimmungen auf. Hinzu kommt, daß die Übernahme von Bürgschaften durch die Kommune oft in Zusammenhang mit der Kreditaufnahme kommunaler Unternehmen oder mit Leasingverträgen steht. Dabei ist darauf zu achten, daß Bürgschaften ein Beihilfetatbestand gem. Art. 87 EG-Vertrag sein können. *353*

Die Übernahme von Bürgschaften durch die Gemeinde für die Verpflichtungen Dritter ist strikt an die kommunale Aufgabenerfüllung geknüpft (§ 104 Abs. 2 GemO Rh-Pf; § 64 Abs.2 ThKO). Eine Bürgschaftsgewährung ist daher grundsätzlich nur zulässig, wenn ein Privater anstelle der Gemeinde kommunale Aufgaben wahrnimmt; Bürgschaften für private Aktivitäten – wie sie auf Bundesebene z.B. als Ausfallbürgschaft für Exporte (Hermes) übernommen werden – sind demnach nicht möglich. *354*

Mit der Übernahme der Bürgschaft erklärt sich der Bürge bereit, in die Verbindlichkeit des ursprünglichen Schuldners einzutreten. Dabei ist Wert darauf zu legen, daß die Kommune lediglich eine Ausfallbürgschaft vereinbart [→ Anhang 2 Ziff. 9.1]. In dem Fall kann die Kommune erst dann als Bürge in Anspruch genommen werden, wenn der Gläubiger erfolglos die Vollstreckung gegen den Hauptschuldner versucht hat. Eine Ausfallbürgschaft wird in modifizierter Form (→ Übersicht 22) auch dann als gegeben anzusehen sein, wenn der Ausfall der Kreditforderung nach Zahlungsverzug von 12 Monaten trotz schriftlicher Zahlungsaufforderung festgestellt wird. *355*

Übersicht 22: Muster für eine modifizierte Ausfallbürgschaft

Die Stadt/Gemeinde/der Landkreis/Zweckverband.............(im folgenden Bürge genannt) übernimmt gemäß Beschluß des Stadtrates/Gemeinderates/Kreistages/der Zweckverbandsversammlung vom .... vorbehaltlich der Genehmigung der Kreisverwaltung/Bezirksregierung in .... als zuständige Aufsichtsbehörde ohne zeitliche Beschränkung die Ausfallbürgschaft für alle Ansprüche die der .... (im folgenden Kreditgeber genannt) aus der Gewährung eines Darlehens in Höhe von   .... DM   .... (Deutsche Mark)   gegen .... und ihren jeweiligen Inhaber (im folgenden Hauptschuldner genannt) gemäß beigefügter Schuldurkunde vom .... zustehen oder noch zustehen werden.   Für die Übernahme der Bürgschaft gelten die nachstehen Bedingungen: 1. Die Bürgschaft erstreckt sich auf etwaige am Fälligkeitstermin nicht bezahlte Zinsen und Kosten.

2. Die Bürgschaft wird durch einen Wechsel in der Inhaberschaft der Firma des Hauptschuldners sowie durch eine Änderung der Rechtsform dieser Firma nicht berührt. Sie gilt neben etwaigen vom Bürgen ausgegebenen sonstigen Bürgschaftserklärungen.
3. Der Kreditgeber ist befugt, den Erlös von Sicherheiten und Zahlungen des Hauptschuldners oder anderer Verpflichteter zunächst auf den den Darlehensbetrag übersteigenden Teil ihrer Forderungen zu verrechnen.
4. Erklärungen des Kreditgebers, die sich auf die Bürgschaft beziehen, sind dem Bürgen mittels Einschreiben zuzustellen. Mündliche Mitteilungen sind nicht rechtswirksam. Der Kreditgeber ist ferner verpflichtet, für den Fall, daß der Hauptschuldner mit Zins-, Tilgungs- oder anderen Leistungen in Verzug gerät, dies und die Höhe der Rückstände innerhalb von 9 Monaten nach Fälligkeit dem Bürgen schriftlich mitzuteilen. Kommt der Kreditgeber dieser Mitteilungspflicht nicht nach, wird der Bürge von der Bürgschaftsverpflichtung für die nicht gemeldeten rückständigen Beträge befreit.
5. Der Ausfall in Höhe des noch nicht getilgten Darlehens zuzüglich Zinsen und Kosten gilt frühestens als festgestellt,
   a) wenn und soweit die Zahlungsunfähigkeit des Hauptschuldner durch Zahlungseinstellung, Eröffnung des Konkurs- oder Vergleichsverfahrens oder durch Leistung des Offenbarungseides oder auf sonstige Weise erwiesen ist und nennenswerte Eingänge aus der Verwertung von Sicherheiten, die nach Maßgabe des mit dem Hauptschuldner abgeschlossenen Darlehensvertrages gestellt werden, oder aus der Verwertung des sonstigen Vermögens des Hauptschuldners nicht oder nicht mehr zu erwarten sind; zu den Sicherheiten, die vor Feststellung des Ausfalls zu verwerten sind, gehören auch etwaige weitere für das Darlehen gegebene Bürgschaften;
   b) wenn ein fälliger Zins- oder Tilgungsbetrag spätestens 12 Monate nach Zahlungsaufforderung nicht eingegangen ist.
6. Der Bürge hat für einen Ausfall, den der Kreditgeber durch nachlässiges Verhalten gegen den Hauptschuldner verschuldet hat, nicht aufzukommen.
7. Gerichtsstand ist für Klagen aus der Bürgschaft ist
....
.... den ....
Stadt/Gemeinde/Landkreis/Zweckverband

der Oberbürgermeister/Bürgermeister/
Landrat/Zweckverbandsvorsteher
....
(Unterschrift)

(nach Anlage 1 zu Nr. 2.3 der VV zu § 104 HGO).

356 Demgegenüber hat der Gläubiger bei der selbstschuldnerischen Bürgschaft die Möglichkeit, den Bürgen unmittelbar – ohne Vorausklage oder Feststellung des Zahlungsverzugs über einen bestimmten Zeitraum – in Anspruch zu nehmen. Da dies für die kommunale Haushaltswirtschaft erhebliche kurzfristig eintretende Belastungen mit sich bringen könnte, kann die selbstschuldnerische Bürgschaft allenfalls im Ausnahmefall in Betracht gezogen werden [→ Anhang 2 Ziff. 9.1].

Bürgschaften und Gewährleistungen für Dritte

Tritt der Bürgschaftsfall ein, ist der verbürgte Kreditbetrag der Verschuldung 357
des Kameralhaushalts hinzuzurechnen, der Schuldenstand der Kommune steigt
mithin. Die Kommune hat daher zu prüfen, ob und in welchem Umfang sie zur Abdeckung des Bürgschaftsrisikos vorab der Rücklage Mittel zuführen muß. Liegen
keine anderen Hinweise vor, wird die Wahrscheinlichkeit für den Eintritt des Bürgschaftsfalls in gewissem Umfang – in Thüringen mit 50 % – anzusetzen sein
[→ Anhang 2 Ziff. 9.5].

Der umfassenden Bürgschaft wirtschaftlich gleichwertig ist die Verpflichtung 358
der Kommune, die aus einem Kreditvertrag eines Dritten resultierenden Schuldendienstleistungen als Ausfallbürge zu tragen. Diese Verpflichtung erstreckt sich
lediglich auf die laufenden Zahlungen, insoweit wird bei Eintritt des Gewährleistungsfalles der Schuldenstand der Gemeinde nicht verändert. Die haushaltswirtschaftlichen Auswirkungen sind indes vergleichbar.

5.2 Haushaltswirtschaftliche Fragen

Mit der Bürgschaft übernimmt die Kommune – ähnlich wie im Falle der Vorfinan- 359
zierung – eine nicht im vornhinein zu beziffernde Verpflichtung. Ob und ggf. in
welchem Umfang die Kommune als Bürge in Anspruch genommen wird, bleibt offen. Auch wenn erfahrungsgemäß nie alle Bürgschaftsverpflichtungen tatsächlich
in Anspruch genommen werden, sollte die Bürgschaftsgewährung zurückhaltend
erfolgen. Einzelne Bundesländer begrenzen daher das Bürgschaftsvolumen im
Einzelfall (Hessen) oder insgesamt [→ Anhang 2 Ziff. 9.5]. Insbesondere ist auf die
Bonität der Schuldner, für die die Gemeinde bürgt, zu achten [→ Anhang 2
Ziff. 9.1]. Insoweit ist es auch folgerichtig, wenn der Gemeinde Prüfrechte gegenüber dem Schuldner, für den sie bürgt, eingeräumt werden (§ 104 Abs. 5 GemO
Rh-Pf).

Wenn das Bürgschaftsvolumen gleichwohl einen beachtlichen Umfang erreicht 360
hat, so ist dies in erster Linie darauf zurückzuführen, daß die Kommunen in beträchtlichen Maß für Verpflichtungen kommunaler Unternehmen bürgen, um ihnen am Kapitalmarkt Kommunalkreditkonditionen zu sichern. Diese Möglichkeit
ist allerdings durch die Neufassung des § 8a KStG eingeschränkt worden. Danach
kann eine Kommune in der Regel Kreditaufnahmen eines eigenen Unternehmens
nur bis zum Dreifachen ihres anteiligen Eigenkapitals an dem betreffenden Unternehmen verbürgen. Höhere Bürgschaften werden als verdeckte Gewinnausschüttung mit nachteiligen steuerlichen Folgen gewertet.

Die Kommune kann auf Grund ihrer besonderen Stellung am Kapitalmarkt 361
[→ Rz. 260ff.] und der Refinanzierungsbedingungen der Kreditinstitute in aller
Regel vergleichsweise günstige Kreditangebote erzielen. Bei der Vergabe von Krediten an einen Privaten muß der Kreditgeber Risiken berücksichtigen, die sich z.B.
aus Haftungsgrenzen des Privaten ergeben; darüber hinaus ist die Kreditvergabe
mit Eigenkapital des Kreditinstitutes zu unterlegen. Dies gilt auch, wenn der Private für die Kommune tätig wird oder sich im Eigentum der Kommune befindet. Insoweit dient die Bürgschaftsübernahme durch die Kommune der Sicherung günstigerer Finanzierungsbedingungen für den Privaten; da seit 1993 kommunale

Alternativen der Investitionsfinanzierung

Bürgschaften nicht mehr mit Eigenkapital bei den Kreditinstituten unterlegt werden müssen, hat das Instrument an Bedeutung gewonnen.

362 Die Übernahme von Bürgschaften bedarf der Genehmigung durch die Aufsichtsbehörde soweit es sich nicht um Geschäfte der laufenden Verwaltung handelt (§ 104 Abs. 2 Satz 2 GemO Rh-Pf; § 64 Abs. 2 Satz 2 ThKO). Ist die Genehmigung nicht erteilt, ist die Bürgschaftserklärung schwebend unwirksam. Darüber hinaus können die Aufsichtsbehörden für bestimmte Bürgschaftsfälle eine allgemeine Genehmigung erteilen. In Rheinland-Pfalz gilt dies z.b. für Maßnahmen zur Förderung des Städte- und Wohnungsbaus und für solche Rechtsgeschäfte, die für den Haushalt der Gemeinde keine besondere Belastung bedeuten (§ 104 Abs. 4 GemO Rh-Pf; ähnlich § 64 Abs.5 ThKO). In allen übrigen Fällen ist die Einzelgenehmigung erforderlich.

5.3 Gewährverträge

363 Der Bürgschaft ähnlich ist der Gewährvertrag, in dem von der Gemeinde die Haftung für einen bestimmten Erfolg, für ein bestimmtes Verhalten des Schuldners oder für ein Risiko übernommen wird [→ Anhang 2 Ziff. 9.2]. Dies kann z.B. im Rahmen der Sanierung altlastenverdächtiger Grundstücke oder bei der Wirtschaftsführung gemischter Unternehmen erhebliche Bedeutung gewinnen. Auch die Ankaufspflicht bei Vorfinanzierungsverträgen ist im weiteren Sinne als Gewährleistung zu verstehen. Mit der Gewährleistungsverpflichtung wird das Risiko Privater verringert. So kann z.B. für ein gemischtes Unternehmen vereinbart sein, daß die Verlustübernahme durch den privaten Anteilseigner der Höhe nach begrenzt ist. Sofern ein Privater auf die Wirtschaftsführung dieses Unternehmens keinen Einfluß ausüben kann, mag eine derartige Vereinbarung durchaus folgerichtig sein. Problematischer ist indes der Fall, in dem sich der private Anteilseigner eine garantierte Mindestdividende ausbedingt.

364 Die Gewährleistungspflicht ist dabei – anders als im Bürgschaftsverhältnis – nicht allein vom Verhalten des Vertragspartners abhängig. Vielmehr können externe Einflüsse, z.B. Kostensteigerungen für die Beseitigung von Schäden oder Mängeln sowie die allgemeine wirtschaftliche Entwicklung, das kommunale Risiko beeinflussen. Vor dem Hintergrund ist besondere Zurückhaltung bei derartigen Rechtsgeschäften geboten. Sofern die Gemeinde eine Gewährleistungspflicht übernimmt, sollte die kommunale Haftung auf einen bestimmten Betrag begrenzt bleiben [→ Anhang 2 Ziff. 9.2].

365 Auch der Gewährvertrag ist keine eigenständige Sonderform der Investitionsfinanzierung. Er dient vielmehr dazu, bei der Beteiligung Privater an der Aufgabenerfüllung Vereinbarungen über die Verteilung der finanziellen Risiken zu treffen. Dies wird oft unumgänglich sein, wenn die Kommune überhaupt Private

Forfaitierung

gewinnen will, an kommunalen Aufgaben mitzuwirken; denn kommunale Aufgaben bringen zumeist keine Erträge, vielfach ist bereits die Kostendeckung nicht zu erreichen. Generelle Aussagen zu Gewährleistungsvereinbarungen sind indes schwierig, weil in der Praxis eine ganze Fülle verschiedenster Formen anzutreffen ist.

Schließlich gibt es eine Reihe weiterer – in der kommunalen Praxis allerdings seltener anzutreffender – bürgschaftsähnlicher Rechtsgeschäfte, für die die gleichen Grundsätze zutreffen. Hierzu zählen u.a. [→ Anhang 2 Ziff. 9.3]   366

- Kreditaufträge,
- Wechselbürgschaften (Avalkredit),
- Ausbietungsgarantien,
- Nachschußgarantien und
- Erfüllungsübernahmen
- Bestellung von Pfändern oder Hypotheken für fremde Schulden

6. Forfaitierung

Ähnlich wie die Bürgschaftsübernahme dient das Factoring oder die Forfaitierung der Sicherung günstiger Finanzierungskonditionen. Es ist damit gleichfalls ein Instrument im Rahmen von Sonderformen der Investitionsfinanzierung. Im Gegensatz zur Bürgschaft knüpft die Forfaitierung jedoch nicht an einen Kreditvorgang an; vielmehr handelt es sich um den Verkauf von Forderungen an einen Dritten, in der Regel ein Kreditinstitut. Der Verkaufserlös dient dann anschließend zur Finanzierung einer Investition.   367

Der Private erhält für die Durchführung einer kommunalen Aufgabe, z.B. im Rahmen der Entsorgung, ein laufendes Entgelt. Diese Forderungen tritt er ganz oder in Teilen einem Kreditinstitut ab, das ihm hierfür einen bestimmten Betrag in Höhe des Barwerts der Forderungen zahlt. Der Verkaufserlös kann dann genutzt werden, um die für die Aufgabenerfüllung erforderliche Einrichtung, z.B. eine Abwasser- oder Abfallbeseitigungsanlage, zu erstellen. Das Kreditinstitut wiederum tritt an die Stelle des Privaten im Hinblick auf das von der Kommune zu zahlende Entgelt; wirtschaftlich entsprechen diese Beträge dem Schuldendienst eines herkömmlichen Kredits. Dabei muß die Kommune allerdings die Forderungen, die der Private ihr gegenüber hat und dem Kreditinstitut abtritt, einredefrei stellen.   368

Für den Privaten lassen sich mit Hilfe der Forfaitierung kommunalkreditähnliche Konditionen erreichen, ohne daß es einer Bürgschaft durch die Kommune bedarf. Da es sich um ein Rechtsgeschäft zwischen einem Kreditinstitut und einem Privaten handelt, wird eine Genehmigung durch die Aufsichtsbehörde nicht erforderlich. Die Kommune ist lediglich insoweit berührt, als sie auf den Vorbehalt der Einrede verzichten muß; dabei hat sie darauf zu achten, daß ihre Einwirkungsmöglichkeiten für den Fall der Nichterfüllung der vertraglich vereinbarten Leistungen durch den Privaten erhalten bleiben [→ Anhang 5b Ziff. 3.4]. Im übrigen weist die Forfaitierung – im Gegensatz zur verbürgten Kreditaufnahme – die Besonderheit auf, daß der Verkaufserlös der Forderungen nicht der Gewerbesteuer unterliegt.   369

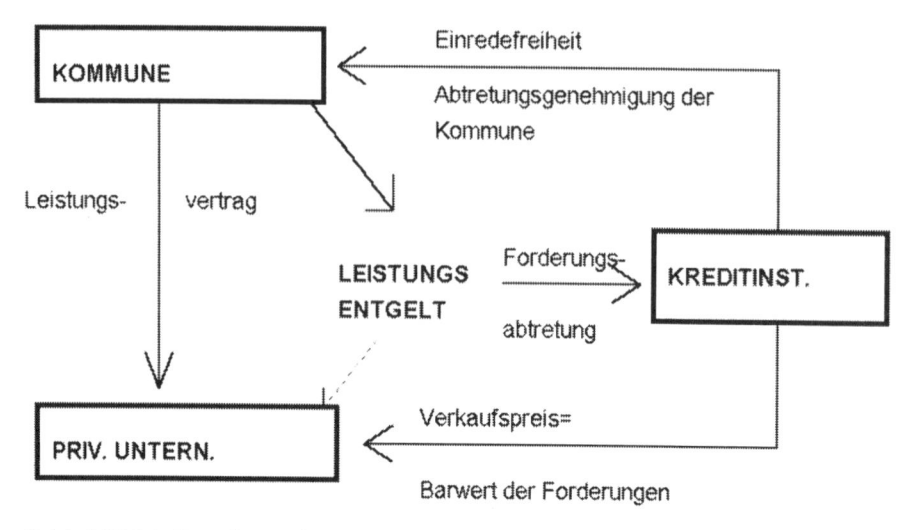

Alternativen der Investitionsfinanzierung

```
                                Einredefreiheit
  ┌─────────────────┐   ←─────────────────────────────────┐
  │   KOMMUNE       │                                     │
  │                 │←── Abtretungsgenehmigung der        │
  └─────────────────┘    Kommune                          │
       │                                                  │
  Leistungs-    vertrag                                   │
       │         ↘                                        │
       │          ↘                                       │
       │           ↘   LEISTUNGS  Forderungs-   ┌──────────────┐
       │               ENTGELT   ───────────→  │  KREDITINST. │
       │                         abtretung     └──────────────┘
       ↓                                              │
  ┌─────────────────┐       Verkaufspreis=            │
  │  PRIV. UNTERN.  │←──────────────────────────────  │
  └─────────────────┘    Barwert der Forderungen
```

Schaubild 24: Grundzüge der Forfaitierung

Demgegenüber führt die Kreditaufnahme zu einer Erhöhung der Dauerschuldzinsen und dementsprechend zur Gewerbesteuerpflicht.

370   Ein wichtiges Argument für den Einsatz des Instruments ist auch darin zu sehen, daß es u. a. mittelständischen Unternehmen die Möglichkeit bietet, konkurrenzfähige Angebote bei der Ausschreibung öffentlicher Aufträge abzugeben. Dies gilt u. a. deshalb, weil das private Unternehmen im Falle des Forfaitierung-Vertrages keine Eigenmittel einsetzen muß. Damit erübrigen sich für dieses Rechtsgeschäft spezielle Bonitätsprüfungen; maßgeblich ist die Bonität der Kommune [→ Rz. 260ff.]

In diesem Zusammenhang nicht weiter berücksichtigt werden soll eine andere Form des Factoring, bei dem (schwer einbringliche) Forderungen der Kommune an Dritte an ein Factoringinstitut abgetreten werden, das die Forderungen beitreibt; der Kommune als dem ursprünglichen Forderungsinhaber zahlt das Factoringinstitut für die Abtretung einen Preis, der allerdings unter dem Forderungsbetrag liegt, da das Institut seine eigenen Kosten und evtl. Forderungsausfälle zu berücksichtigen hat. Für die Betreibung öffentlich-rechtlicher Forderungen kommt das Instrument allerdings nicht in Betracht.

7. Leasing und leasingähnliche Rechtsgeschäfte

371   Die wohl bedeutsamste Form kreditähnlicher Rechtsgeschäfte ist das Leasing, das im kommunalen Bereich allmählich auch Verbreitung gefunden hat. Allerdings ist der öffentliche Sektor nach wie vor – mit weniger als 5 % – kaum am Leasing-Markt vertreten. Dabei sind indes öffentliche Unternehmen nicht berücksichtigt. Aus dem Grundgedanken des Leasingvertrages lassen sich vielfältige, komplexere Arten der kommunalen Investitionsfinanzierung entwickeln; hierzu zählen auch die im Zusammenhang mit der Abwasser- und Abfallbeseitigung diskutierten Be-

Leasing und leasingähnliche Rechtsgeschäfte

treiber- und Kooperationsmodelle [→ Anhang 5b Ziff. 2.3 und 2.4]. Im Zusammenhang mit dem Leasing wird vielfach der Mietkauf genannt [→ Anhang 5b Ziff. 2.2], der hier nicht gesondert behandelt werden soll.

7.1 Grundzüge des Leasing

7.1.1 Beteiligte und Vertragsstrukur

Durch einen Leasingvertrag überläßt der Leasinggeber dem Leasingnehmer, in diesem Fall der Kommune, ein Leasingobjekt zum Gebrauch. Der Leasinggeber kann 372

- eine Privatperson,
- ein privates Unternehmen,
- ein geschlossener/offener Fonds

sein. Eine besondere Form ist das Sale-and-Lease-Back-Verfahren [→ Rz. 398ff.], bei dem die Kommune ein in ihrem Eigentum befindliches Objekt einem Privaten verkauft und anschließend zurückleast.

Üblicherweise wird zwischen dem Mobilien- und dem Immobilienleasing unterschieden [→ Anhang 4 Ziff. 4.1]. Zum Mobilienleasing zählen im kommunalen Bereich u. a. das Leasing von technischen Geräten oder Fahrzeugen; es zeichnet sich in aller Regel durch kürzere Laufzeiten und einen geringeren finanziellen Umfang aus. Leasinggeber sind dabei oft die Hersteller der betreffenden Objekte. Beim Immobilienleasing ist das jeweilige Objekt durch den Leasinggeber zunächst zu erstellen bzw. zu erwerben. Oft wird für das betreffende Investitionsvorhaben eine eigenständige Objektgesellschaft gewählt, die gegenüber der Kommune als Eigentümerin und Vermieterin des Leasingobjektes handelt. Im Gegensatz zum Mobilienleasing, das oft standardisiert ist, werden beim Immobilienleasing spezielle Einzelverträge ausgehandelt. Nicht unüblich ist es dabei, daß die Gemeinde zuvor dem Leasinggeber das für das zu errichtende Gebäude erforderliche Grundstück veräußert bzw. ihm ein Erbbaurecht an diesem Grundstück einräumt. 373

Leasingangebote sind in aller Regel durch eine überwiegende Fremdfinanzierung durch Banken gekennzeichnet. Die Finanzierung durch einen Leasingfonds unterscheidet sich hinsichtlich der Kapitalbeschaffung von anderen Formen des Leasing. Zur Finanzierung des Leasingobjekts wird eine Fondsgesellschaft gegründet, die das benötigte Kapital zumindest zu einem Teil durch die Einbindung privater und/oder gewerblicher Investoren aufbringt. Bei der Fondsfinanzierung ist der Eigenkapitalanteil vergleichsweise hoch; die Fondszeichner stellen ihr Eigenkapital in der Erwartung einer dauerhaften Rendite sowie steuerlicher Gestaltungsmöglichkeiten [→ Rz. 404ff.] zur Verfügung. 374

Eine ganz spezielle Form ist das steuerorientierte cross-border-lease. Dabei sind die Leasinggeber Ausländer, die die in ihrem eigenen Steuerrecht gegebenen Möglichkeiten nutzen. Soweit die steuerliche Behandlung von Leasing-Verträgen im Ausland günstiger als im Inland ist, können daraus besondere Finanzierungsvorteile erwachsen. Dies war in den vergangenen Jahren in den USA der Fall, so daß eine 375

Alternativen der Investitionsfinanzierung

Reihe von Investitionen kommunaler Verkehrsunternehmen, insb. in rollendes Material, auf dem Weg finanziert worden ist. Inzwischen sind allerdings die steuerlichen Gestaltungsmöglichkeiten in den USA eingeschränkt worden, so daß das cross-border-lease nur noch für wenige Objekte in Betracht kommt.

376   Der Leasingvertrag wird auf einen bestimmten Zeitraum geschlossen. Für diesen Zeitraum stellt der Leasinggeber der Kommune ein Objekt (z.B. Gebäude, techn. Anlage, Fahrzeuge) zur Verfügung. Zur Erstellung bzw. zum Erwerb des Leasingobjekts kann er sich dabei eines Dritten bedienen. Damit das Leasingobjekt dem Leasinggeber wirtschaftlich zugerechnet werden kann, muß dieser Zeitraum bestimmte Bedingungen erfüllen. Er darf bei Mobilien nicht weniger als 40 % aber auch nicht mehr als 90 % sowie bei Immobilien nicht mehr als 90 % der betriebsgewöhnlichen Nutzungszeit des Leasingobjekts betragen. Bei einer auf 10 Jahre anzusetzenden Nutzungsdauer einer Anlage kann der Leasingvertrag mithin für einen Zeitraum zwischen 48 und 108 Monaten abgeschlossen werden.

377   Eine wirtschaftliche Zurechnung des Leasingobjekts zum Leasinggeber erfolgt nicht, wenn es sich um ein sog. Spezialleasing handelt [→ Anhang 4 Ziff. 4.2.1]. Dies ist regelmäßig dann der Fall, wenn das Leasingobjekt speziell für die Bedürfnisse des Leasingnehmers erstellt wird und auch nach Ablauf des Vertrages nur von diesem wirtschaftlich sinnvoll genutzt werden kann. Für bestimmte kommunale Einrichtungen, so z.B. in der Entsorgung, aber auch bei anderen hoheitlichen Aufgaben, ist dieser Zusammenhang naheliegend, aber nicht zwingend.

378   Demgegenüber können bestimmte kommunale Einrichtungen, wie z.B. Verwaltungsgebäude, in aller Regel auch von Dritten genutzt werden; sie fallen damit nicht unter den Sachverhalt des Spezialleasing. Die Einschätzung unterliegt allerdings dem Wandel im Zeitablauf. So wird mit dem Vordringen Privater insb. in der Abfallwirtschaft die Verwendbarkeit kommunaler Einrichtungen für Dritte eher anzunehmen sein als in der Vergangenheit. Da die Einstufung eines Leasing-Objekts für die steuerliche Behandlung von entscheidender Bedeutung ist, muß die Frage eines möglichen Spezialleasing vorab, ggf. unter Beteiligung der Finanzverwaltung [→ Anhang 5b Ziff. 4.5.3], geprüft werden.

7.1.2 Finanzierungsverpflichtungen

379   Als Gegenleistung für die Nutzung des Objekts leistet der Leasingnehmer regelmäßige Leasingraten. Sie setzt sich zusammen aus

> - Zinsen und Amortisationen für das vom Leasinggeber eingesetzte Kapital
> - Zuschlag und Kosten, Risiko und Gewinn des Leasinggebers [→ Anhang 5a Ziff. 3.1]

Die mit dem Objekt ansonsten verbundenen laufenden Aufwendungen trägt üblicherweise der Leasingnehmer [→ Anhang 4 Ziff. 4.1], soweit nicht ein Dritter den Betrieb übernimmt. Dies unterscheidet das Leasing vom Mietkauf, bei dem die Unterhaltung des Objektes Aufgabe des Vermieters ist [→ Anhang 5b Ziff. 2.2]. Die Höhe der Leasingraten bestimmt sich danach, in welchem Umfang die Finan-

Leasing und leasingähnliche Rechtsgeschäfte

zierung des Leasingobjekts abgedeckt werden soll. Bei einer Vollamortisation ist davon auszugehen, daß die gesamten Anschaffungs- und Herstellungskosten einschließlich der Finanzierungsaufwendungen und sonstigen Nebenkosten des Leasinggebers durch die Leasingraten abgedeckt werden; bei einer Teilamortisation erfolgt dies nur zu einem bestimmten Anteil. Demzufolge ist bei Vollamortisation mit höheren, bei Teilamortisation mit geringeren Leasingraten zu rechnen.

Zur Reduzierung der Finanzierungskosten des Leasinggebers werden oft ergänzend die Instrumente der Bürgschaftsgewährung [→ Rz. 353ff.] und der Forfaitierung [→ Rz. 367ff.] genutzt. So übernimmt entweder die Kommune als Leasingnehmer die Bürgschaft bei dem finanzierenden Kreditinstitut für den Leasinggeber oder der Leasinggeber tritt seine Forderungen aus dem Leasingvertrag an das Kreditinstitut ab. *380*

Die Höhe der Leasingraten kann zudem nicht losgelöst von den Endschaftsbestimmungen des Vertrages gesehen werden. Nach Ablauf des Vertrages ist

- der Ankauf des Leasingobjekts durch den Leasingnehmer,
- die Fortführung des Vertrages zu neuen Konditionen,
- die Vergabe bzw. die Veräußerung des Leasingobjekts durch den Leasinggeber an einen Dritten

möglich [→ Anhang 5b Ziff. 2.1.1].

Die Höhe des Ankaufspreises für den Leasingnehmer ist abhängig von dem Restbuchwert, zu dem das Leasingobjekt beim Leasinggeber bilanziert ist. Bei Vollamortisation ist der Ankaufspreis dementsprechend deutlich geringer als bei einer nur teilweise erfolgten Amortisation. Entsprechendes gilt für eine evtl. Vertragsverlängerung. Daß der Leasinggeber nach Ablauf des Vertrages die Nutzungsrechte zurückerhält, sollte bei einer Vollamortisation, bei der der Leasingnehmer alle Aufwendungen finanziert hat, ausgeschlossen sein; im übrigen ist die Beendigung der Nutzung für den Leasingnehmer dann geboten, wenn das Leasingobjekt aufgrund technischen Wandels, z.B. im Bereich der EDV, veraltet ist. *381*

Gerade dann ist eine Prüfung der Bedingungen einer Verwertung des Objektes durch den Leasinggeber von Bedeutung. Insb. bei technischen Einrichtungen stellt sich oft die Frage, ob das ursprüngliche geleaste Objekt noch unverändert vorhanden ist (z.B. update von EDV-Programmen). Ist die Rückgabe im Originalzustand vereinbart, aber nicht mehr zu gewährleisten, könnten bei Vertragsablauf Probleme auftreten. *382*

7.1.3 Haushaltsrechtliche Aspekte

Leasingverträge unterliegen der Ausschreibungspflicht, soweit es sich nicht um geringfügige Geschäfte handelt [→ Anhang 4 Ziff. 4.2.2; Anhang 5b Ziff. 3.3.1.1]. Anders als für den klassischen Kommunalkredit kann die Verpflichtung zur Ausschreibung als geboten bezeichnet werden, da mit der Finanzierung in der Regel auch eine Entscheidung über ein Investitionsobjekt getroffen wird. Hinzu kommt, daß die im Kreditverfahren hinderlichen Fristen für den Abschluß eines Leasing- *383*

Vertrages geringere Relevanz besitzen; denn diese Verhandlungen dauern erfahrungsgemäß länger, zudem unterliegen die Konditionen nicht so raschem Wechsel. Darüber hinaus wird in einzelnen Bundesländern weitergehend verlangt, daß der Leasinggeber bzw. seine Vertragspartner wettbewerbsgerechte Vergaben durchführen [→ Anhang 1 Ziff. 5.2] oder die für die Kommunen geltenden Vergabegrundsätze nachprüfbar einhalten [→ Anhang 5a Ziff. 3.2].

384 Diskussionen ausgelöst hat das sogenannte ABC-Verfahren in Thüringen. Im Rahmen – zumindest staatlicher – Ausschreibungen sind für Neubauvorhaben Gebote parallel für Bauleistungen (A) und Finanzierung (B) gesondert, sowie für Bau und Finanzierung „aus einer Hand" (C) ermöglicht worden. Dabei wurde die Befürchtung seitens der Anbieter geäußert, innerhalb der Variante C werde wiederum nach Bau und Finanzierung differenziert, so daß dann die jeweils günstigste Bau- und Finanzierungslösung kombiniert werde. Allerdings gibt es bisher keine Anhaltspunkte für ein derartiges Vorgehen.

385 Besondere Fragen werden aufgeworfen, wenn das durch Leasing zu finanzierende Objekt mit Landesmitteln gefördert wird. Grundsätzlich sollen Landeszuweisungen an Kommunen für investive Zwecke der Bildung kommunalen Vermögens dienen; bei leasingfinanzierten Investitionen würde indes zumindest indirekt die Bildung von Privatkapital subventioniert. Deshalb sind in einzelnen Bundesländern, so in Nordrhein-Westfalen, Zuweisungen für leasingfinanzierte Vorhaben ausgeschlossen [→ Anhang 4 Ziff. 4.3]. Allerdings spielen dort zweckgebundene Investitionszuweisungen eine weit geringere Rolle als in anderen Bundesländern. Wenn und soweit Zuwendungen in anderen Bundesländern gewährt werden, ist darauf zu achten, daß die Zuwendungen für den vorgesehenen Zweck eingesetzt werden und zu einer entsprechenden Reduzierung der Leasingraten führen [→ Anhang 5b Ziff. 4.6.1].

386 Nicht unwesentlich ist der Hinweis, daß ein Ankauf des leasingfinanzierten Objektes am Ende der Vertragslaufzeit ggf. zuwendungsfähig ist. Dies ist dann bei der Prüfung der Wirtschaftlichkeit entsprechend zu berücksichtigen [→ Anhang 4 Ziff. 4.3]. Im übrigen ist zu beachten, daß Steuervorteile beim Leasinggeber für den Staatshaushalt zu Mindereinnahmen führen können; daher wird die Förderung leasingfinanzierter Investitionen eher die Ausnahme darstellen [→ Anhang 5a Ziff. 3.3].

387 Die aus Leasingverträgen resultierenden Belastungen sind in verschiedenen Bundesländern in der Schuldenübersicht auszuweisen. Dabei ist der jeweilige Nominalbetrag der Leasingraten zu veranschlagen. Die laufenden Leasingraten sind in einigen Bundesländern anschließend in einen Tilgungs- und einen Zinsanteil zu trennen und je nach Art des zugrundeliegenden Vertrages im Vermögens- bzw. Verwaltungshaushalt zu veranschlagen [→ Anhang 5b Anlage 5]. In anderen Bundesländern hingegen sind die Leasingraten insgesamt dem Verwaltungshaushalt zuzuordnen [→ Rz. 130].

388 Das Leasing ist der Miete sehr ähnlich, die Abgrenzung mithin im Einzelfall schwierig. Ein wesentlicher Unterschied liegt darin, daß der Leasingvertrag präzise Endschaftsregelungen enthält, während der Mietvertrag am Ende der Vertragslaufzeit gekündigt oder fortgesetzt werden kann. Anders als beim Leasing ist im

Mietvertrag ein Eigentumsübergang an den Mieter regelmäßig nicht vorgesehen. Der Ankauf im Leasingvertrag ist jedoch nicht verpflichtend, er bleibt eine vom Leasingnehmer auszuübende Option. Wird die Ankaufsoption nicht ausgeübt, kann der Leasingvertrag erneuert werden, hierzu bedarf es jedoch eines erneuten Vertragsabschlusses. Dies unterscheidet das Leasing wiederum ganz wesentlich vom Mietkauf, bei dem der Erwerb des Objekts durch den Mieter fester Bestandteil des Vertrages ist.

Finanzwirtschaftlich ähnelt der Leasingvertrag dem Annuitätendarlehen. Die Leasingraten – dem Schuldendienst, d.h. Zins und Tilgung vergleichbar – bleiben für den Zeitraum der Konditionsfestschreibung konstant. Sie können nach Ablauf dieser Frist neu festgesetzt werden. Eine endgültige Tilgung erfolgt erst in dem Fall, wenn das Leasingobjekt vom Leasingnehmer am Ende der Vertragslaufzeit erworben wird. Bis zu diesem Zeitpunkt verbleibt das Leasingobjekt, anders als bei herkömmlicher Kreditfinanzierung, im Eigentum des Leasinggebers. *389*

7.1.4 Beschluß und Genehmigung

Jeder Leasingvertrag bedarf eines Einzelbeschlusses durch die Gemeindevertretung, soweit es sich nicht um ein einfaches Geschäft der laufenden Verwaltung handelt. In einzelnen Bundesländern ist die Möglichkeit der Delegation der Entscheidung auf einen beschließenden Ausschuß möglich [→ Rz. 294]. Er bedarf der Genehmigung durch die Aufsichtsbehörde, in einzelnen Bundesländern sind Leasingverträge im Bereich der Geschäfte der laufenden Verwaltung (§ 103 Abs. 6 Satz 2 GemO Rh-Pf; so wohl § 64 Abs. 5 Nr. 3 ThürKO zu verstehen), in Sachsen darüber hinaus Verträge über das Leasing von Mobilien bis zu gewissen Wertgrenzen [→ Anhang 6], von der Genehmigungspflicht ausgenommen. *390*

Die Genehmigung hat nach den für die Kreditaufnahme maßgeblichen Kriterien, insb. unter Rücksichtnahme auf die Wahrung der dauerhaften Leistungsfähigkeit, zu erfolgen. Dabei handelt es sich stets um eine Einzelgenehmigung. Insbesondere ist darauf zu achten, daß die aus dem Vertrag resultierenden Verpflichtungen mit der dauerhaften Leistungsfähigkeit der Gemeinde in Einklang zu bringen sind. Darüber hinaus jedoch ist die Gemeinde gehalten, auch darzulegen, wie sich die Konditionen eines Leasingvertrages gegenüber den üblichen Kommunalkreditkonditionen verhalten. *391*

In dem Zusammenhang sind nicht allein die Annuitäten beider Finanzierungslösungen maßgeblich. Vielmehr ist die Gesamtbelastung über die Vertragslaufzeit zu vergleichen [→ Anhang 4 Ziff. 4.2.1]. An die Form dieser Wirtschaftlichkeitsberechnung werden bisweilen ganz bestimmte Anforderungen, z.B. die Nutzung der dynamischen Investitionsrechnung, gestellt [→ Anhang 5b Anlage 3]. In einzelnen Bundesländern wird ausdrücklich auf die Möglichkeit zur Einholung eines unabhängigen Gutachtens verwiesen; bei größeren zuwendungsfähigen Vorhaben ist dies sogar verpflichtend [→ Anhang 5b Ziff. 4.7]. Problematisch ist es allerdings, wenn der Aufsichtsbehörde das Recht eingeräumt wird, im Zweifelsfall selbst ein Gutachten auf Kosten der Kommune einzuholen [→ Anhang 5b Ziff. 4.5.1]. *392*

Alternativen der Investitionsfinanzierung

393 Die Genehmigung ist – auch wenn das Rechtsgeschäft die dauerhafte Leistungsfähigkeit nicht beeinträchtigt – zumindest dann zu versagen, wenn die Finanzierung durch einen Kommunalkredit günstiger ausfällt und keine anderen nachprüfbaren Vorteile bestehen [→ Rz. 317f.]. In Nordrhein-Westfalen tritt an die Stelle der Genehmigung die Pflicht zur Anzeige bei der Aufsichtsbehörde einen Monat vor Abschluß des Rechtsgeschäfts [→ Anhang 4 Ziff. 4.2.3].

Zudem ist sicherzustellen, daß die steuerrechtlichen Fragen geklärt sind und eine Leasingfinanzierung einer staatlichen Förderung nicht entgegensteht. Darüber hinaus sind auch Risiken des Vertrages, z.b. die Sicherungen bei einem Verkauf des Leasingobjekts oder bei einem Konkurs des Leasinggebers, angemessen zu berücksichtigen. Die Gemeinde muß auch in diesen Fällen ihre Interessen wahren und insbesondere die mit dem Leasingobjekt verknüpften Aufgaben fortführen können [→ Anhang 5b Ziff. 3.4]; andernfalls sollte von einem Leasinggeschäft abgesehen werden.

7.2 Formen des Leasing

394 Art und Umfang des Leasing-Vertrages können ganz unterschiedlich gestaltet sein. Dabei ist es angesichts der Vielfalt der am Markt entwickelten Lösungen nicht möglich, an dieser Stelle einen umfassenden Überblick über alle Varianten zu geben. Vielmehr können lediglich einige typische Formen in ihren Grundzügen dargestellt werden.

395 Im Mittelpunkt der Diskussionen steht das Leasing-Verfahren beim Neubau kommunaler Einrichtungen [→ Anhang 4 Ziff. 4.4]. Dabei übernimmt in aller Regel der Leasinggeber nicht nur die Finanzierung, sondern auch die Planung und Erstellung – meist allerdings unter maßgeblicher Beteiligung der Kommune als Leasingnehmer – des Leasingobjektes. Dieser Fall kann als eine Art von Full-Service-Leasing bezeichnet werden. Der Leasinggeber ist im übrigen keineswegs verpflichtet, das Objekt selbst zu errichten; hierzu kann er sich – dies geschieht auch durchweg in der Praxis – eines Dritten bedienen. Wird der Vertrag zugleich ergänzt um Vereinbarungen über den späteren Betrieb des Objektes durch den Leasinggeber oder einen anderen privaten Dritten, liegt ein – ursprünglich für die Abwasserbeseitigung entwickeltes – Betreiber- oder Kooperationsmodell vor [→ Anhang 5b Ziff. 2.3 und 2.4].

396 Eine Sonderform ist das Spar-Contracting. In dem Fall geht es nicht um die Errichtung einer kompletten Anlage, sondern um Ergänzungsinvestitionen im Bestand. Ein typischer Fall ist das Energiespar-Contracting: Ein privater Dritter, z.B. ein Energieversorgungsunternehmen, bietet der Gemeinde an, energiesparende Investitionen in kommunalen Gebäuden durchzuführen und die Kosten aus den künftig ersparten Energieaufwendungen zu refinanzieren.

Ob und inwieweit eine derartige Vereinbarung auf Leasing-Basis abgeschlossen werden kann, hängt von der Art der jeweiligen Investition ab; handelt es sich um eine geschlossene Anlage (z.B. ein Kessel i.V.m. mit einem Blockheizkraftwerk) dürfte ein Leasinggeschäft möglich sein. Ist eine solche Abgrenzung nicht möglich (z.B. Austausch von Fenstern), wird es sich eher um ein reines Vorfinanzierungs-

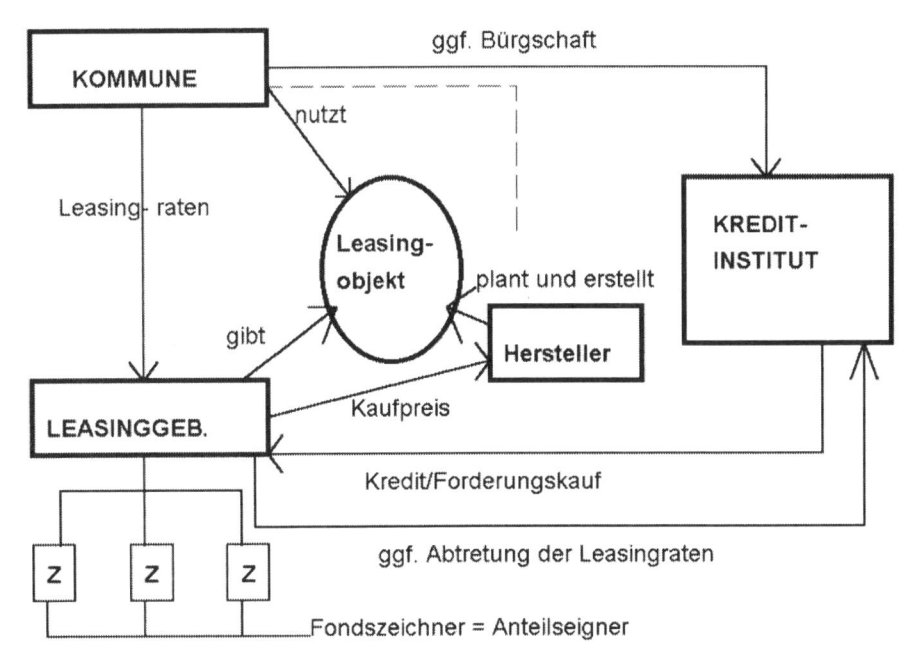

Leasing und leasingähnliche Rechtsgeschäfte

Schaubild 25: Grundzüge des Full-Service-Leasing

geschäft handeln. In beiden Fällen sind auf jeden Fall die Schnittstellen zwischen Altbestand und Neuinvestition klar zu definieren, um spätere Gewährleistungsfragen eindeutig beantworten zu können.

Die zweite Form ist das buy-and-lease-Verfahren [→ Anhang 4 Ziff. 4.4]. Hierbei erwirbt der Leasinggeber ein von einem Dritten erstelltes Objekt und stellt es dem Leasingnehmer zur Verfügung. In diesem Fall fungiert der Leasinggeber durchweg als reiner Finanzier, da das Objekt in der Regel von der Gemeinde als Leasingnehmer selbst bestimmt wird. Dieses Finanzierungsleasing ist vor allem für Mobilien üblich; EDV-Einrichtungen, Kommunikationsanlagen oder Fahrzeuge sind hierfür typische Beispiele. In diesen Fällen beschränkt sich das Leasing im wesentlichen auf eine Finanzierungsalternative zum herkömmlichen Kommunalkredit. Dabei ist es nicht ungewöhnlich, daß der private Hersteller selbst eine Leasing-Lösung vermittelt. Zum Ende der Vertragslaufzeit ist üblicherweise die Rückgabe des Objektes vereinbart; ein Ankauf ist zwar möglich, bei technisch schnell veraltenden Anlagen hingegen meist nicht geboten.

397

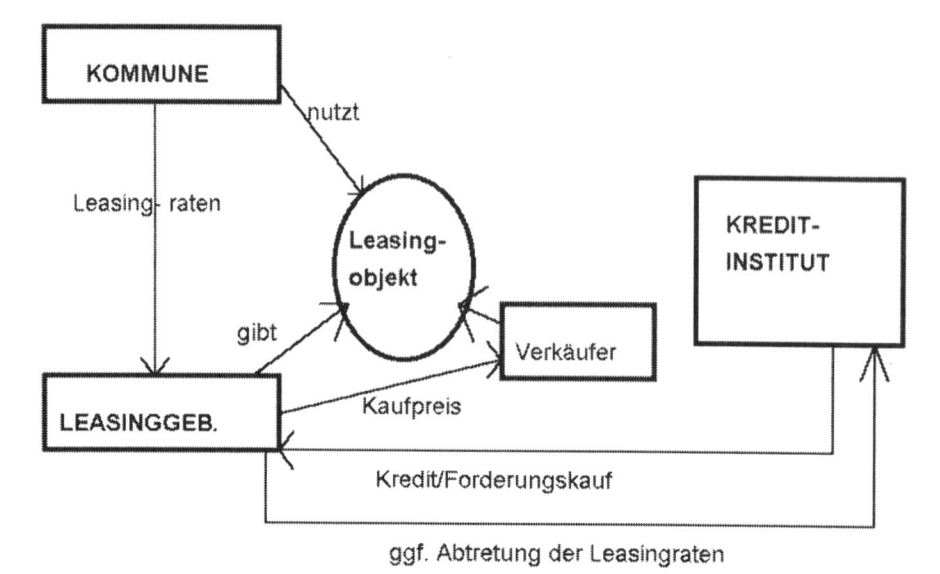

Schaubild 26: Buy-and-Lease-Verfahren

398   Als dritte Form sei schließlich noch das sale-and-lease-back-Verfahren genannt [→ Anhang 4 Ziff. 4.4]. Hierbei veräußert die Kommune ein eigenes Objekt, in der Regel an einen privaten Dritten (Leasinggeber) und least es von diesem zurück. Hierfür erhält die Kommune einen Kaufpreis, zahlt dafür für den Zeitraum des Leasing-Vertrages jährliche Leasingraten. Die Endschaftregelungen sehen bei Mobilien Andienungsrechte des Leasinggebers und bei Immobilien Ankaufsrechte des Leasingnehmers vor. Durch den Kaufpreis erhält die Gemeinde zunächst einen Liquiditätszufluß, dem allerdings die langfristigen Leasingraten gegenüberstehen. Insofern ist auch in diesem Fall ein Wirtschaftlichkeitsvergleich über die Vertragslaufzeit erforderlich. Der Liquiditätszufluß kann vorrangig zur Entschuldung, im Einzelfall auch zur Investitionsfinanzierung verwendet werden.

399   Da die Gemeinde Vermögen hergibt, ist das sale-and-lease-back-Verfahren haushaltsrechtlich sehr kritisch zu bewerten. Denn insoweit sind die für die Vermögensveräußerung maßgeblichen Bestimmungen zu beachten. Sie sehen durchweg eine Veräußerung gemeindlichen Vermögens nur für den Fall vor, daß es zur Aufgabenerfüllung nicht benötigt wird (z.B. § 79 Abs. 1 GemO RhPf). Mit dieser Begründung wird deshalb das sale-and-lease-back -Verfahren in einzelnen Bundesländern auch für unzulässig erklärt [→ Anhang 4 Ziff. 4.4].

400   Ob diese Argumentation indes völlig zutreffend ist, muß zumindest geprüft werden. Soweit es sich um eine reine Finanztransaktion handelt, kann der haushaltsrechtlichen Sichtweise zwar durchaus gefolgt werden. Schwierig ist dann jedoch der Fall, bei dem durch ein sale-and-lease-back nachweislich Einsparungen erzielt werden. Hier kollidieren das Wirtschaftlichkeits- und das Vermögenserhaltungsgebot.

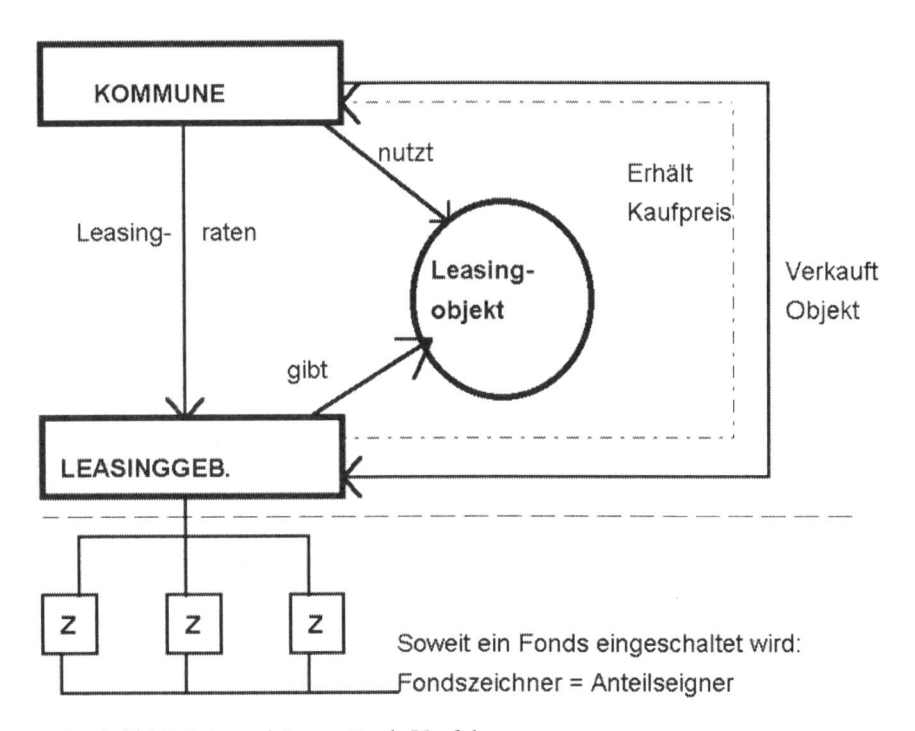

Leasing und leasingähnliche Rechtsgeschäfte

Schaubild 27: Sale-and-Lease-Back-Verfahren

Denkbar ist auch, daß der Erwerber das Objekt vor dem Leasing an die Kommune grundlegend saniert, wozu die Kommune selbst möglicherweise aus haushaltswirtschaftlichen Gründen nicht in der Lage ist. In diesem Fall, bei dem Finanzierung und Investition miteinander verknüpft sind, dürfte – sofern die Sanierung auch vor dem Hintergrund angemessener Aufgabenerfüllung geboten ist (z.B. in der Abwasserbeseitigung) – das sale-and-lease-back-Verfahren nicht strikt abgelehnt werden. Hier wäre die Einzelfallprüfung notwendig; dabei wird auch maßgeblich sein, wie der der Gemeinde zufließende Kaufpreis verwandt werden soll

7.3 Wirtschaftlichkeit von Leasingfinanzierungen

In der Diskussion um das Leasingverfahren werden in der Regel zwei mögliche Vorteile genannt: 401

- günstigere Finanzierungsbedingungen
- schnellere und/oder kostengünstigere Realisierung eines Vorhaben

Beide Argumente gelten allerdings nur unter bestimmten Bedingungen, sie sind im übrigen nicht notwendig nur mit dem Leasingverfahren verknüpft. Für das Mobilienleasing wird zudem angeführt, daß bei den sehr kurzen Laufzeiten die Kommune rascher über eine technisch jeweils aktuelle Einrichtung verfügt als beim Er-

Alternativen der Investitionsfinanzierung

werb der Anlagen durch die Gemeinde selbst. Dieses Argument kann z.B. für den Bereich der Datenverarbeitung einige Bedeutung besitzen.

7.3.1 Finanzierungsaspekte

402 Soweit der Leasinggeber für die Finanzierung des Leasingobjekts Fremdkapital benötigt, ist er auf die am Kapitalmarkt geltenden Konditionen angewiesen. Diese dürften für den Leasinggeber in aller Regel höher als die Kommunalkreditkonditionen sein, da für das Kreditinstitut andere Refinanzierungsbedingungen und andere Risikoerwägungen gelten. Aus diesem Grund sind Leasingverträge zumeist mit den Instrumenten der Bürgschaft durch die Kommune oder der Forfaitierung der Leasingraten verknüpft, um dem Leasinggeber kommunalkreditähnliche Konditionen zu sichern.

403 Bei der Festsetzung der Leasingraten wird der Leasinggeber auch seine eigenen Kosten berücksichtigen. Dabei darf nicht übersehen werden, daß Leasingverträge für den Leasinggeber andere steuerliche Konsequenzen haben, die die Leasingfinanzierung gegenüber dem Kommunalkredit belasten. So sind beim Leasinggeber ggf. Dauerschuldzinsen gewerbesteuerlich relevant, wenn er nicht ausschließlich mit der Vermietung und Verwaltung von Immobilien beschäftigt ist oder nicht sämtliche Forderungen aus dem Leasingvertrag forfaitiert werden können. Sofern der Leasinggeber das Grundstück für das Leasingobjekt zuvor von der Gemeinde erwirbt bzw. im Wege des Erbbaurechts übernimmt, ist Grunderwerbssteuer zu zahlen, die bei einer Eigeninvestition der Gemeinde entfallen würde. Schließlich wird der Leasinggeber für seine Leistungen auch einen angemessenen Gewinn erzielen wollen.

404 Für sich genommen kann die Finanzierung einer Investition im Leasingverfahren nicht günstiger ausfallen als der herkömmliche Kommunalkredit. Anders stellt sich der Sachverhalt dar, wenn der Leasinggeber andere, von den Kapitalmarktbedingungen unabhängige Vorteile im Leasingvertrag weiterreichen kann. Dies werden zumeist Steuervorteile sein, die der Leasinggeber für sich realisieren kann. Die Nutzung steuerlicher Gestaltungsmöglichkeiten ist indes auf jene Lösungen beschränkt, in denen Eigenkapital dem Leasinggeber zur Verfügung gestellt wird; sie beziehen sich mithin vor allem auf das Fonds-Modell [→ Rz. 374].

405 Die Zeichner der Fonds-Anteile können, sofern sie im Rahmen ihrer persönlichen Besteuerung Minderungen erzielen, eine niedrigere Verzinsung ihres Eigenkapitals im Fonds hinnehmen [→ Anhang 5b Ziff. 2.5]. Die Leasingraten können dann geringer ausfallen, wenn die Eigenkapitalgeber die aus dem Leasingvertrag resultierenden Verluste mit anderen steuerpflichtigen Einkünften saldieren können. In Höhe der Steuerersparnis wäre dann eine Reduzierung der Leasingraten möglich, so daß sie niedriger als der beim Kommunalkredit aufzuwendende Schuldendienst ausfallen könnten. Dies ist umso wahrscheinlicher, je höher die individuelle Steuerprogression der Anteilseigner ist.

406 Voraussetzung für die Anerkennung steuerlicher Gestaltungsmöglichkeiten ist zunächst die Zurechnung des Leasingobjekts zum Leasinggeber. Im Falle des sog. Spezialleasing [→ Rz. 337f.] ist die Nutzung von Steuervorteilen durch den Lea-

singgeber ausgeschlossen. Zudem muß nachgewiesen werden, daß das abgeschlossene Geschäft wirtschaftlich tragfähig ist. Die über die Nutzungszeit zu erwartenden Erträge müssen mithin zumindest die entstandenen Kosten decken; ein dauerhaft auf Verlusterzielung angelegter Leasingvertrag könnte gleichfalls steuerlich keine Anerkennung finden.

Dabei ist die Entwicklung des Steuerrechts sorgfältig zu beachten. So sind Lösungen, die noch vor kurzem üblich waren, derzeit steuerlich nicht mehr zulässig. Ein Beispiel ist das cross-border-Leasing von Fahrzeugen für den öffentlichen Personennahverkehr. Gravierender sind allerdings die mit dem Steueränderungsgesetz 1999 vorgenommenen Eingriffe in den Verlustausgleich zwischen verschiedenen Einkunftsarten im Einkommensteuerrecht (insb. § 2b EStG). Dadurch sind die Möglichkeiten, Steuervorteile für Leasing-Projekte nutzbar zu machen, zwar nicht völlig unterbunden, wohl aber erheblich eingeschränkt worden. Ob und inwieweit nunmehr andere Gestaltungsmöglichkeiten in Betracht zu ziehen sind, muß derzeit offenbleiben. Die Gestaltung und Vermarktung von Leasingfondsmodellen ist seitdem erheblich schwieriger geworden. *407*

Nicht unwesentlich ist allerdings auch die Beteiligung des Fonds – und damit der Anteilseigner – an Wertsteigerungen. Der wirtschaftliche Nutzen für den Anteilseigner besteht dann nicht in der Höhe der Eigenkapitalverzinsung, sondern in der zu erwartenden Wertentwicklung des Leasingobjekts. Wertsteigerungen können die Anteilseigner jedoch nur dann realisieren, wenn bei Beendigung des Leasingvertrags eine Veräußerung des Objekts zum Marktwert möglich ist. Dies wiederum widerspricht dem Interesse der Kommune an einer günstigen Endschaftsklausel [→ Rz. 380f.]. *408*

Eine wichtige Frage im Zusammenhang mit der Finanzierung kommunaler Einrichtungen ist die Gewährung von Landeszuweisungen [→ Rz. 385]. Ein Leasinggeschäft kommt überhaupt nur in Betracht, wenn dadurch die Förderbedingungen nicht verschlechtert werden. Ist – wie in Nordrhein-Westfalen – eine Zuwendung für Investitionen bei Leasingfinanzierung nicht möglich, ist das Leasing dann nur für solche Vorhaben von Belang, für die spezielle Landesmittel nicht zur Verfügung stehen. *409*

7.3.2 Wirtschaftlichkeitsaspekte

Als reine Finanzierungslösung vermag das Leasingverfahren – abgesehen von den Fällen, in denen steuerliche Vorteile beim Leasinggeber genutzt werden können – mit dem herkömmlichen Kommunalkredit nicht zu konkurrieren. Deshalb wird die Leasingfinanzierung mit der Planung und Errichtung des Leasingobjekts durch den Leasinggeber oder einen von ihm beauftragten privaten Dritten verknüpft. Als Vorteile werden dabei in aller Regel genannt: *410*

- eine größere Spezialisierung und Marktübersicht
- eine schnellere und damit kostengünstigere Realisierung
- eine flexiblere Handhabung von Vergabeentscheidungen

411 Daß private Anbieter über spezialisierte Fachkenntnisse verfügen und die für sie maßgeblichen Marktbedingungen besser überblicken als eine Kommunalverwaltung dürfte unumstritten sein. Dessen bedient sich eine Kommune aber bei jeder Vergabeentscheidung, unabhängig von der Finanzierungsart. Mit einer rascheren Realisierung eines Vorhabens werden zweifellos Kostenvorteile erzielt, da z.B. Baupreissteigerungen und ggf. Vorfinanzierungszinsen vermieden werden können. Allerdings treten die haushaltswirtschaftlichen Belastungen für die Kommune auch dementsprechend früher ein. Die Kommune hat mithin die Vorteile aus Kostenentlastungen gegen die früher einsetzenden Zahlungen aus dem Haushalt abzuwägen.

412 Mit dem Argument wird unterstellt, Private verfügten über einfachere und schnellere Entscheidungsabläufe als eine Kommune. Diese Feststellung ist sicher nicht unzutreffend, wenn und soweit die Kommune ihre herkömmlichen Entscheidungswege benutzt. Schnellere Entscheidungen können indes auch in einer Kommune erzielt werden. Das gilt insbesondere, wenn gezielte Organisationsstrukturen, wie Projektgruppen [→ Anhang 5a Ziff. 1], Eigenbetriebe oder eigenbetriebsähnliche Lösungen o.ä. gewählt werden. Ob damit der Privatwirtschaft vergleichbare Ergebnisse erzielt werden, sei an dieser Stelle dahingestellt. Im übrigen sei nur darauf verwiesen, daß ein Leasingvertrag der aufsichtsbehördlichen Genehmigung bedarf, die bei konventioneller Durchführung kommunaler Investitionsprojekte entfällt.

413 In dem Zusammenhang ist auf die Bedeutung der Planungsphase für die späteren Folgekosten aus dem Betrieb einer neu zu errichtenden Anlage zu verweisen. Gerade in der Frühphase des Planungsprozesses werden die wichtigsten Kostenentscheidungen getroffen; Wirtschaftlichkeitsüberlegungen müssen vor allem in diesem Stadium Platz greifen. Dies gilt unabhängig davon, ob eine Anlage von der Kommune konventionell selbst als Bauherr oder von einem Dritten im Rahmen einer Leasingvariante erstellt wird. Ob und inwieweit die Art des gewählten Rechtsgeschäfts auf die Intensität und Qualität der Planung Einfluß hat, muß Spekulation bleiben. Grundsätzlich darf für die konventionelle Durchführung von Investitionen nicht per se eine weniger durchdachte Planung unterstellt werden.

414 Die Verpflichtung der Kommunen, Vergaben nach den Bestimmungen der VOB/VOL vorzunehmen, insbesondere das grundsätzliche Verbot der Nachverhandlung, gilt als ein wesentliches Problem für die Erzielung kostengünstiger Konditionen bei konventionellen Investitionen. Die Verhandlungsmöglichkeiten am Markt sind jedoch nicht nur für Kommunalverwaltungen durch die Bindung an die Vergabevorschriften begrenzt. Auch ein privater Investor ist in vielen Fällen gehalten, die Vorschriften der VOB/VOL zu berücksichtigen. Dies gilt insbesondere dann, wenn für ein Vorhaben öffentliche Zuschüsse gewährt werden, da die meisten Zuschußgeber die Bewilligung mit der Verpflichtung zur Einhaltung der für die öffentliche Hand maßgeblichen Vergabevorschriften verknüpfen. Hinzu kommt, daß einzelne Bundesländer die Bindung an die Vergabevorschriften zur Genehmigungsvoraussetzung machen [→ Rz. 383f.]. Darüber hinaus sind aufgrund der Vergaberichtlinien der Europäischen Union Vorhaben, die die dort genannten Schwellenwerte – für Bauleistungen 5 Mio. Ecu, d.h. rund 10 Mio. DM –

Leasing und leasingähnliche Rechtsgeschäfte

überschreiten, auch dann nach den Bestimmungen der VOB zu behandeln, wenn sie nicht von der Kommune selbst, sondern durch einen Dritten erstellt werden.

7.3.3 Bewertung von Leasingfinanzierungen

Die Bewertung eines Leasing-Vertrages erweist sich als schwierig. Zum Vergleich sollte das Vorhaben zwar in eigener kommunaler Trägerschaft mit konventioneller Finanzierung dargestellt werden [→ Anhang 5b Ziff. 3.3.1.2]. Einen derartigen fiktiven Vergleich wird man indes kaum vornehmen können, sofern nicht eine Parallelausschreibung erfolgt [→ Rz. 386]. Insoweit sind lediglich Plausibilitätsüberlegungen bzw. der Vergleich mit ähnlichen Vorhaben, die die Gemeinde selbst oder andere durchgeführt haben, in Betracht zu ziehen. 415

Noch komplexer wird der Sachverhalt, wenn ein Leasing-Vertrag durch einen Betriebsführungsvertrag ergänzt wird, der spätere Betrieb der Einrichtung mithin nicht von der Gemeinde selbst, sondern von dem Leasinggeber bzw. einem anderen privaten Dritten gewährleistet werden soll. Die Kommune hat dann nicht nur den Leasingvertrag, sondern auch den anschließenden Betriebsführungsvertrag im Hinblick auf besondere Risiken zu prüfen. Insbesondere ist die Fortführung des Betriebes auch bei Nichterfüllung oder Konkurs des Betreibers zu gewährleisten. Entsprechend ist der Betriebsführungsvertrag Bestandteil der der Aufsichtsbehörde vorzulegenden Unterlagen. 416

Einigen weiteren Aspekten sollte bei der Vertragsgestaltung Aufmerksamkeit geschenkt werden. Dies gilt zum einen für den Fall der Isolvenz des beauftragten Bauunternehmens. Da die Gemeinde das Vergabeverfahren für das Bauwerk oder einzelne Teilgewerke nicht selbst trifft, muß sie besonderen Wert darauf legen, daß eine mögliche Insolvenz keine zeitliche Verzögerung und damit finanzielle Nachteile nach sich zieht. Ein zweites Problem ist der zufällige Untergang der Anlage oder Einrichtung. Die Kommune als Leasingnehmer benötigt das jeweilige Objekt für ihre Aufgabenerfüllung. Insofern muß sie die Gewähr dafür haben, daß auch bei einem zufälligen Untergang in angemessener Frist gleichwertiger Ersatz geschaffen wird. 417

Leasing erweist sich in vielen Fällen als eine Kombination aus dem Finanzierungsleasing sowie einer Vergabeentscheidung an einen privaten Investor. Die Einschaltung Privater bei der Erstellung kommunaler Investitionsvorhaben ist seit langem gängige Praxis. Sie reicht von der Inanspruchnahme privater Planungsbüros bis zur schlüsselfertigen Errichtung eines kommunalen Bauvorhabens durch einen Generalunternehmer. Diese Instrumente und die mit ihnen verbundenen Vorteile können auch außerhalb eines Leasingvertrages genutzt werden. Leasing sollte daher – auch zur Nutzung eines möglichst umfassenden Wettbewerbs – in einen Finanzierungs- und einen Herstellungsvertrag untergliedert werden. Dies gestattet es z.B. auch mittelständischen Bietergemeinschaften, die kein eigenständiges Finanzierungsangebot unterbreiten können, am Wettbewerb teilzunehmen. 418

Leasing kann dann zu finanzwirtschaftlich günstigen Ergebnissen führen, wenn aus dem Zusammenwirken eines leistungsfähigen Investors mit einem günstigen Fianzierungsangebot (in der Vergangenheit vor allem auf Grund steuerlicher Vor- 419

Alternativen der Investitionsfinanzierung

teile über Leasing-Fondsmodelle) Kostenvorteile gegenüber der herkömmlichen Vergabe und Kreditfinanzierung zu erwarten sind. Dieser Zusammenhang darf indes nicht generell unterstellt werden, sondern muß im Einzelfall stets erneut geprüft werden. Viele der dem Leasingverfahren zugerechneten Vorteile sind nicht unbedingt leasing-typisch, sondern können u.U. bei geeigneter Organisation auch von der Kommune selbst zu realisieret werden.

Kapitel V
Kommunalkredit und Stabilitätspolitik

1. Grundzüge antizyklischer Wirtschaftspolitik

Die öffentlichen Ausgaben, namentlich die Investitionstätigkeit, gelten als wichtiges Instrument zur Beeinflussung konjunktureller Schwankungen der Wirtschaft. Diese auf den englischen Ökonomen John Maynard Keynes zurückgehende Auffassung hat lange Zeit auch die Wirtschaftspolitik in der Bundesrepublik Deutschland geprägt. Danach waren in einer rezessiven Phase staatliche Maßnahmen zur Belebung der wirtschaftlichen Entwicklung, in der Hochkonjunktur hingegen eine Drosselung staatlicher Aktivitäten zur Vermeidung einer konjunkturellen Überhitzung als erforderlich angesehen. *420*

Hierfür stehen sowohl die Variation der öffentlichen Ausgaben als auch die Gestaltung von Steuern und Abgaben als Instrumente zur Verfügung; in der Regel konzentriert sich die konjunkturpolitische Diskussion indes auf die öffentlichen Ausgaben. Ursprünglich wurde unter keynesianischer Wirtschaftspolitik die antizyklische Veränderung öffentlicher Ausgaben, d.h. die Ausweitung in der Rezession, die Verringerung hingegen in der Hochkonjunktur verstanden (→ Schaubild 28). Angesichts der Schwierigkeiten, Umfang und Zeitpunkt gezielter wirtschaftspolitischer Maßnahmen zu bestimmen, wird mittlerweile an Stelle einer konsequent antizyklischen eine eher stetige staatliche Ausgabenpolitik bevorzugt. *421*

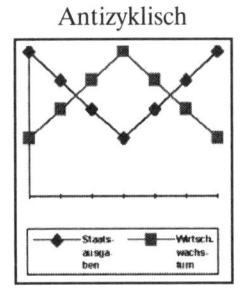

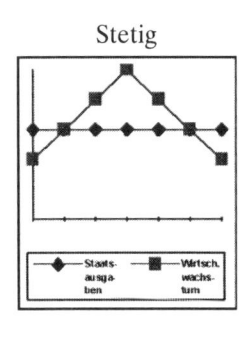

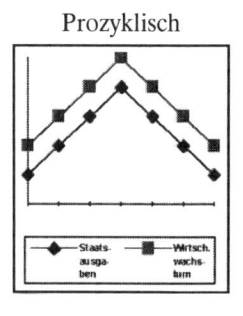

Schaubild 28: Staatsausgaben und konjunkturelle Entwicklung

Öffentliche Ausgaben sind in hohem Maße von der Einnahmeentwicklung bestimmt; dies gilt insbesondere für die Investitionstätigkeit. Während die laufenden Ausgaben zum größten Teil durch rechtliche oder vertragliche Bindungen festgelegt sind, lassen sich Investitionsausgaben – in bestimmten Grenzen und mit gewis- *422*

Kommunalkredit und Stabilitätspolitik

sem Zeitverzug – veränderten Einnahmebedingungen anpassen. Der unstetige Verlauf kommunaler Investitionsausgaben [→ Rz. 6] unterstreicht dies. Die wirtschaftspolitische Forderung nach einer konjunkturgerechten Ausgabenpolitik bezieht sich daher in erster Linie auf die öffentliche Investitionstätigkeit. Dies kann bei stagnierenden oder gar rückläufigen Einnahmen in der Rezession in aller Regel nur durch eine verstärkte Kreditaufnahme erreicht werden.

423 Der Umfang der öffentlichen Investitionstätigkeit wird ganz wesentlich von den Gemeinden bestimmt, über deren Haushalte etwa zwei Drittel der öffentlichen Investitionen abgewickelt werden [→ Rz. 2]. Die Kommunen waren daher stets auch Adressat staatlicher Konjunkturprogramme zur Überwindung rezessiver Phasen der Wirtschaft; in der Hochkonjunktur sollten sie ihre Investitionstätigkeit hingegen zurücknehmen. Zwar sind inzwischen die Zweifel an der Wirksamkeit herkömmlicher Maßnahmen zur Beeinflussung der Konjunktur durch den Staat gewachsen; doch auch in der jüngsten Rezession ist die Forderung verstärkter Investitionstätigkeit der kommunalen Gebietskörperschaften laut geworden. Es stellt sich indes die Frage, ob sich die Städte und Gemeinden stärker verschulden sollen und können, um einen Beitrag zur Konjunkturpolitik zu leisten.

2. Die konjunkturpolitische Verpflichtung der Gemeinden – Anspruch und Wirklichkeit

424 Die Sicherung von Stabilität und Wachstum der Wirtschaft ist keineswegs nur eine Aufgabe des Bundes und der Länder. Der Gesetzgeber hat in § 16 StabWG die Kommunen in die gesamtstaatliche Konjunkturpolitik einbezogen. Diese Bestimmungen ergänzt das kommunale Haushaltsrecht durch die Verpflichtung, im Rahmen der kommunalen Haushaltswirtschaft den Erfordernissen des gesamtwirtschaftlichen Gleichgewichts Rechnung zu tragen [→ Rz. 162]. Allerdings hat der Gesetzgeber die konjunkturpolitischen Anforderungen an die Kommunen nicht näher spezifiziert.

425 Zwar läßt sich nach dem Konzept keynesianischer Wirtschaftspolitik daraus grundsätzlich ableiten, die Kommune solle in der Rezession ihre Ausgaben nicht drosseln bzw. in der Hochkonjunktur nicht überproportional ausdehnen. Was darüber hinaus als konjunkturgerechte Haushaltsführung der Kommunen verstanden wird, bleibt jedoch offen. Der Gesetzgeber hat auch auf eine genauere Regelung zu der Frage verzichtet, wie eine konjunkturgerechte Haushaltsführung der Kommunen überhaupt gewährleistet werden soll und mit den übrigen Bestimmungen des kommunalen Haushaltsrechts in Einklang zu bringen ist.

426 Lediglich für einen Teilbereich – der allerdings seit 20 Jahren ohne praktische Bedeutung geblieben ist – enthält das kommunale Haushaltsrecht genauere Vorschriften. § 19 StabWG ermächtigt die Bundesregierung, mit Zustimmung des Bundesrates die Kreditaufnahme der öffentlichen Hand in der Hochkonjunktur zu begrenzen („Schuldendeckelverordnung"). Ist eine solche Verordnung erlassen, unterliegt die kommunale Kreditaufnahme der Einzelgenehmigung durch die Aufsichtsbehörde und kann gegebenenfalls versagt werden [→ Rz. 163]. Das Instrument ist im Hinblick auf die kommunale Kreditaufnahme erst einmal (1973) – mit

geringem Erfolg – angewandt worden. Im übrigen gibt es eine entsprechende Ermächtigung auch für die Landesregierungen [→ Rz. 164].

Trotz der rechtlichen Verpflichtung haben die Kommunen in der Vergangenheit ihre Haushaltswirtschaft keineswegs nach konjunkturpolitischen Gesichtspunkten ausgerichtet. Sie haben ihre Ausgaben, vor allem im investiven Bereich, in der Rezession stark gedrosselt, in der Hochkonjunktur hingegen deutlich ausgeweitet. Sie haben sich damit im Grundsatz prozyklisch verhalten, auch wenn die Investitionen erst mit gewissem Zeitverzug auf die konjunkturelle Entwicklung reagiert haben [→ Rz. 85]. Den Kommunen ist daher oft vorgeworfen worden, sie beeinträchtigten mit ihrem konjunkturabhängigen Investitionsverhalten eine stetige Entwicklung der Wirtschaft. Im übrigen sei die Ausweitung der Investitionstätigkeit in der Hochkonjunktur von erheblichem Nachteil für die Kommunen, da gerade dann die Preise für Bauleistungen besonders stark stiegen, während in der Rezession stagnierende, z.T. sogar sinkende Preise zu beobachten seien. Im übrigen führten rückläufige Investitionsaufträge an die Wirtschaft in der Rezession zu weiteren Steuerausfällen, so daß die kommunalen Haushalte zusätzliche Belastungen zu tragen hätten; umgekehrt gelte dieser Prozeß der Selbstverstärkung auch für die Hochkonjunktur. *427*

Für eine kontinuierlichere Ausgabengestaltung der Städte und Gemeinden sprechen daher durchaus nicht nur rechtliche, sondern auch wirtschaftliche Gründe. Die Kommunen können jedoch oftmals eine konjunkturorientierte Haushaltsführung gar nicht leisten. Die Ursache für eine unstetige Haushaltswirtschaft liegt vor allem in der Entwicklung der kommunalen Einnahmen. Die den Kommunen zur Verfügung stehenden laufenden Einnahmen sind die wichtigste Bestimmungsgröße für die Ausgabetätigkeit. Veränderungen der laufenden Einnahmen schlagen sich bei weitgehend unveränderten Ausgabenanforderungen in der Zuführung an den Vermögenshaushalt nieder und verändern damit auch die Möglichkeiten zur Eigenfinanzierung von Investitionen. Da diese Einnahmen der Kommunen in der Rezession sinken, in der Hochkonjunktur indes auch überproportional steigen können, ist eine unstetige Ausgabenentwicklung keineswegs überraschend. *428*

Der Mangel an Stetigkeit gilt insbesondere für die Steuereinnahmen und hier vornehmlich für die Gewerbesteuer (→ Schaubild 29). Die Gewerbesteuereinnahmen zeigen einen ausgeprägt zyklischen Verlauf, sie schwanken deutlich ausgeprägter als das Bruttosozialprodukt; dabei reagiert das Gewerbesteueraufkommen – auf Grund von Nachzahlungen und nachträglichen Anpassungen – oft mit einem Zeitverzug von etwa ein bis zwei Jahren auf die konjunkturelle Entwicklung. Gerade in den letzten Jahren ist das Aufkommen z.T. stark gesunken. Hinzu tritt, daß die Gewerbesteuer in hohem Maße zum Instrument der bundesstaatlichen Steuerpolitik geworden ist. Derzeit wird das kommunale Gewerbesteueraufkommen nicht nur von der wirtschaftlichen Entwicklung beeinflusst; die Heranziehung der Gewerbesteuerumlage zur Finanzierung der Kosten der Deutschen Einheit, aber auch als Kompensation für Steuerausfälle der Länder im Zuge steuerlicher Reformmaßnahmen, reduzieren die den Kommunen verbleibenden Einnahmen gerade in einer Phase rückläufigen Steueraufkommens weiter. *429*

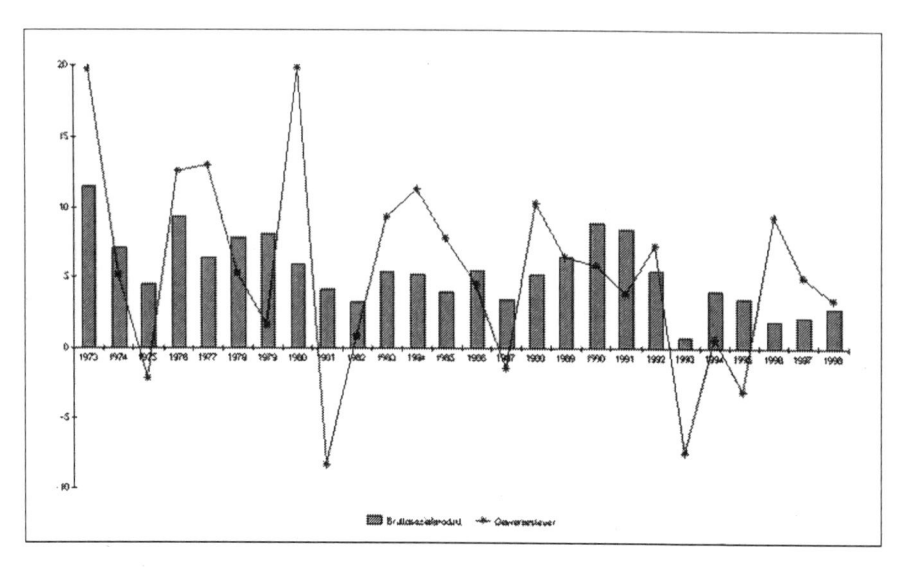

Schaubild 29: Gewerbesteuer und nominales Bruttosozialprodukt 1973–1998
(Zuwachs in %)
Quellen:
Bruttosozialprodukt: Statistisches Jahrbuch, Monatsberichte der Deutschen Bundesbank verschiedene Jahrgänge; ab 1996 vorläufige Werte
Gewerbesteuer: Bruttoaufkommen in den alten Bundesländern; Gemeindefinanzberichte des Deutschen Städtetages, verschiedene Jahrgänge; ab 1997 vorläufige Werte
(Anmerkungen: Die Gewerbesteuerwerte für 1979–1981 sind durch Anpassungsprozesse im Rahmen der Abschaffung der Lohnsummensteuer verzerrt. Seit 1998 Werte ohne Gewerbekapitalsteuer)

430 Neben den Steuereinnahmen ist aber auch der kommunale Finanzausgleich zu erwähnen. Die für die allgemeinen und zweckgebundenen Zuweisungen zur Verfügung stehenden Mittel sind über die sog. Verbundquote fest an die Entwicklung des Steueraufkommens der Bundesländer gekoppelt; soweit diese Steuereinnahmen gleichfalls konjunkturabhängig sind, schwanken auch die Finanzausgleichsleistungen im Konjunkturverlauf. Die Ausschläge sind indes geringer, da die Verbundsteuern insgesamt weit weniger konjunkturreagibel sind als die Gewerbesteuer. Der Effekt kann allerdings dann verstärkt werden, wenn – wie häufiger zu beobachten – Bundesländer angesichts eigener rückläufiger Steuereinnahmen die Verbundquote zur Entlastung des Landesetats direkt oder indirekt – im Wege der sog. Befrachtungen – kürzen.

431 Die Entwicklung der laufenden Einnahmen legt mithin eine prozyklische Haushaltsführung der Gemeinden nahe. Sollen die Ausgaben, insb. die Investitionstätigkeit kontinuierlicher, ggf. sogar antizyklisch gestaltet werden, dann müssen die Kommunen ihre Kreditaufnahme – sofern nicht andere außerordentliche Einnahmen des Vermögenshaushalts zur Verfügung stehen oder Rücklagemittel eingesetzt werden können – unter konjunkturpolitischen Gesichtspunkten gestalten. In einer rezessiven konjunkturellen Situation bedeutete dies eine Ausweitung kommunaler Verschuldung.

3. Höhere Kommunalverschuldung als konjunkturpolitischer Beitrag?

Würde eine einzelne Kommune in der Rezession vermehrt Kredite aufnehmen und damit höhere Investitionsausgaben finanzieren, so würde sich dadurch für sich genommen die konjunkturelle Situation faktisch nicht verändern. Die Wirkungen einer expansiven Ausgabenpolitik können nur dann wirksam werden, wenn sich viele, möglichst alle – staatliche wie kommunale – Gebietskörperschaften daran beteiligen. Nur dann sind möglicherweise Beschäftigungs- und Wachstumseffekte in der Gesamtwirtschaft zu erwarten, die wiederum positive Rückwirkungen auf die kommunale Finanzsituation haben. *432*

Diesen – höchst ungewissen – Vorteilen stehen Nachteile gegenüber, die die Kommune in jedem Fall hinnehmen muß. Die Ausweitung der Kreditaufnahme bedeutet einen Anstieg der Schuldendienstzahlungen in künftigen Haushaltsjahren, die angesichts der schwierigen Finanzlage der Kommunen erheblich ins Gewicht fallen würden; dies gilt auch, wenn der in der Rezession herrschende Zinssatz vergleichsweise niedrig sein dürfte. Zusätzlich werden bei der Mehrzahl der mit Hilfe der Kreditaufnahme finanzierten Investitionsprojekte weitere Folgekosten anfallen, die den finanziellen Spielraum der jeweiligen Kommune in Zukunft weiter einengen. Da die kommunalen Entscheidungsträger nicht darauf vertrauen können, daß sich andere Gebietskörperschaften an einer expansiven Ausgabenpolitik beteiligen, werden sie vernünftigerweise auf eine Ausweitung der Verschuldung verzichten. Umgekehrt könnten sie sogar ohne eigene Mitwirkung in den Genuß der Vorteile gelangen, wenn nur viele andere Gebietskörperschaften ihre Ausgaben ausweiteten. *433*

Nur am Rande sei erwähnt, daß die Forderung nach höheren Investitionsausgaben der Gemeinden in der Rezession voraussetzt, daß stets eine Anzahl vorbereiteter Investitionsprojekte vorhanden ist, die einerseits einen notwendigen kommunalen Bedarf befriedigen und andererseits sofort in Angriff genommen werden können („Schubladenprogramme"), wenn nur die Finanzierungsmittel bereitstehen. Dies wird längst nicht in allen, vor allem nicht in kleineren Gemeinden der Fall sein, da die Erstellung von Planungen „auf Vorrat" erheblichen Aufwand verursacht. Es fehlte in der Vergangenheit mithin oft bereits an den Voraussetzungen für eine konjunkturorientierte Investitionsgestaltung. Mittlerweile hat sich allerdings in vielen Kommunen ein hoher Sanierungsbedarf bei vielen öffentlichen Gebäuden und Einrichtungen angestaut, so daß spezifische Ausgabeanforderungen vorliegen. *434*

Dabei muß allerdings der Umstand berücksichtigt werden, daß viele kommunale Investitionsvorhaben mit Landeszuschüssen anteilig gefördert werden. Zwischen Förderantrag und Zuschußbewilligung vergeht indessen oft soviel Zeit, daß Investitionen möglicherweise erst dann begonnen werden, wenn die Rezession, zu deren Überwindung sie eigentlich beitragen sollten, bereits abgeklungen ist. Ver- *435* schiedene staatliche Konjunkturprogramme zur Förderung der kommunalen Investitionstätigkeit in der Rezession haben unter diesem Mangel ebenso wie unter gewissen „Mitnahmeeffekten" gelitten.

436 Schließlich setzt das kommunale Haushaltsrecht selbst dem konjunkturpolitischen Spielraum der Kommunen klare Grenzen. Die Kreditaufnahme der Gemeinden unterliegt dem Genehmigungsvorbehalt durch die Aufsichtsbehörde. Diese hat insbesondere darauf zu achten, daß die dauerhafte finanzielle Leistungsfähigkeit der Gemeinde gewährleistet ist. [→ Rz. 137ff.]. Für die Beurteilung der dauerhaften Leistungsfähigkeit ist wiederum die „freie Spitze" maßgeblich [→ Rz. 143]. Die Höhe der „freien Spitze" wird bei vergleichsweise gering schwankenden, in aller Regel zwangsläufig steigenden laufenden Ausgaben im wesentlichen von der Einnahmeentwicklung bestimmt. Damit schlägt sich die konjunkturelle Lage unmittelbar in der „freien Spitze" nieder. In der Rezession ist die „freie Spitze" deshalb besonders niedrig. Viele Kommunen müssen daher ihre Kreditaufnahme dementsprechend reduzieren, um den Anforderungen an die dauerhafte Leistungsfähigkeit gerecht zu werden. Dies geschieht, wie die Erfahrung zeigt, nicht ganz zeitnah, da begonnene Investitionsprojekte auch bei rückläufigen Einnahmen ausfinanziert werden müssen [→ Rz. 86f.].

437 Der Gesetzgeber hat im übrigen – anders als im staatlichen Haushaltsrecht – keine konjunkturpolitisch begründete Ausnahme bei der Kreditgenehmigung zugelassen. Eine Abkehr vom Postulat der dauerhaften Leistungsfähigkeit, d.h. eine höhere Verschuldung auch bei geringer oder gar negativer „freier Spitze" ist nicht möglich. Der Gesetzgeber hat damit der finanziellen Solidität kommunaler Haushalte eine klare Priorität vor konjunkturpolitischen Erfordernissen eingeräumt. Die Verpflichtung der Kommunen, im Rahmen ihrer Haushaltswirtschaft den Erfordernissen des gesamtwirtschaftlichen Gleichgewichts Rechnung zu tragen, ist daher gerade in der Rezession faktisch von nachrangiger Bedeutung.

Probleme einer konjunkturgerechten Haushaltsführung in der Rezession

- Konjunkturabhängige Einnahmen, insb. bei der Gewerbesteuer
- Kein unmittelbarer Einfluß auf die konjunkturelle Entwicklung
- Hohe Zukunftsbelastungen
- Fehlende „Schubladenprogramme"
- Zeitverzug zwischen Planung und Realisierung
- Vorrang des Postulats der dauerhaften Leistungsfähigkeit

438 Etwas anders stellt sich der Sachverhalt in der Hochkonjunktur dar. Abgesehen vom staatlich einzusetzenden Instrument der „Schuldendeckelverordnung" kann es auch für die einzelne Kommune durchaus sinnvoll sein, Investitionsprojekte zurückzustellen. Dies gilt insbesondere dann, wenn hohe Preissteigerungen für die von den Kommunen benötigten Leistungen zu beobachten sind. Ein Aufschub der Investition kann dann möglicherweise zu günstigeren Konditionen bei einer späteren Ausschreibung führen. Zudem wird bei einer zumindest teilweisen Kreditfinanzierung u.U. ein niedrigerer Zinssatz zu realisieren sein.

Diese Überlegung kann indes nur dann angestellt werden, wenn es sich um Investitionsobjekte handelt, die zeitlich variabel sind. Für den bedeutendsten Bereich kommunaler Investitionen – die Abwasser- und Abfallbeseitigung – gilt dies gerade nicht, da Umfang und Zeitpunkt der Investitionen im wesentlichen durch die Gesetzgebung bestimmt werden. Darüber hinaus ist es in der kommunalpolitischen Praxis nicht einfach, wünschenswerte und notwendige Investitionen aus konjunkturellen Erwägungen zurückzustellen, auch wenn die finanziellen Mittel vorhanden sind. *439*

4. Konjunkturpolitik – keine kommunale Aufgabe

Für die Städte und Gemeinden besteht nicht nur kein Anreiz, sich in der Rezession stärker zu verschulden, sie sind vielmehr auch gar nicht dazu in der Lage, da sie ihre durch das Haushaltsrecht gezogenen Schuldengrenzen vielfach erreicht haben. Gerade die von der Gewerbesteuer abhängigen Städte sehen sich derzeit mit der Problematik defizitärer Haushalte konfrontiert. Die Schuldenpolitik ist deshalb ein ungeeigneter Ansatzpunkt zur Einbindung der Städte und Gemeinden in die gesamtwirtschaftliche Verantwortung. Um den Kommunen eine an den wirtschaftspolitischen Erfordernissen ausgerichtete Haushaltsführung zu ermöglichen, müssen daher andere Instrumente in Betracht gezogen werden. *440*

In erster Linie muß es gelingen, die kommunalen Einnahmen so zu gestalten, daß sie einen von der Konjunktur unabhängigeren, stetigeren Verlauf aufweisen. Dies bedeutet vor allem eine Neuordnung des kommunalen Steuersystems, die freilich nicht ausschließlich und auch nicht vorrangig unter konjunkturpolitischen Aspekten erfolgen darf. Die von kommunaler Seite vorgetragenen Reformvorschläge zur Revitalisierung der Gewerbesteuer oder zur Einführung einer kommunalen Wertschöpfungsteuer weisen indes ebenso wie der Gedanke einer kommunalen Umsatzsteuerbeteiligung ein weit höheres Maß an Stetigkeit auf als das gegenwärtige kommunale Steuersystem. *441*

Daneben sind die Bundesländer aufgerufen, eine kontinuierliche Entwicklung der Finanzausgleichsleistungen zu sichern. Dazu könnte z.B. eine antizyklische Veränderung der Verbundquote zur Sicherung einer stetigen Finanzausgleichsmasse dienen. Weitergehende Maßnahmen, die die kommunale Selbstverwaltung ernsthaft gefährden, müssen allerdings abgelehnt werden. So sind unmittelbare Eingriffe in die kommunale Haushaltswirtschaft, wie sie z.B. in der Schweiz mit dem Instrument der Investitionsgebote praktiziert wurden, für die Kommunen unannehmbar. *442*

> **Voraussetzungen für eine stetigere kommunale Haushaltswirtschaft**
>
> - Neuordnung des kommunalen Steuersystems
> - Kontinuierliche Gestaltung des Finanzausgleichs
> - Konstanz der kommunalen Aufgabenverantwortung

Schließlich ist darauf zu achten, daß die Gestaltungsfähigkeit der kommunalen Haushalte nicht von der Ausgabenseite gefährdet wird. Dies ist zum einen eine *443*

Aufgabe der kommunalen Selbstverwaltung, finanzielle Spielräume nicht vollständig auszuschöpfen, um sich auch in der Rezession noch Gestaltungsspielräume zu erhalten; zum anderen aber ist damit vor allem die Forderung an Bund und Länder verknüpft, den Kommunen nicht neue, kostenträchtige Aufgaben zuzuweisen. Dadurch würde der Spielraum für die kommunale Investitionstätigkeit weiter eingeengt, eine stetige kommunale Investitionspolitik mithin immer schwieriger. Eine ähnliche Überlegung gilt im übrigen auch für bereits bestehende kommunale Aufgaben, z.B. im sozialen Bereich, deren Kosten auf Grund von den Kommunen nicht zu beeinflussender Faktoren überproportional steigen.

444 Die konjunkturpolitische Verantwortung liegt damit eindeutig auf staatlicher Ebene, d.h. bei Bund und Ländern. Die Kommunen sollten ihre Haushaltswirtschaft – soweit dies ihnen möglich und rechtlich zulässig ist – zumindest so ausrichten, daß sie den konjunkturpolitischen Zielsetzungen des Staates nicht zuwiderläuft. Um dies zu gewährleisten, müssen Bund und Länder allerdings erst noch die notwendigen finanzwirtschaftlichen Rahmenbedingungen setzen. Die konjunkturpolitische Verpflichtung der Gemeinden, die im StabWG ebenso wie in den Kommunalverfassungen der Länder niedergelegt ist, verspricht jedenfalls derzeit mehr, als die Gemeinden tatsächlich einlösen können.

5. Neue Anforderungen durch Maastricht

445 Die eben beschriebenen konjunkturpolitischen Erwägungen haben seit ihrer rechtlichen Kodifizierung Ende der 60er Jahre inzwischen an Bedeutung eingebüsst. An ihre Stelle ist verstärkt das Bemühen um eine stabilitätsorientierte Finanzpolitik getreten; sichtbarer Ausdruck sind die Bestimmungen des Maastricht-Vertrages. Spätestens mit der Bildung der europäischen Wirtschafts- und Währungsunion zum 1.1.1999 haben sich die Anforderungen an die Finanzpolitik gewandelt. Die bisher nationalstaatlich orientierte Gestaltung der öffentlichen Finanzen wird zunehmend „europäisiert".

446 Dies wird zum einen begünstigt durch die Konvergenz wichtiger Rahmenbedingungen wie der Zins- und Inflationsentwicklung; zum anderen ergibt sich im einheitlichen Währungsraum ein verstärkter Harmonisierungsbedarf, da die Wechselkurse als Ausgleichsinstrument entfallen sind. Der Bedarf zeigt sich insb. in der Steuerpolitik; die Vergleichbarkeit – nicht unbedingt Gleichheit – der Steuersysteme in den Teilnehmerländern der Währungsunion ist ein wichtiges Ziel, um unerwünschten Reaktionen der Steuerpflichtigen entgegenwirken zu können.

447 Dieses finanzpolitische Umfeld ist auch für die Kommunen von Belang. Ihre Haushaltswirtschaft wird zumindest mittelbar – so bei nahezu jeder steuerpolitischen Entscheidung – berührt. Ganz ausdrücklich einbezogen in die Gestaltung der öffentlichen Finanzwirtschaft sind die Kommunen hinsichtlich ihrer Verschuldung. Die Einhaltung der sog. Maastricht-Kriterien [→ 182ff.] erfordert die Abstimmung der Haushalte aller öffentlichen Gebietskörperschaften (und Sozialversicherungen), um den Anforderungen der Währungsunion gerecht zu werden.

448 Auch wenn hierfür noch keine Regelungen getroffen worden sind, so wird dieser Koordinationsprozeß die Bedingungen öffentlicher Haushaltswirtschaft nachhal-

Neue Anforderungen durch Maastricht

tig ändern. Bislang war davon auszugehen, daß die einzelnen Gebietskörperschaften autonom in der Gestaltung ihrer Haushaltswirtschaft waren. Dies galt uneingeschränkt für Bund und Länder, für die Kommunen insoweit abgeschwächt, als in fast allen Bundesländern die Haushaltssatzungen einer Genehmigungspflicht unterliegen. Nunmehr setzen die Verschuldungsgrenzen des Maastricht-Vertrages einen festen Rahmen, der die Verschuldungsmöglichkeiten (und damit die haushaltswirtschaftliche Flexibilität) der Gebietskörperschaften eingrenzt. Finanzpolitische Autonomie ist mithin nur innerhalb eines Korridors möglich.

Unabhängig davon, wie dieser Korridor letztlich zwischen den Gebietskörperschaften aufgeteilt wird, ergeben sich Konsequenzen für jede einzelne Kommune. Denn die Zulässigkeit der von ihr beabsichtigten Kreditaufnahme ist nicht mehr nur von der Gestaltung ihres eigenen Haushalts, sondern auch von der insgesamt zulässigen (und bereits durch andere ausgeschöpften) Defizitquote abhängig. Wie eine Koordination zwischen den vielen Tausend kommunalen Gebietskörperschaften erfolgen soll, ist noch völlig offen. *449*

Gerade vor dem Hintergrund dieses Koordinationsbedarfs wäre es geboten, wenn Bund und Länder dafür Sorge tragen, daß de facto eine Koordination, verbunden mit möglichen Einzeleingriffen in die kommunale Haushaltswirtschaft, nicht erforderlich wird. Dies könnte zum einen dadurch geschehen, daß den Kommunen insgesamt ein hinreichend breiter Kreditkorridor zur Verfügung gestellt würde; zum anderen könnten Bund und Länder ihre eigenen Kreditmöglichkeiten nur zum Teil ausschöpfen und damit eine gewisse Flexibilität der öffentlichen Verschuldung gewährleisten. Daß dieses finanzpolitisch ohne große Risiken sein dürfte, zeigt allein die Tatsache, daß die Verschuldung der Kommunen im Vergleich zur Staatsverschuldung [→ 5ff.] weitaus langsamer gestiegen ist. Die bisherigen Anforderungen des kommunalen Haushaltsrechts haben sich damit als wirksame Bremse gegen eine übermässige Verschuldung der Städte, Gemeinden und Kreise erwiesen. *450*

Anhänge

Anhang 1

Aufnahme von Krediten
Verwaltungsvorschrift zu § 103 GemO RhPf

1. **Allgemeines**

Der Kreditbegriff ist in § 45 Abs. 19 GemHVO erläutert. Kredite dürfen nur für Zwecke aufgenommen werden, die im Rahmen der Gemeindeaufgaben liegen. Die Weiterleitung oder Vermittlung von Krediten ist nicht Aufgabe der Gemeinde. Kredite für Sondervermögen mit Sonderrechnung (§ 80 Abs. 3 und 4) werden in der Haushaltssatzung festgesetzt.

2. **Voraussetzungen für Kreditaufnahmen**

2.1 Kredite dürfen nach § 94 Abs. 3 GemO nur aufgenommen werden, wenn eine andere Finanzierung nicht möglich ist oder wirtschaftlich unzweckmäßig wäre. Die Gemeindeordnung hält damit an dem Grundsatz fest, daß Kreditaufnahmen nur subsidiär, d.h. nach Ausschöpfung anderer Deckungsmöglichkeiten, in Betracht kommen. Daneben ist aber eine Kreditaufnahme auch zulässig, wenn eine andere Art der Finanzierung (z.B. aus Abführungen des Verwaltungshaushalts, Entnahmen aus der Rücklage) wirtschaftlich unzweckmäßig wäre. Ob demgegenüber eine Kreditaufnahme wirtschaftlich zweckmäßiger ist, ist sowohl unter haushaltswirtschaftlichen als auch gesamtwirtschaftlichen Gesichtspunkten (siehe hierzu Nr. 2.4) zu beurteilen. Deshalb sollen die Gemeinden ihre Kreditpolitik den jeweiligen wirtschaftlichen Erfordernissen und Möglichkeiten elastisch anpassen, ohne dabei jedoch den Grundsatz der Subsidiarität der Kreditaufnahme aufzugeben.

2.2 Kredite dürfen nach § 103 Abs. 1 GemO unter der Voraussetzung des § 94 Abs. 3 GemO nur im Vermögenshaushalt und nur für Investitionen, Investitionsförderungsmaßnahmen und zur Umschuldung aufgenommen werden.

Unter Investitionen sind die Ausgaben für die Veränderung des Anlagevermögens, unter Investitionsförderungsmaßnahmen die Zuweisungen, Zuschüsse und Darlehen für Investitionen Dritter und für Investitionen der Sondervermögen mit Sonderrechnung zu verstehen. Umschuldung bezeichnet die Ablösung von Krediten durch andere Kredite.

2.3 Kreditaufnahmen müssen mit der dauernden Leistungsfähigkeit der Gemeinde in Einklang stehen.

Da neue Kreditaufnahmen die Leistungsfähigkeit der Gemeinde in einem Maße gefährden können, daß die Erfüllung der gesetzlichen und vertraglichen Verpflichtungen in Frage gestellt wäre, muß vor jeder Kreditaufnahme sorgfältig geprüft werden, ob die Leistungsfähigkeit der Gemeinde

Anhang 1

während der Dauer der eingegangenen Verpflichtung ausreicht, sowohl die vereinbarten Zins- und Tilgungsleistungen fristgerecht zu entrichten, als auch die Folgekosten der Investionen zu tragen. Neue Kredite müssen deshalb auch mit den in der Finanzplanung dargestellten finanziellen Möglichkeiten der Gemeinde abgestimmt sein.

2.4 Nach § 16 des Bundesgesetzes zur Förderung der Stabilität und des Wachstums der Wirtschaft vom 8. Juni 1967 (BGBl. I S. 582) haben – neben Bund und Ländern – auch die Gemeinden und Gemeindeverbände bei ihrer Haushaltswirtschaft den Zielen des § 1 dieses Gesetzes Rechnung zu tragen. Hiernach sind unter Beachtung der Erfordernisse des gesamtwirtschaftlichen Gleichgewichts wirtschafts- und finanzpolitische Maßnahmen so zu treffen, daß sie im Rahmen der marktwirtschaftlichen Ordnung gleichzeitig zur Stabilität des Preisniveaus, zu einem hohen Beschäftigungsstand und außenwirtschaftlichen Gleichgewicht bei stetigem und angemessenem Wirtschaftswachstum beitragen.

Die dauernde Leistungsfähigkeit der Gemeinden (vgl. Nr. 2.3) darf jedoch durch eine solche dem Konjunkturverlauf antizyklisch angepaßte (d.h. entgegengesetzte) Investitions- und Kreditpolitik nicht in Gefahr gebracht werden.

3. Grundsätze für die Ausgestaltung der Kommunalkredite (Kreditbedingungen)

3.1 Das Entgelt für den Kredit wird durch Ermittlung des Effektivzinssatzes (z.B. nach der Preisangabenverordnung – PangV – vom 14. März 1985, BGBl. I. S. 580) unter Berücksichtigung aller mit der Kreditaufnahme verbundenen Kosten festgestellt (z.B. Disagio, Vermittlungsgebühren, Abschlußgebühren, Zuteilungsgebühren).

Zinsbelastung und ein evtl. Disagio sollten möglichst gering gehalten werden. Bei der Höhe des Disagios ist zu berücksichtigen, ob die Möglichkeit einer Konditionenanpassung für den Kreditgeber vereinbart wurde, weil dann später zu dem Disagio ein höherer Nominalzinssatz hinzukommen kann oder nach einer Festschreibungsfrist unter Umständen sogar ein neues Disagio vergütet werden muß.

3.2 Laufzeit und Tilgung

Da der Grundsatz der Gesamtdeckung (§ 16 GemHVO), wonach die Einnahmen des Vermögenshaushalts insgesamt zur Deckung der Ausgaben des Vermögenshaushalts dienen, in vollem Umfang auch für die Kreditaufnahmen gilt, ist aus dem Vermögenshaushalt nicht ohne weiteres ersichtlich, welcher Kredit für eine bestimmte Investition oder Investitionsförderungsmaßnahme verwendet wird bzw. verwendet wurde. Wenn danach auch in der Regel nicht mehr erkennbar ist, ob die Laufzeit des Kredits in einem angemessenen Verhältnis zu Lebensdauer des zu finanzierenden Objekts steht, so sollte gleichwohl an dem Grundsatz festgehalten werden, daß langfristig nutzbare Objekte auch langfristig finanziert werden. Da die kommunalen Investitionen im Vermögenshaushalt zum überwiegenden Teil langlebig sind, werden regelmäßig lange Kreditlaufzeiten zu vereinbaren sein. Wenn auch vor einer überdurchschnittlich hohen kurz- oder mittelfristigen Verschuldung gewarnt werden muß, da sie erfahrungsgemäß zu erheblichen Schwierigkeiten für die Haushaltswirtschaft der Gemeinde führt, so bestehen dagegen jedoch keine Bedenken, wenn im Hinblick auf das Gesamtdeckungsprinzip im Vermögenshaushalt eine finanzwirtschaftlich sinnvolle Mischung der Laufzeiten erfolgt bzw. wenn die Gemeinde auf ein ausgewogenes Verhältnis von kürzeren und längeren Kreditlaufzeiten achtet.

Wird ein kurzfristiger Kredit in der Absicht aufgenommen, ihn später langfristig zu konsolidieren, so sollte nach Möglichkeit gleichzeitig auf einer entsprechenden verbindlichen Vereinbarung bestanden werden.

Auf die Möglichkeit der außerordentlichen Tilgung (vgl. § 45 Nr. 27b GemHVO) wird besonders hingewiesen. Wenn es die Haushaltslage gestattet oder erfordert, kann es durchaus angebracht sein, die Laufzeit einzelner Kredite durch außerordentliche Tilgungen zu verkürzen, da die jährlichen Schuldendienstleistungen sich bei längeren Laufzeiten zu erheblichen Beträgen addieren können (Zinsballast). Hierdurch werden nicht nur insgesamt Zinsausgaben erspart; es wird vielmehr auch zugleich Raum für später notwendige neue Kreditaufnahmen geschaffen.

3.3 Kündigungsrecht für Gemeinden und Kreditgeber

Es muß sichergestellt sein, daß die Gemeinde nicht vom Kündigungsrecht im Rahmen des § 609a Abs. 1 und 2 BGB mit der Folge ausgeschlossen wird, daß lediglich dem Kreditgeber die Kündigungsmöglichkeit zusteht.

3.3.1 Kündigungsrechte bei Festzinsdarlehen

– Darlehen mit Zinsbindungsfrist

Für die Dauer einer vertraglichen Festzinsperiode kann ein einseitiges Kündigungsrecht für den Kreditgeber nicht vereinbart werden. Für die Gemeinde sollte vertraglich eine Kündigung erstmals zum Ablauf der Festzinsvereinbarung mit einer Frist von drei Monaten möglich sein. Vertragsbestandteil sollte auch sein, daß alle Beteiligten spätestens bis vier Wochen vor Ablauf der Zinsbindungsfrist verlangen können, daß über die Bedingungen für eine weitere Darlehnsgewährung neu verhandelt wird.

Ergibt sich bei einer Weiterfinanzierung nach Ablauf eines Festzeitraumes bei gleichbleibendem Tilgungssatz eine wesentliche Laufzeitverlängerung, sollte durch höheren Tilgungsanteil sichergestellt bleiben, daß sich die Laufzeit nach der Erstkreditaufnahme nicht wesentlich verlängert.

Für den Fall, daß bis zum Ablauf der Zinsbindungsfrist neue Darlehensbedingungen nicht vereinbart werden, sollte vertraglich festgelegt werden, daß der Kreditgeber nur berechtigt ist, den Zinssatz entsprechend dem allgemeinen Zinsniveau für langfristige Ausleihungen des Kreditgebers zu ändern, oder daß der Kreditgeber nur den Zinssatz einfordern kann, den

Anhang 1

er bei rechtzeitiger Zahlung durch den Schuldner bei einer Wiederanlage des Geldes bis zum Zeitpunkt der Wirksamkeit neuer Konditionen für den Ursprungskredit bzw. dessen Rückzahlung durch Abschluß neuer Kreditgeschäfte erzielt hätte.

Im Interesse einer ausreichenden Kalkulationsgrundlage für ihre mittelfristige Finanzplanung im Sinne einer geordneten Haushaltswirtschaft und im Interesse einer Begrenzung des Verwaltungsaufwandes wird der Gemeinde empfohlen, die Dauer der Zinsbindungsfrist nicht unter fünf Jahren zu vereinbaren.

– Darlehen mit Zinsbindung über die Gesamtlaufzeit

Bei Vereinbarung eines Festzinszeitraumes, der sich über die Gesamtlaufzeit des Kredits erstreckt, und einer Tilgung des Darlehens bis bzw. einer Darlehensablösung bis zum Ende des Festzinszeitraumes sind Zusatzvereinbarungen entbehrlich. Ein Kündigungsrecht ist in diesen Fällen weder dem Kreditgeber noch der Gemeinde einzuräumen.

3.3.2 Kündigungsrechte bei zinsvariablen Darlehen

Ein beiderseitiges vertragliches Kündigungsrecht von drei Monaten bei zinsvariablen Darlehen sollte auf den Fall der Anpassung des Zinssatzes an veränderte Kapitalmarktverhältnisse beschränkt bleiben und auch die besondere Interessenlage der Beteiligten berücksichtigen. Derartige Zinsanpassungen geben der Gemeinde und dem Kreditgeber die Möglichkeit, das Vertragsverhältnis zum Zwecke der Vereinbarung eines anderen Zinssatzes zu kündigen.

Von der Vereinbarung sogenannter Zinsgleitklauseln (Anbindung der Zinssätze für Kommunalkredite an bestimmte Sätze wie z.B. an den Diskont- bzw. Lombardsatz der Deutschen Bundesbank) und der damit verbundenen Befugnis zur Erhöhung des Zinssatzes durch einseitige Erklärung des Kreditgebers sollte im Interesse der Haushaltssicherheit der Gemeinde abgesehen werden.

3.4 Auslandskredite in fremder Währung

Von Kreditaufnahmen im Ausland in fremder Währung ist möglichst Abstand zu nehmen. Solche Auslandskredite sind in der Regel mit Bedingungen versehen, die mit einer genügenden Haushaltssicherheit nicht vereinbar sind. Durch zusätzliche Vermittlungsgebühren ist auch die effektive Belastung bei Auslandskrediten oft ungünstiger, als nach den angegebenen Bedingungen zunächst angenommen werden konnte. Die Verschuldung in fremder Währung ist zudem mit beträchtlichen Wechselkursrisiken belastet. Im übrigen besteht nach den Vorschriften des Außenwirtschaftsgesetzes und der Außenwirtschaftsverordnung eine Meldepflicht gegenüber der Deutschen Bundesbank.

Wegen der Bedenken gegen die Kreditaufnahmen im Ausland sollen die Aufsichtsbehörden in der Regel die nach § 103 Abs. 2 GemO erforderliche Gesamtgenehmigung nur für Inlandskredite erteilen. Dann bedürfen

Anhang 1

Auslandskredite im Rahmen des festgesetzten Gesamtbetrages der Einzelgenehmigung und können auf ihre Vertretbarkeit geprüft werden.

4. Genehmigungen

4.1 Gesamtgenehmigung

Nach § 103 Abs. 2 Satz 2 GemO hat die Aufsichtsbehörde bei der Gesamtgenehmigung die vorgesehene Kreditaufnahme unter dem Gesichtspunkt einer geordneten Haushaltswirtschaft zu überprüfen und dabei besonders darauf zu achten, daß die vorgesehenen Kreditverpflichtungen mit der dauernden Leistungsfähigkeit der Gemeinde in Einklang stehen. Die Gesamtgenehmigung ist nur zu erteilen, wenn die Überprüfung ergibt, daß beide Voraussetzungen erfüllt sind, sie ist grundsätzlich abzulehnen, wenn diese gesetzlichen Voraussetzungen nicht vorliegen. Dabei ist im einzelnen folgendes zu beachten:

4.1.1 Die feststehenden oder zu erwartenden Zins- und Tilgungsverpflichtungen einer Gemeinde stehen nur dann mit ihrer dauernden Leistungsfähigkeit im Einklang, wenn aus den laufenden Einnahmen nicht nur sämtliche laufenden Ausgaben einschließlich der Folgekosten von Investitionen und bisherigen Schuldendienstverpflichtungen bestritten werden können, sondern auch ausreichende Mittel zur Deckung der neuen Schuldendienstverpflichtungen verbleiben. Dabei sind auch die zwangsläufig in späteren Jahren auf die Gemeinde zukommenden neuen Investitionslasten zu berücksichtigen.

Unberücksichtigt bei der Ermittlung der dauernden Leistungsfähigkeit bleiben die Zins- und Tilgungsleistungen für Kreditaufnahmen der Sondervermögen mit Sonderrechnung (z. B. Eigenbetriebe nach § 92 GemO), weil diese Kreditaufnahmen und damit auch ihre Schuldendienstleistungen nicht über den Haushalt der Gemeinde geleitet werden.

Die geordnete Haushaltswirtschaft umfaßt außer der Sicherung der dauernden Leistungsfähigkeit auch die Beachtung der in der Gemeindeordnung und der Gemeindehaushaltsverordnung aufgestellten Haushaltsgrundsätze, insbesondere die Prinzipien der Sparsamkeit und Wirtschaftlichkeit sowie der Subsidiarität der Kreditaufnahmen (Nr. 2.1).

4.1.1.1 Die dauernde Leistungsfähigkeit der Gemeinde ist nach dem Muster 9 zu § 4 Nr. 4 GemHVO (...) zu beurteilen. Nach diesem Muster werden für die Ermittlung der dauernden Leistungsfähigkeit der Gemeinde diejenigen Einnahmen und Ausgaben zugrunde gelegt, die ihrer Art nach in der Regel jährlich wiederkehrend anfallen. Falls diese Einnahmen und Ausgaben ausnahmsweise einmalige Beträge von größerem Gewicht enthalten, sind diese abzusetzen. Abgesetzte Beträge sind in dem Mustervordruck nachrichtlich einzeln anzugeben und zu erläutern.

4.1.1.2 Bei der Beurteilung der finanziellen Leistungsfähigkeit ist darüber hinaus zu berücksichtigen, daß

Anhang 1

a) der durch Bedarfszuweisungen nicht gedeckte Teil von Fehlbeträgen eines Vorjahres im Verwaltungshaushalt die freie Finanzspitze vermindert,

b) Investitionsschlüsselzuweisungen, die dem Verwaltungshaushalt zugeführt werden, nicht von den Gesamteinnahmen des Verwaltungshaushalts (gem. Nr. 1.3 des Musters ...) abzuziehen sind.

4.1.1.3 Bei Verbandsgemeinden und Landkreisen liegt der Ermittlung der dauernden Leistungsfähigkeit (freie Finanzspitze) die jeweils geltende Höhe des Umlagesatzes zugrunde. Der Umlagesatz hat erhebliche Auswirkungen auf die finanzielle Leistungsfähigkeit der Gemeinden bzw. Ortsgemeinden. Wegen dieser finanziellen Abhängigkeit der Verbandsgemeinden und Landkreise von den Gemeinden bzw. Ortsgemeinden kann die dauernde Leistungsfähigkeit der Verbandsgemeinden und Landkreise nicht ohne Berücksichtigung der Leistungsfähigkeit der Gemeinden bzw. Ortsgemeinden beurteilt werden. Daher bedarf bei Verbandsgemeinden und Landkreisen die Ermittlung der dauernden Leistungsfähigkeit nach beigefügtem Muster der Ergänzung durch eine Übersicht über die Ergebnisse der dauernden Leistungsfähigkeit der Gemeinden bzw. Ortsgemeinden. Die Aufsichtsbehörde hat bei der Genehmigung des Gesamtbetrages der Kredite bei Verbandsgemeinden und Landkreisen diese Ergebnisse mitzuberücksichtigen. Hierzu genügen die Ergebnisse des Vorjahres.

4.1.2 Die Aufsichtsbehörde hat an die Erteilung der Gesamtgenehmigung insbesondere dann besonders strenge Maßstäbe anzulegen, wenn

1. der Haushaltsplan nicht ausgeglichen ist, oder

2. für das ablaufende Haushaltsjahr voraussichtlich mit einem Fehlbetrag zu rechnen ist, oder

3. die Gemeinde in einem der vorangegangenen drei Jahre die Gewährung einer Bedarfszuweisung aus dem Ausgleichsstock beantragt hatte, oder

4. die Zuführung des Verwaltungshaushalts an den Vermögenshaushalt nicht die vorgeschriebene Höhe erreicht (§ 22 Abs. 1 Sätze 2 und 3 GemHVO), oder

5. eine Zuführung vom Vermögenshaushalt zum Ausgleich des Verwaltungshaushalts vorgesehen ist (außer Investitionsschlüsselzuweisungen, vgl. Nr. 4.1.1.2 Buchst. b),

6. bei Verbandsgemeinden und Landkreisen die Schuldendienstverpflichtungen zu einer Umlagebelastung der Gemeinden führen würde, die nachhaltig deren dauernde Leistungsfähigkeit gefährdet.

4.1.3 Die Aufsichtsbehörde hat die Gesamtgenehmigung auf einen Teil des vorgesehenen Gesamtbetrages zu beschränken oder ganz zu versagen, soweit die beabsichtigte Kreditaufnahme mit der dauernden Leistungsfähigkeit der Gemeinde nicht in Einklang steht, d.h. wenn eine sog. freie Finanzspitze nicht mehr vorhanden ist oder diese zur Deckung des neu hinzukommenden Schuldendienstes nicht ausreicht. Bei Verbandsgemeinden und Landkreisen gilt dies auch, soweit die vorgesehene Kreditaufnahme zu einer unvertretbaren Umlagebelastung für die Gemeinden führen würde.

4.1.4 Ausnahmen von diesem Grundsatz sind nur zulässig, soweit

1. die Kreditaufnahme notwendig ist zur Finanzierung eines bereits begonnenen Vorhabens, für das abgeschlossene Bauabschnitte technisch nicht gebildet werden können oder zur Finanzierung eines noch nicht begonnenen Vorhabens, das unabweisbar erscheint, weil seine Unterlassung zu schweren Schäden oder Gefahren führen würde (z.B. ein Schulhaus oder eine Brücke drohen einzustürzen) oder

2. die Kreditaufnahme notwendig ist, um ein Vorhaben zu finanzieren, das wegen seiner Dringlichkeit und Bedeutung sowie wegen der Finanzschwäche der Gemeinde mit ganz besonders hohen Landes- oder Bundeszuweisungen gefördert wird, die Gemeinde trotzdem ihren Eigenanteil nicht aufbringen könnte, jedoch zu erwarten ist, daß sie später durch die Erhöhung ihrer allgemeinen Deckungsmittel und/oder durch Einsparungen den Schuldendienst und die Folgekosten wird tragen können, oder

3. die Kreditaufnahme notwendig ist zur Zwischenfinanzierung einer bereits verbindlich in Aussicht gestellten, aber noch nicht ausgezahlten Landes- oder Bundeszuweisung oder zur Zwischenfinanzierung eines Vorhabens, zu dessen endgültiger Finanzierung Beiträge nach dem Kommunalabgabengesetz oder nach dem Baugesetzbuch oder ähnliche Entgelte erhoben werden, oder

4. durch Übernahme des Schuldendienstes auf Dauer durch eine öffentliche Kasse die vorgesehene Kreditaufnahme keine weitere Belastung der Finanzwirtschaft zur Folge hat.

Die Gemeinde, die eine der vorstehend zugelassenen Ausnahmen von dem Grundsatz beantragt, daß die Gesamtgenehmigung nur erteilt werden darf, wenn die Kreditaufnahme ihre dauernde Leistungsfähigkeit nicht beeinträchtigt, hat der Aufsichtsbehörde zugleich durch ihren Finanzplan (§ 101 GemO) sowie durch weitere geeignete Unterlagen (z.B. baufachliche Gutachten, Bescheide über vorgesehene Landes- oder Bundeszuweisungen, Beitragssatzungen) nachzuweisen, daß sie die Voraussetzungen für eine Ausnahme erfüllt.

4.1.5 Die Aufsichtsbehörde kann bei Bedarf die Gesamtgenehmigung unter der Bedingung erteilen, daß der Schuldendienst einen bestimmten Betrag nicht überschreitet, wenn eine solche Bedingung zur Erhaltung der dauernden Leistungsfähigkeit der Gemeinde notwendig ist (§ 103 Abs. 2 Satz 2 GemO). Sie kann sich auch wegen einer möglichen Gefährdung der dauernden Leistungsfähigkeit der Gemeinde ausdrücklich die Einzelgenehmigung vorbehalten (§ 103 Abs. 4 Satz 1 Nr. 2 GemO). Sofern die Aufsichtsbehörde die Gesamtgenehmigung in den unter Nrn. 4.1.3 und 4.1.5

Anhang 1

bezeichneten Fällen ausnahmsweise erteilt, so hat sie sich stets zugleich die Einzelgenehmigung ausdrücklich vorzubehalten.

4.2 Einzelgenehmigung

4.2.1 Soweit auf Grund des § 103 Abs. 4 bis 6 GemO die Genehmigung der einzelnen Kreditgeschäfte erforderlich ist, hat die Aufsichtsbehörde vor Erteilung jeder Einzelgenehmigung stets zu prüfen, ob alle in diesen Verwaltungsvorschriften festgelegten Grundsätze für die kommunale Kreditwirtschaft (vgl. Nrn. 2 und 3) beachtet sind. Hierzu ist es unerläßlich, daß im einzelnen dargelegt wird, für welche Investitionsmaßnahme die beabsichtigte Kreditaufnahme Verwendung finden soll. Sie kann von der kommunalen Gebietskörperschaft nicht unter Hinweis auf das Gesamtdeckungsprinzip (§ 16 Nr. 2 GemHVO) verweigert werden. Die Aufsichtsbehörde hat die Einzelgenehmigung zu versagen, wenn das beabsichtigte Rechtsgeschäft mit diesen Grundsätzen nicht in Einklang steht.

4.2.2 Sollte eine Rechtsverordnung der Bundesregierung nach § 19 des Gesetzes zur Förderung der Stabilität und des Wachstums der Wirtschaft (§ 103 Abs. 4 Nr. 1 GemO) – sog. Schuldendeckelverordnung – oder eine Rechtsverordnung der Landesregierung nach § 103 Abs. 5 GemO ergehen, so wird das Ministerium des Innern und für Sport, soweit notwendig, nähere Einzelheiten über das Genehmigungsverfahren mit einem besonderen Rundschreiben mitteilen.

5. **5.Kreditähnliche Rechtsgeschäfte**

Nach § 103 Abs. 6 GemO bedarf die Begründung einer Zahlungsverpflichtung, die wirtschaftlich einer Kreditverpflichtung gleichkommt, der Einzelgenehmigung der Aufsichtsbehörde. Hierzu gehören insbesondere folgende Rechtsgeschäfte:

5.1 Bausparverträge

Bausparverträge werden mit dem Ziel abgeschlossen, nach vertragsgemäßer Zahlung der Sparbeiträge den von der Vertragssumme noch nicht angesparten Betrag nach der Zuteilung als Kredit zu erhalten. Diese Kreditaufnahme ist im Rahmen der Genehmigung des in der Haushaltssatzung veranschlagten Gesamtkreditbedarfs genehmigungspflichtig, nicht dagegen schon der Abschluß des Bausparvertrages.

In jedem Fall wird bei Bausparverträgen zu prüfen sein, ob diese Finanzierungsart gegenüber einer nach Marktlage erreichbaren Kommunalkreditfinanzierung mit gleicher Laufzeit günstiger ist; dabei sind alle Kostenfaktoren zu berücksichtigen (z.B. die Einbuße auf Grund ungünstigerer Habenzinsen gegenüber einer vergleichbaren Geldanlage für die Ansparsumme von Beginn des Ansparprozesses bis zur Zuteilung des Bauspardarlehens, die Abschlußgebühr für den Bausparvertrag, das Disagio des Bauspardarlehens, zusätzlich insbesondere Disagio und Zinsen für eine eventuelle Zwischenfinanzierung des Bauspardarlehens).

5.2 Leasing (Immobilienleasing) und leasingähnliche Rechtsgeschäfte, wenn ein späterer Eigentumsübergang vereinbart wird oder nach dem Vertrag möglich ist.

Bei Abschluß von Leasingverträgen werden kommunale Einrichtungen nicht von der Gemeinde, sondern vom Finanzierungsgesellschafter errichtet und für eine bestimmte Zeit gegen regelmässige Zahlungen mietzinsähnlicher Beträge der Gemeinde zur Verfügung gestellt. Das Eigentum fällt der Gemeinde in der Regel erst nach der Tilgung der Herstellungskosten zu. Leasingverträge in dieser Art sind keine herkömmlichen Miet- oder Pachtverträge. Sie kommen im wirtschaftlichen Ergebnis einer Stundung und Verzinsung des Kaufpreises bzw. einem langfristigen Teilzahlungskredit gleich. Sie bedeuten eine langdauernde Belastung des kommunalen Haushalts und berühren die Leistungsfähigkeit der Gemeinde wie eine Kreditaufnahme.

Vor Abschluß eines Leasingvertrages sind neben den technischen Gesichtspunkten und neben den laufenden Verpflichtungen aus dem Vertrag auch die finanzielle Gesamtbelastung und die Sicherung der Gemeinde mit in die Beurteilung einzubeziehen.

Unter haushaltswirtschaftlichen Gesichtspunkten dürfen grundsätzlich Indexklauseln und Wertsicherungsklauseln, aus denen sich für die Gemeinde zusätzliche Belastungen gegenüber einer herkömmlichen Kreditfinanzierung ergeben können, nicht vereinbart werden.

Außerdem sind folgende Gesichtspunkte zu berücksichtigen:
- Nachweisbarer wirtschaftlicher Vorteil der Finanzierungskonstruktion auf Grundlage der vertraglichen Vereinbarungen,
- Ausschluß von besonderen Vertragsrisiken, die zu erheblichen Finanzierungsansprüchen an den gemeindlichen Haushalt in künftigen Jahren führen können (z.B. Vereinbarung einer Heimfallentschädigung im Erbbaurechtsvertrag nach dem Verkehrswert),
- Vereinbarung einer wettbewerbsgerechten Vergabe der Bauleistungen durch den privaten Investor.

5.3 Verträge mit Unternehmern

Verträge über die Durchführung von Investitionen sind dann genehmigungspflichtig, wenn der Unternehmer die Finanzierung ganz oder teilweise übernimmt und die Gemeinde sich zur Zahlung daraus entstehender Folgekosten verpflichtet. Dies gilt auch für Zwischenfinanzierungen während der Bauausführung. Ferner zählt hierzu der Abschluß von Nutzungsverträgen, bei denen die Gemeinde gegen regelmäßige Zahlung eines Nutzungsentgelts ein vom Unternehmer auf einem gemeindeeigenen Grundstück errichtetes Gebäude nutzen darf.

5.4 Abschluß von Leibrentenverträgen

5.5 Abschluß langfristiger Leistungsverträge, z.B. Verträge mit einem Sanierungs- oder Entwicklungsträger, Vereinbarungen über Vorfinanzierungen mit Grundstücksbeschaffungs- und Erschließungsgesellschaften

Anhang 2

Kreditwesen der Gemeinden und Landkreise (Thüringen)
Bekanntmachung des Thüringer Innenministeriums vom 29. 6. 1995

Inhaltsübersicht

I. Kredite (§ 63 ThürKO)
1. Allgemeines
2. Kredite für Investitionen und Investitionsförderungsmaßnahmen
3. Die rechtsaufsichtliche Würdigung des Gesamtbetrags der vorgesehenen Kreditaufnahmen (Gesamtgenehmigung; § 63 Abs. 2 ThürKO)
4. Grundsätzliches zum Kommunalkredit
5. Umschuldung von Krediten
6. Einzelgenehmigungsverfahren

II. Kreditähnliche Verpflichtungen, Sicherheiten (§ 64 ThürKO)
7. Zum Verfahren
8. Zahlungsverpflichtungen, die einer Kreditaufnahme wirtschaftlich gleichkommen (§ 64 Abs. 1 ThürKO)
9. Bürgschaften, Gewährverträge und Verpflichtungen aus ähnlichen Rechtsgeschäften (§ 64 Abs. 2 ThürKO)

III. Weitere Anwendungsbereiche
10. Eigenbetriebe
11. Krankenhäuser mit kaufmännischem Rechnungswesen
12. Gemeindeverbände, kommunale Zusammenschlüsse und Stiftungen

IV. Aufhebung und Änderung bisheriger Regelungen
13. Aufhebung und Übergangsregelung
14. Änderung Anlage 9 der VV über die Muster zum gemeindlichen Haushalts-, Kassen- und Rechnungswesen in Thüringen

V. Inkrafttreten
15. Inkrafttreten

I. Kredite
(§ 63 ThürKO)

1. Allgemeines

1.1 Der Kreditbegriff ist in § 87 Nr. 24 ThürGemHV bestimmt.

1.1.1 Der Begriff umfaßt auch die Kreditaufnahme bei gemeindlichen Sondervermögen mit Sonderrechnung, also bei einem Eigenbetrieb und bei einem Krankenhaus mit kaufmännischem Rechnungswesen; ebenso stellt

Anhang 2

eine Darlehensgewährung der Gemeinde an ein Sondervermögen bei diesem haushaltsrechtlich eine Kreditaufnahme dar.

1.1.2 Zuschußdarlehen sind Kredite an die Gemeinden, auch wenn die Zins- und Tilgungsleistungen von Dritten übernommen werden.

1.1.3 Innere Darlehen fallen nicht unter den Begriff Kredit; sie sind haushaltsrechtlich nur als vorübergehende Inanspruchnahme von Mitteln der Sonderrücklagen möglich (§ 21 Abs. 1 Satz 2 und § 87 Nr. 17 ThürGemHV).

1.1.4 Der Übergang von Verbindlichkeiten auf eine Gemeinde bei Bestands- oder Gebietsänderungen oder bei Auflösung oder Erlöschen eines öffentlich-rechtlichen kommunalen Zusammenschlusses mit eigener Rechtspersönlichkeit ist keine Kreditaufnahme; er ist nicht genehmigungspflichtig.

1.2 Kredite dürfen nur für Investitionen, für Investitionsförderungsmaßnahmen und zur Umschuldung aufgenommen werden. Sie werden dem Vermögenshaushalt zugeordnet (§ 63 Abs. 1 ThürKO, § 1 Abs. 1 Nr. 5 und § 87 Nrn. 18, 19 und 32 ThürGemHV).

1.3 Der Übergang von Verbindlichkeiten von Altschulden in der Kommunalen Wohnungswirtschaft nach dem Altschuldenhilfegesetz (AHG) vom 23. 6. 1993 (BGBl. I S. 944–986) oder für gesellschaftliche Einrichtungen ist keine Kreditaufnahme; er ist nicht genehmigungspflichtig.

Hinsichtlich der haushaltsmäßigen Behandlung von Altschulden wird auf die Rundschreiben des Thüringer Innenministeriums vom 22. 2. 1994 und 29. 6. 1995 Az.: 33-1516 verwiesen.

1.4 Der vom Gemeinderat im Rahmen der Haushaltssatzung beschlossene und bei der haushaltsrechtlichen Würdigung von der Rechtsaufsichtsbehörde genehmigte Gesamtbetrag der vorgesehenen Kreditaufnahmen ersetzt nicht die nach der Hauptsatzung oder Geschäftsordnung erforderliche Beschlußfassung des zuständigen Gemeindeorgans zur Einzelkreditaufnahme. Der in der Haushaltssatzung festgesetzte und rechtsaufsichtlich genehmigte Gesamtbetrag der vorgesehenen Kreditaufnahme bildet die haushaltsrechtliche Grundlage, während der Abschluß eines Kreditvertrages rein privatrechtlicher Natur ist.

2. Kredite für Investitionen und Investitionsförderungsmaßnahmen

2.1 Kredite dürfen grundsätzlich erst nach Ausschöpfung anderer Deckungsmöglichkeiten aufgenommen werden; eine Kreditaufnahme kommt aber auch dann in Frage, wenn eine andere Finanzierung wirtschaftlich unzweckmäßig wäre (§ 54 Abs. 3 ThürKO). Die Unzweckmäßigkeit kann nach den allgemeinen Haushaltsgrundsätzen (§ 53 ThürKO) sowohl haushaltswirtschaftlich als auch gesamtwirtschaftlich begründet sein.

2.2 Kredite dürfen nur in Höhe des im Haushaltsjahr voraussichtlich notwendigen Bedarfs veranschlagt und nur zur Deckung des gegenwärtigen Bedarfs aufgenommen werden (vgl. auch § 63 Abs. 1 ThürKO, § 7 Abs. 1

Anhang 2

ThürGemHV). Sie werden zentral bewirtschaftet (VV zu § 14 ThürGemHV und VV Nr. 2 zu § 17 ThürGemHV).

2.3 Die Aufnahme von Krediten muß zur Aufgabenerfüllung der Gemeinde notwendig sein (vgl. § 53 Abs. 1 ThürKO). Die Weiterleitung von Krediten an andere für Zwecke außerhalb des gemeindlichen Aufgabenbereichs ist unzulässig. Jede Kreditaufnahme muß nicht nur wegen der neuen Schuldendienstverpflichtungen, sondern auch wegen der Folgekosten der Investitionen sorgfältig geprüft und mit den in der Finanzplanung dargestellten finanziellen Möglichkeiten abgestimmt werden.

2.4 Aus finanzwirtschaftlichen Gründen sollte angestrebt werden,
 – die Erneuerungsbauvorhaben an Straßen und
 – den Erwerb beweglicher Sachen des Anlagevermögens
 im allgemeinen nicht mit Kreditmitteln zu finanzieren.

2.5 Bei der Beschlußfassung der Haushaltssatzung, in der der Gesamtbetrag der vorgesehenen Kreditaufnahmen für Investitionen und Investitionsförderungsmaßnahmen festgesetzt wird (§ 55 Abs. 2 Nr. 2 ThürKO), muß sich der Gemeinderat vergewissern, daß die Voraussetzungen vorliegen, unter denen der Gesamtbetrag der vorgesehenen Kreditaufnahmen genehmigt werden kann (siehe die Nummern 3.3 und 3.4).

3. Die rechtsaufsichtliche Würdigung des Gesamtbetrags der vorgesehenen Kreditaufnahmen (Gesamtgenehmigung; § 63 Abs. 2 ThürKO)

3.1 Im Zuge der rechtsaufsichtlichen Würdigung der Haushaltssatzung wird auch über den Gesamtbetrag der vorgesehenen Kreditaufnahmen für Investitionen und Investitionsförderungsmaßnahmen entschieden (§ 57 Abs. 2 und § 63 Abs. 2 ThürKO).

Vor der rechtsaufsichtlichen Entscheidung sind die gesetzlichen Voraussetzungen für die Kreditaufnahme sorgfältig zu prüfen. Für die Gesamtgenehmigung werden nachfolgende Hinweise gegeben:

3.2 Die Hinweise gelten entsprechend für Kreditaufnahmen bei vorläufiger Haushaltsführung. Die Genehmigung nach § 61 Abs.2 ThürKO ist ebenfalls eine Gesamtgenehmigung.

3.3 Eine geordnete Haushaltswirtschaft sichert die dauernde Leistungsfähigkeit der Gemeinde und beachtet die Haushaltsgrundsätze (z.B. die allgemeinen Haushaltsgrundsätze und die Grundsätze der Einnahmebeschaffung – §§ 53 und 54 ThürKO –, die ordnungsgemäße Vorbereitung und Ausführung von Bauten und Instandsetzungen von Bauten – §§ 10 und 31 ThürGemHV –, die Bewirtschaftung der Einnahmen und Ausgaben – §§ 25, 26, 27 und 32 ThürGemHV –).

Die dauernde Leistungsfähigkeit kann als gesichert gelten, wenn die Gemeinde voraussichtlich in der Lage ist, ihren bestehenden Ausgabenverpflichtungen nachzukommen, ihr Vermögen pfleglich und wirtschaftlich zu verwalten und die Finanzierungskosten und Folgekosten bevorstehen-

Anhang 2

der notwendiger Investitionen zu tragen. Investitionslasten, die zwangsläufig in späteren Jahren auf die Gemeinde zukommen, sind zu berücksichtigen.

3.4 Wesentlicher Anhaltspunkt für die Beurteilung der dauernden Leistungsfähigkeit ist die Höhe der Zuführung vom Verwaltungshaushalt zum Vermögenshaushalt. Sie ist anhand der Anlage 9 – Muster zu § 4 Nr. 4 ThürGemHV – um diejenigen Ausgaben zu bereinigen, die bereits für bestimmte Zwecke gebunden sind, so daß der Teil der Zuführung ersichtlich wird, der zur freien Finanzierung investiver Ausgaben zur Verfügung steht (sogenannte „freie Finanzspitze").

Die Genehmigungsfähigkeit der vorgesehenen Kreditaufnahme ist daher in erster Linie danach zu beurteilen, wie sich aus ihr ergebende Schuldendienstverpflichtungen auf die künftige Haushaltsentwicklung auswirken. Entscheidend ist hiernach, ob nach der Finanzplanung, die die neuen Schuldendienstverpflichtungen berücksichtigt, der Haushaltsausgleich in künftigen Jahren gefährdet ist oder ob absehbar weiterhin eine „freie Finanzspitze" erwirtschaftet werden kann.

Laufende Zahlungsverpflichtungen aus kreditähnlichen Rechtsgeschäften engen die finanzielle Leistungsfähigkeit einer Gemeinde ebenso ein wie die jährlichen Tilgungsleistungen für Kredite. Sie sind daher bei der Berechnung der „freien Finanzspitze" zu berücksichtigen (vgl. Anlage 9 – Muster zu § 4 Nr. 4 Thür GemHV –).

Wegen der mit der Finanzplanung verbundenen Prognoseunsicherheit ist die „freie Finanzspitze" auch des laufenden und der beiden vorangegangenen Haushaltsjahre in die Bewertung einzubeziehen.

3.5 Die Genehmigung des Kreditbetrages im Rahmen der Haushaltssatzung ist an folgenden Kriterien auszurichten.

3.5.1 Weist die Finanzplanung in einem der Folgejahre einen Zuführungsbedarf vom Vermögenshaushalt zum Verwaltungshaushalt aus, ist die dauernde Leistungsfähigkeit der Gemeinde gefährdet. Kredite sind – je nach Höhe des ausgewiesenen Zuführungsbedarfs – entweder nicht oder allenfalls unterhalb des Schuldentilgungsbetrages des laufenden Jahres genehmigungsfähig.

In die Beurteilung des hiernach genehmigungsfähigen Kreditbetrages ist auch die absehbare Entwicklung des Haushaltsdefizits einzubeziehen. Eine Gemeinde, die einen Fehlbetrag voraussichtlich noch im Finanzplanungszeitraum vollständig abbauen kann, erscheint in ihrer Leistungsfähigkeit weniger gefährdet als eine Gemeinde mit wachsendem Haushaltsdefizit.

3.5.2 Kredite über den Betrag der Schuldentilgung hinaus erscheinen dann genehmigungsfähig, wenn der Verwaltungshaushalt in den Jahren der Finanzplanung jeweils über die aus der vorgesehenen Netto-Kreditaufnahme folgenden zusätzlichen Schuldendienstverpflichtungen hinaus einen Betrag erwirtschaftet, der geeignet ist, künftige Unterdeckungen aufgrund von Schätzrisiken der Finanzplanung auszuschließen. Dieser Betrag ist nur dann zureichend, wenn er in allen Jahren der Finanzplanung jeweils 1 v.H. der Einnahmen der Gemeinde aus Steuern (abzüglich Gewerbesteuerumlage), Schlüsselzuweisungen, Gebühren und ähnlichen Entgelten nicht unterschreitet.

Wird diese Quote in einem der Finanzplanungsjahre nicht erreicht, ist bei der Kreditgenehmigung wie folgt zu verfahren.

3.5.2.1 Gegen eine Kreditaufnahme unterhalb oder in Höhe der Schuldentilgungsrate bestehen grundsätzlich keine Bedenken.

3.5.2.2 Eine Netto-Kreditaufnahme ist – äußerstenfalls bis zum Betrag der Schuldentilgung – soweit zu kürzen, daß die „freie Finanzspitze" in jedem Jahr 1 v.H. der Einnahmen aus Steuern (abzüglich Gewerbesteuerumlage), Schlüsselzuweisungen sowie Gebühren und ähnlichen Entgelten nicht unterschreitet.

3.6 Ausnahmen von den bei Nr. 3.5 genannten Grundsätzen erscheinen nur in engen besonders begründeten Einzelfällen vertretbar, z.B. wenn die vorgesehene Kreditaufnahme

– zur Ausfinanzierung einer bereits begonnenen Maßnahme erforderlich und eine andere Finanzierung z.b. durch Einsparungen an anderer Stelle nicht möglich ist oder

– zur Zwischenfinanzierung einer verbindlich in Aussicht gestellten, aber noch nicht ausgezahlten Landes- oder Bundeszuweisung benötigt wird.

In solchen Ausnahmefällen erscheint es regelmäßig angezeigt, kommunalaufsichtlich im Gegenzug die Kreditgenehmigung der folgenden Jahre nach Maßgabe der Nr. 3.5 entsprechend stärker zu begrenzen.

4. Grundsätzliches zum Kommunalkredit

4.1 Den Gemeinden obliegt es, die angebotenen Kreditbedingungen kritisch zu prüfen; eine rechtsaufsichtliche Mitwirkung außer der Beratung entfällt in der Regel (siehe Nummern 6.1 und 6.2). Die folgenden Hinweise, die aus dem Gesichtspunkt einer geordneten Haushaltswirtschaft (§ 63 Abs. 2 ThürKO) abgeleitet sind, sollen den Gemeinden als Richtlinien für ihre Kreditwirtschaft dienen. Ihre Beachtung wird den Gemeinden, vor allem im Hinblick auf den Grundsatz der Wirtschaftlichkeit und Sparsamkeit, dringend nahegelegt.

4.2 Bei der Entscheidung über die Kreditaufnahme ist darauf zu achten, daß die Bedingungen tragbar und marktüblich sind. Es sollten regelmäßig mehrere Kreditangebote eingeholt und miteinander, auch im Hinblick auf die Haushaltslage der Gemeinde, verglichen werden. Die Anbieter sollen veranlaßt werden, für ihre Angebote die auf der Grundlage der Preisangabenverordnung errechnete Effektivverzinsung ausdrücklich anzugeben und, soweit notwendig, zu erläutern; denn nur an Hand des Effektivzinssatzes läßt sich die wirtschaftliche Belastung vergleichen (siehe auch

Anhang 2

Nummer 4.4). Beim Vergleich der Angebote ist allerdings nicht nur auf den Effektivzinssatz und die übrigen Kreditbedingungen, sondern auch auf sonstige finanzwirtschaftliche Belange mit abzustellen, wie sie z.B. mit den Vorteilen verbunden sind, die sich aus einer langfristigen Geschäftsverbindung ergeben.

Das Ergebnis dieses Vergleichs soll schriftlich festgehalten und der Stelle, die über die Kreditaufnahme entscheidet, zur Kenntnis gegeben werden. Die Gründe für die getroffene Entscheidung sollen aus den Verhandlungen ersichtlich sein.

4.3 Die Zinsbelastung ist möglichst gering zu halten, damit die dauernde Leistungsfähigkeit bestehen bleibt und die künftigen Investitionsmöglichkeiten nicht unnötig eingeschränkt werden. In Zeiten eines hohen Zinsniveaus kann es sich empfehlen, Kreditaufnahmen zurückzustellen.

4.4 Die Höhe der wirtschaftlichen Gesamtbelastung ist nicht nach dem Nominalzinssatz, sondern nach dem Effektivzinssatz zu beurteilen, in dem alle in einem Kreditangebot aufgeführten Faktoren wirksam werden, gleich ob sie laufende oder einmalige Leistungen betreffen und zu welchen Terminen diese Leistungen fällig werden, so z.B. der Nominalzinssatz, die Kapitalbeschaffungskosten (wie Disagio, einmalige Verwaltungskosten, Vermittlungs- und sonstige Gebühren), die laufenden Verwaltungskosten, Regelungen über die Zahlung der Zins- und Tilgungsleistungen. Auch die Dauer der Bindung der Konditionen und die Gesamtkosten der Kreditaufnahme sind mit zu berücksichtigen.

Beim Vergleich von Kreditangeboten nach dem Effektivzins ist zu beachten, daß nur die Konditionen für Kredite gleicher Zinsgestaltung (Kredite mit Festzins oder mit variablem Zinssatz), gleicher Tilgungsmodalität (Annuitäten-, Ratentilgungs- oder Festkredite), gleicher Kreditlaufzeit und gleicher Zinsbindungsfrist einander gegenübergestellt werden dürfen.

Gibt eine Gemeinde alle Konditionselemente des Kreditangebotes den Kreditanbietern verbindlich vor, können die Angebote an Hand des Nominalzinssatzes verglichen werden.

4.5 Die Vereinbarung über die Tilgung von Krediten muß sich nach den finanziellen und wirtschaftlichen Interessen und Möglichkeiten der Gemeinde richten.

Wenn mehrere Investitionen oder Investitionsförderungsmaßnahmen vorgesehen sind, kann nach dem Grundsatz der Gesamtdeckung (§ 16 Nr. 2 ThürGemHV) ein Kredit nicht mehr einer bestimmten Maßnahme zugerechnet werden (siehe VV Nr. 2 zu § 17 ThürGemHV); ein unmittelbares Verhältnis der Laufzeit des Kredites zur Lebensdauer des zu finanzierenden Objektes fehlt in diesen Fällen. Gleichwohl sollte an dem Grundsatz festgehalten werden, daß langfristig nutzbare Objekte auch langfristig finanziert werden, zumal für kostenrechnende Einrichtungen die Tilgung möglichst aus den Abschreibungserlösen erbracht werden soll. Da die kommunalen Investitionen zum überwiegenden Teil langfristig sind, wer-

Anhang 2

den in der Regel langfristige Kreditlaufzeiten zu vereinbaren sein. Der Gesamtdeckungsgrundsatz ermöglicht auch eine Mischung der Laufzeiten. Im übrigen ist auch die jeweilige Lage am Kapitalmarkt zu berücksichtigen. Läßt der Kapitalmarkt eine entsprechende langfristige Finanzierung nicht zu, müssen mehrere Kredite hintereinandergeschaltet werden.

Aus Gründen der Haushaltssicherung bedarf es bei einer kurzfristigen, aber auch bei einer mittelfristigen Verschuldung einer besonders sorgfältigen Prüfung der Leistungsfähigkeit im Hinblick auf den künftigen Haushaltsausgleich und den Verschuldungsspielraum.

Bei der Aufnahme eines kurzfristigen Kredites, dessen spätere Umwandlung in einen langfristigen Kredit beabsichtigt ist, ist eine entsprechende Zusage des Kreditinstituts unumgänglich.

Die Möglichkeit einer außerordentlichen Tilgung (§ 87 Nr. 29b ThürGemHV) sollte unter Berücksichtigung der Haushaltslage immer wieder geprüft werden.

4.6 Der Effektivzins bringt die Wechselbeziehung zwischen Nominalzinssatz und Disagio zum Ausdruck. Bei Alternativangeboten, die abweichende Regelungen für den Auszahlungskurs vorsehen, jedoch zu einem gleichhohen Effektivzinssatz führen, gilt für jede Konditionsvereinbarung folgendes:

Kann eine Gemeinde nach ihren finanziellen Verhältnissen ein Disagio aufbringen, mag es sich anbieten, einen Auszahlungskurs unter 100 % zu wählen. Denn der einmaligen Belastung durch das Disagio steht infolge des ermäßigten Nominalzinssatzes eine haushaltsmäßige Entlastung in den folgenden Jahren gegenüber.

Dagegen sind für finanzschwache Gemeinden im allgemeinen Regelungen vorteilhafter, die den Abzug eines Disagios vermeiden und einen entsprechenden höheren Nominalzinssatz vorsehen.

4.7 Vereinbarungen über ein vorzeitiges Kündigungsrecht des Kreditgebers sind sehr bedenklich, da die Inanspruchnahme dieses Rechts zu ernsten finanziellen Schwierigkeiten führen kann. Abgesehen von Änderungskündigungen zur Neuregelung von Konditionen (siehe Nummer 4.8) und von dem Fall des nachhaltigen Verzugs oder der sonstigen Vertragsverletzung sollte der Kommunalkredit daher für den Kreditgeber grundsätzlich unkündbar sein.

Für die Gemeinde sollen dagegen Kredite grundsätzlich jederzeit kündbar sein, um eine vorzeitige völlige oder teilweise Rückzahlung zu ermöglichen, wenn die Haushalts- und Finanzlage dies zuläßt oder erfordert.

Es muß sichergestellt werden, daß die Gemeinde nicht vom Kündigungsrecht im Rahmen des § 609a Abs. 1 und 2 BGB ausgeschlossen wird mit der Folge, daß lediglich dem Kreditgeber die Kündigungsmöglichkeit zusteht.

Anhang 2

4.8 Zinsanpassungsklauseln werden vereinbart, um steigende Zinsen für Sparguthaben mit in die laufenden Ausleihungen umsetzen zu können. Sie müssen sowohl dem Gläubiger als auch der Gemeinde das Recht einräumen, den Kredit zum Zwecke der Vereinbarung eines neuen Zinssatzes zu kündigen. Wegen der Entwicklung am Rentenmarkt bieten auch Kreditinstitute, die Kommunalkredite aus Schuldverschreibungen finanzieren, Kredite mit Kündigungsklauseln an. Unter dem Gesichtspunkt der Haushaltssicherung ist die Annahme solcher Angebote nur vertretbar, wenn das Kündigungsrecht dahingehend eingeschränkt ist, daß es nur zur Anpassung an einen neuen Effektivzins und erst nach Ablauf eines möglichst langen Zeitraums ausgeübt werden darf. Die Zinsanpassungsklausel muß den Hinweis enthalten, daß der neu zu vereinbarende Effektivzins marktgerecht zu sein hat. Kürzere Ausschlußfristen können nur dann hingenommen werden, wenn bei besonders gelagerten Situationen am Kapitalmarkt eine andere längerfristige Finanzierung nicht möglich ist oder wirtschaftlich unzweckmäßig wäre. Voraussetzung für eine entsprechende Vereinbarung ist, daß kein oder nur ein minimales Disagio vereinbart wird. Wird eine Kündigungsklausel vereinbart, muß eine ausreichende Kündigungsfrist festgesetzt werden, die drei Monate nicht unterschreiten darf.

Mitunter verbinden Kreditgeber die Zinsanpassungsklausel mit einem Refinanzierungsvorbehalt, der das Liquiditätsrisiko auf die Gemeinde verlagert. Solche Regelungen sehen beispielsweise vor, daß nach Ablauf des Zinsbindungszeitraums neue Konditionen im Rahmen der Refinanzierungsmöglichkeiten vereinbart werden. Mit dem Grundsatz der Haushaltssicherheit ist es jedoch unvereinbar, daß der Kreditgeber nicht zur Anschlußfinanzierung verpflichtet ist.

Forderungen von Kreditgebern, daß die Gemeinde bei Zins- bzw. Konditionsanpassungen Konkurrenzangebote nur dann annehmen dürfte, wenn sie um eine bestimmte Spanne (z.B. bei Zinsanpassungen 0,25 v.H. oder 0,50 v.H.) günstiger liegen als das Angebot des ersten Kreditgebers, oder daß im Fall eines Kreditgeberwechsels eine einmalige Entschädigung in Höhe von z.B. 1 v.H. des Kreditbetrags zu zahlen sei, müssen unter haushaltsrechtlichen Gesichtspunkten als unzulässig angesehen werden.

4.9 Während bei Zinsanpassungsklauseln stets eine fristgerechte Kündigung und die vertragliche Vereinbarung eines neuen Zinssatzes notwendig werden, haben Zinsgleitklauseln eine automatische Anpassung des Zinssatzes an eine veränderte Kapitalmarktlage zur Folge oder ermöglichen eine einseitige Festsetzung des Zinses durch den Gläubiger. Zinsgleitklauseln sind unter dem Gesichtspunkt der Sparsamkeit und Wirtschaftlichkeit der Haushaltsführung und im Interesse der Haushaltssicherheit regelmäßig nicht vertretbar. Eine andere Beurteilung ist denkbar, wenn der Zinssatz an verkehrsübliche Instrumentarien (z.B. FIBOR- oder LIBOR-Satz) angebunden wird, der Kreditgeber sich verpflichtet, die Zinsgleitklausel auf Wunsch durch eine andere Vereinbarung zu ersetzen, und die Gemeinde den Kredit bei jeder Zinsänderung kündigen kann. Im übrigen können

Zinsgleitklauseln vertretbar sein, wenn es sich um eine Zinsregelung für Zwischen- und Vorschaltkredite handelt.

4.10 Das Recht des Gläubigers, die Forderung an einen anderen abzutreten, sollte grundsätzlich ausgeschlossen werden. Hierfür spricht nicht nur die Notwendigkeit, daß für den Schuldennachweis der Gläubiger bekannt sein muß, sondern auch die Möglichkeit, daß sich der Übergang der Forderung auf einen Gläubiger, mit dem die Gemeinde keine Geschäftsbeziehungen pflegt, nachteilig für die Gemeinde auswirken kann (vgl. Nummer 4.2 Satz 4). Muß ausnahmsweise von diesem Grundsatz abgewichen werden, sollte vereinbart werden, daß eine Abtretung der Forderung nur einmal und dann nur mit Zustimmung der Gemeinde erfolgen darf.

4.11 Es entspricht dem Wesen des öffentlichen Kredites, daß er ohne Bestellung besonderer Sicherheiten (z.B. Sicherungshypothek, Grundschuld, Verpfändung beweglicher Sachen) gewährt wird (§ 63 Abs. 6 ThürKO), weil die Sicherung für den Kreditgeber schon darin liegt, daß die Gemeinde mit ihrer vollen Finanzkraft haftet, die sich insbesondere auf eine geordnete Wirtschafts- und Haushaltsführung stützt.

Mit dem Grundsatz des § 63 Abs. 6 ThürKO ist es nicht zu vereinbaren, wenn der Gläubiger bei Abschluß eines Kreditvertrages fordert, daß die Gemeinde vor Bestellung besonderer Sicherheiten zugunsten anderer Gläubiger die vorherige Zustimmung des Kreditgebers einzuholen habe.

Besondere Sicherheiten können nur in Ausnahmefällen bestellt werden, nicht zuletzt deshalb, damit nicht einzelne Kreditgeber bevorzugt werden. Eine verkehrsübliche dingliche Sicherung kann allenfalls bei Krediten in Betracht kommen, die als Wohnungsbaudarlehen gegeben werden. Das gilt nicht, soweit Gebäude nicht nur zu Wohnzwecken, sondern zum Teil auch öffentlichen Zwecken dienen.

5. Umschuldung von Krediten

5.1 Die Umschuldung (§ 87 Nr. 32 ThürGemHV) ist insbesondere mit den allgemeinen Haushaltsgrundsätzen (§ 53 Abs. 2 ThürKO) vereinbar, wenn günstigere Konditionen erreicht werden und die Gesamtkosten der Kreditaufnahme sich voraussichtlich verringern. Die Konditionen eines Umschuldungskredites müssen jedenfalls marktgerecht sein.

5.2 Die Ausführung in Nummer 4 gelten auch für die Kommunalkredite, die zur Umschuldung aufgenommen werden (vgl. Nummer 1.2).

5.3 Von der Kreditermächtigung der Haushaltssatzung (§ 55 Abs. 2 Nr. 2 ThürKO) werden Umschuldungskredite nicht erfaßt.

6. Einzelgenehmigungsverfahren

6.1 Die Aufnahme der einzelnen Kredite bedarf nur noch dann einer Genehmigung durch die Rechtsaufsichtsbehörde, wenn die Kreditaufnahmen gesetzlich beschränkt worden sind (§ 63 Abs. 4 ThürKO), oder wenn durch

Anhang 2

eine Rechtsverordnung des Innenministeriums im Einvernehmen mit dem Finanzministerium und dem Ministerium für Wirtschaft und Verkehr die Aufnahme von Krediten von der Genehmigung (Einzelgenehmigung) abhängig gemacht worden ist (§ 63 Abs. 5 ThürKO). Eventuelle rechtsaufsichtliche Auflagen bleiben unberührt.

Wird eine solche Rechtsverordnung erlassen, so wird das Genehmigungsverfahren durch besondere Bekanntmachung geregelt werden.

6.2 Wenn eine Einzelgenehmigung nicht notwendig ist, muß die Rechtsaufsichtsbehörde den Kreditinstituten nicht bescheinigen, daß eine Kreditaufnahme einer Gemeinde sich im Rahmen der haushaltsrechtlichen Ermächtigung hält. Eine solche Erklärung kann auf ausdrücklichen Wunsch des Kreditinstitutes allenfalls die Gemeinde abgeben, ohne daß das Kreditinstitut dadurch zusätzlich Sicherheit gewinnen könnte.

6.3 Kreditaufnahmen im Ausland sind grundsätzlich zu vermeiden. Über die jeweilige Rechtslage nach dem Außenwirtschaftsgesetz und der Außenwirtschaftsverordnung und die mit einer Kreditaufnahme im Ausland verbundenen Risiken erteilt die Landeszentralbank in Weimar Auskunft.

6.4 Geldschulden, deren Betrag in Deutscher Mark durch den Kurs in einer anderen Währung als in Deutscher Mark oder durch den Preis oder eine Menge von Feingold oder von anderen Gütern oder Leistungen bestimmt werden soll, bedürfen nach § 3 Satz 2 des Ersten Gesetzes zu Neuordnung des Geldwesens (Währungsgesetz) i.d.F. vom 21. April 1953 (BGBl. I S. 127) der Genehmigung der Deutschen Bundesbank. Solche Anträge sind bei der örtlichen zuständigen Haupt- oder Zweigstelle der Landeszentralbank einzureichen.

II. Kreditähnliche Verpflichtungen, Sicherheiten (§ 64 ThürKO)

7. Zum Verfahren

7.1 Die nach § 64 Abs. 1 bis 3 ThürKO genehmigungspflichtigen Rechtsgeschäfte sind von dem zuständigen Gemeindeorgan zu beschließen.

7.2 Vor Abschluß eines solchen Rechtsgeschäfts hat die Gemeinde jeweils zu prüfen, ob die Erfüllung ihrer Aufgaben das Rechtsgeschäft erfordert. Auch die Rechtsaufsichtsbehörden haben darauf zu achten.

7.3 Ein Ansatz für die Rechtsgeschäfte, z.B. ein kapitalisierter Wert bei Rechtsgeschäften, die einer Kreditaufnahme wirtschaftlich gleichkommen oder der Höchstbetrag der Einstandspflicht bei Bürgschaften ist nicht in die Haushaltssatzung und den Haushaltsplan aufzunehmen. Auf die Verpflichtung zur Darstellung in den Anlagen 4 und 21 der VV-Mu-ThürGemHV wird jedoch hingewiesen.

Anhang 2

Bürgschaften und Gewähr- oder ähnliche Verträge können sich auf die allgemeine Rücklage auswirken (§ 20 Abs. 3 Nr. 2 ThürGemHV).

7.4 Dem Antrag auf Genehmigung sind beizufügen
   - die vertragliche Abmachung,
   - ein beglaubigter Auszug aus der Sitzungsniederschrift über den Beschluß des zuständigen Gremiums zum Abschluß des Rechtsgeschäfts,
   - der Haushaltsplan des laufenden Haushaltsjahres, falls er nicht ohnedies bei der Rechtsaufsichtsbehörde vorliegt,
   - Ausführungen darüber, daß die sachlichen Voraussetzungen für den Abschluß des Rechtsgeschäfts gegeben sind.

   Bei einem Antrag auf Genehmigung einer Bürgschaft sind zusätzlich die in Nummer 9.1 genannten Unterlagen erforderlich.

7.5 Die rechtsaufsichtliche Genehmigung hat das Rechtsgeschäft zweifelsfrei zu bezeichnen und die wesentlichen Vereinbarungen zu nennen. Zweckmäßig ist ein ausdrücklicher Hinweis, daß eine Änderung der Vereinbarungen zum Nachteil der Gemeinde der Genehmigung bedarf. Die Genehmigung ist in der Regel in drei Ausfertigungen zu erteilen.

7.6 Einer Genehmigung bedarf es nicht, wenn der Abschluß der Rechtsgeschäfte nach § 64 Abs. 1 bis 3 ThürKO im Rahmen der laufenden Verwaltung erfolgt.

8. Zahlungsverpflichtungen, die einer Kreditaufnahme wirtschaftlich gleichkommen (§ 64 Abs. 1 ThürKO)

8.1 Einer Kreditaufnahme kommen unter anderem folgende Rechtsgeschäfte wirtschaftlich gleich:

8.1.1 die Stundung (Kreditierung) von Zahlungsverpflichtungen aus Dienst-, Werk- und Kaufverträgen, wobei es gleichgültig ist, ob die Fälligkeit von vornherein oder erst nach Abschluß eines Vertrags hinausgeschoben wird,

8.1.2 der Abschluß eines Leasing-Vertrags,

8.1.3 der Abschluß eines Leibrentenvertrags,

8.1.4 die Bestellung eines Erbbaurechts an einem Grundstück zugunsten der Gemeinde,

8.1.5 die Schuldübernahme, mit Ausnahme der in Nummer 1.1.4 und 1.3 genannten Fälle,

8.1.6 die vollständige oder teilweise Übernahme des Schuldendienstes für einen Kredit eines Dritten, gleichgültig, ob die Übernahme gegenüber dem Kreditgeber erklärt wird oder dem Kreditnehmer wiederkehrende Zuweisungen oder Zuschüsse gewährt werden,

8.1.7 die vollständige oder teilweise Übernahme der Folgelasten von Einrichtungen Dritter,

8.1.8 der Abschluß langfristiger Leistungsverträge, z.B. Verträge mit einem Sanierungs- oder Entwicklungsträger nach §§ 157 und 167 BauGB oder Vereinbarungen über Vorfinanzierungen mit Grundstücksbeschaffungs- und Erschließungsgesellschaften,

8.1.9 die Umwandlung von Fördermitteln in Darlehen (Darlehensvertrag).

Ergänzend wird noch folgendes ausgeführt:

8.2 Bei Abschluß von Leasing-Verträgen werden kommunale Einrichtungen nicht von der Gemeinde, sondern von Finanzierungsgesellschaften errichtet und für eine bestimmte Zeit gegen regelmäßige Zahlung mietzinsähnlicher Beträge der Gemeinde zur Verfügung gestellt. Das Eigentum fällt der Gemeinde in der Regel erst nach Tilgung der Herstellungskosten zu. Leasing-Verträge in dieser Art sind keine herkömmlichen Miet- oder Pachtverträge. Sie kommen im wirtschaftlichen Ergebnis einer Stundung und Verzinsung des Kaufpreises bzw. einem langfristigen Teilzahlungskredit gleich. Sie bedeuten eine langdauernde Belastung des kommunalen Haushalts und berühren die Leistungsfähigkeit der Gemeinde wie eine Kreditaufnahme.

Vor Abschluß eines Leasing-Vertrags, dem grundsätzlich eine Ausschreibung vorausgehen muß (§ 31 Abs. 1 ThürGemHV), sind neben den technischen Gesichtspunkten und neben den laufenden Verpflichtungen aus dem Vertrag auch die finanzielle Gesamtbelastung und die Sicherung der Gemeinde mit in die Beurteilung einzubeziehen.

Die Genehmigung soll nur erteilt werden, wenn die Gemeinde

– bei Vorliegen der sonstigen Voraussetzungen für die Genehmigung von kreditähnlichen Rechtsgeschäften durch die besondere Finanzierungsart wirtschaftlich insgesamt mindestens gleich günstig gestellt ist wie bei der herkömmlichen Kreditfinanzierung und gegenüber allen mit der besonderen Finanzierungsart verbundenen Risiken voll abgesichert ist;
– in ihrer Aufgabenerfüllung nicht unnötig beeinträchtigt wird, insbesondere wenn die Belastungen aus dem Vertrag im Rahmen der dauernden Leistungsfähigkeit getragen werden können.

Unter gemeindewirtschaftlichen Gesichtspunkten dürfen grundsätzlich Indexklauseln und Wertsicherungsklauseln, aus denen sich für die Gemeinde zusätzliche Belastungen gegenüber einer herkömmlichen Kreditfinanzierung ergeben können, nicht vereinbart werden.

8.3 Im Rahmen eines langfristigen Leistungsvertrags kann sich eine Gemeinde z.B. zur Erfüllung von Aufgaben, die ihr bei der Vorbereitung oder Durchführung einer städtebaulichen Sanierungs- oder Entwicklungsmaßnahme obliegen, eines geeigneten Beauftragten bedienen (§§ 157 und 167 BauGB). Wegen der in aller Regel weit in die Zukunft reichenden Verpflichtungen sollten die Verträge sorgfältig auf die zu erwartende langfristige Leistungsfähigkeit abgestellt werden. Insbesondere sollte auch geprüft werden, ob solche Verträge auf sachlich und zeitlich beschränkte

Anhang 2

Leistungsstufen eingegrenzt werden können. Entsprechendes gilt auch für andere langfristige Leistungsverträge.

8.4 Die Fördermittel nach §§ 39 und 58 StBauFG a.F. i.V.m. § 245 Abs. 11 BauGB werden zunächst als Vorauszahlungen gewährt. Sie sind nicht als Kredite oder als kreditähnliches Rechtsgeschäft zu werten. Im Laufe des Abrechnungsverfahrens können solche Mittel in Darlehen umgewandelt werden, wenn sie nicht für zuschußfähige Kosten eingesetzt werden. Aus diesem Vorgang ergibt sich eine Zahlungsverpflichtung, die einer Kreditaufnahme wirtschaftlich gleichkommt. Es obliegt den Gemeinden, bei der Bewilligungsstelle der Fördermittel baldmöglichst zu klären, ob, in welcher Höhe, ab wann und zu welchen Bedingungen mit einer Umwandlung zu rechnen sein wird.

8.5 Bausparverträge verpflichten nicht zur Aufnahme eines Bausparkredits. Sie sind daher keine Rechtsgeschäfte, die einer Kreditaufnahme wirtschaftlich gleichkommen. Über die Aufnahme eines Bausparkredits hat die Gemeinde erst nach der sogenannten Zuteilung des Bausparvertrags zu entscheiden. Für den Abschluß des Darlehensvertrages im Zuge der Zuteilung gilt Abschnitt I – ohne Nummer 5 – dieser Bekanntmachung.

Vor Entscheidung einer Standardfinanzierung über einen Bankkredit und der Finanzierung über ein Bauspardarlehen ist eine Vergleichsberechnung durchzuführen. Dabei sind folgende Überlegungen einzubeziehen:

8.5.1 Bausparverträge wirken sich steuerlich bei Gemeinden nicht aus, ebenso kommen sie nicht in den Genuß von Bausparprämien.

8.5.2 Der Zeitpunkt der Auszahlung des Bausparkredites ist von entscheidender Bedeutung. Dieser Zeitpunkt ist grundsätzlich nicht vorherbestimmbar und hängt von dem Bausparverhalten aller Vertragspartner der Bausparkasse ab. Es gibt zwar Prognosen der Bausparkassen, zu welchem Zeitpunkt die Zuteilung erfolgen kann. Es wird aber regelmäßig keine vertragliche Zusicherung möglich sein. Bei sofortigen Infrastrukturbedürfnissen ist bis zur Auszahlung des Bausparkredites eine Zwischenfinanzierung erforderlich, deren Verzinsung sich in der Regel höher als der Bausparkredit berechnet. Im Hinblick auf die Unsicherheit des Auszahlungszeitpunktes kann der Zwischenkreditvertrag nicht befristet werden, weshalb im besonderen auf Vereinbarungen zu Zinsfestlegungen und Zinsveränderungen zu achten ist.

8.5.3 Den Bausparkrediten ist regelmäßig eine günstige Zinssituation eigen. Allerdings sind nach dem Grundsystem der Bausparkassen hohe Tilgungsleistungen zu erbringen, die teilweise deutlich über den Tilgungsraten von langfristen Bankkrediten liegen.

Dadurch können die jährlichen Verrentungsraten (Zins und Tilgung) aus Vereinbarungen in einem Bausparvertrag durchaus höher sein als bei langfristigen Bankkrediten mit höheren Zinsen.

Der Vorteil eines Bausparvertrages liegt deshalb im wesentlichen in festen, relativ günstigen Zinssätzen über die gesamte Laufzeit und in der

Anhang 2

schnellen Tilgung von aufgenommenen Krediten und damit der frühzeitigen Eröffnung von neuen Spielräumen für die Zukunft. Der Nachteil kann in der höheren Einzelbelastung für den Haushalt liegen.

8.5.4 Der Abschluß eines Bausparvertrages bedeutet die Verpflichtung zur Zahlung der vereinbarten Bausparraten oder die Leistung der Ansparsumme durch eine Einmalzahlung. Diese Leistungen müssen im Haushalt aufgebracht werden und sind entsprechend zu veranschlagen.

8.5.5 In der Vergleichsberechnung ist außerdem zu berücksichtigen:

8.5.5.1 Bis zur Zuteilung des Bausparvertrages wird die Ansparsumme mit einem niedrigeren Zinssatz verzinst, als sich bei Anlage auf dem Kapitalmarkt erzielen läßt.

8.5.5.2 Meistens ist eine Abschlußgebühr zu entrichten.

8.5.5.3 Einmalige laufende Gebühren können im Zusammenhang mit der Bearbeitung und Betreuung des Bausparkontos sowie der Auszahlung entstehen.

8.5.6 Ein besonderes Problem bei einer Vergleichsberechnung stellt die Frage dar, wie sich das Zinsniveau bei langfristigen Krediten entwickeln kann und welches Risiko die Gemeinde mit einer Vereinbarung zu variablen Zinsen, zu mehrjähriger Festlegung oder langfristiger Zinsbindung übernimmt. Hier sind intensive Gespräche auch mit konkurrierenden Kreditinstituten bzw. Banken unumgänglich, um die Beurteilung auf abgesicherter Grundlage vorzunehmen.

8.6 Die Genehmigung kreditähnlicher Rechtsgeschäfte nach § 64 Abs. 1 ThürKO ist nach Maßgabe der dauernden Leistungsfähigkeit zu erteilen oder zu versagen; als wesentliches Beurteilungskriterium ist auch hier die „freie Finanzspitze" zugrunde zu legen. Sind die laufenden Verpflichtungen aus dem zu genehmigenden Rechtsgeschäft in der Finanzplanung noch nicht enthalten, sind sie zusätzlich auf die „freie Finanzspitze" anzurechnen. Nr. 3.4 bis 3.6 dieser Bekanntmachung gelten entsprechend.

9. Bürgschaften, Gewährverträge und Verpflichtungen aus verwandten Rechtsgeschäften (§ 64 Abs. 2 ThürKO)

9.1 Bürgschaften (§ 765 BGB) sollen im allgemeinen nur für dinglich gesicherte Kredite übernommen werden. Bei allen Bürgschaften ist Vorsicht und Zurückhaltung geboten, besonders in Fällen, in denen eine dingliche Sicherung nicht vorliegt. Die Bonität des Kreditnehmers darf eine Inanspruchnahme der bürgenden Gemeinde nicht erwarten lassen. Grundsätzlich dürfen nur Ausfallbürgschaften oder einfache Bürgschaften übernommen werden. Eine selbstschuldnerische Bürgschaft kommt nur in seltenen Ausnahmefällen in Frage, z.B. wenn eine gesetzliche oder satzungsmäßige Verpflichtung besteht.

Dem Antrag auf Genehmigung (siehe Nummer 7.4) ist der volle Wortlaut der Bürgschaftserklärung beizulegen. Soll für die Erfüllung der Verbindlichkeiten aus einem Kreditvertrag gebürgt werden, ist auch der Kreditvertrag für die rechtsaufsichtliche Beurteilung unerläßlich, ebenso wie ein Nachweis über die Wirtschaftlichkeit der mit den Kreditmitteln zu finanzierenden Maßnahme und über die finanzielle und wirtschaftliche Lage des Kreditnehmers. Können die Kreditmittel für Bauvorhaben verwendet werden, sind außerdem ein Kostenvoranschlag für die durchzuführende Maßnahme, ein Nachweis der Finanzierung der Maßnahme und Angaben über die Folgekosten sowie deren Finanzierung vorzulegen.

9.2 Im Gewährvertrag wird die Haftung für einen bestimmten Erfolg, für ein bestimmtes Verhalten des Schuldners oder eine Gefahr (für ein Risiko) übernommen. Die Gewährleistungspflicht ist regelmäßig von der Verpflichtung des Hauptschuldners unabhängig. Die Gemeinden sollten bei diesen Rechtsgeschäften große Vorsicht und Zurückhaltung walten lassen und im übrigen die Haftung nur für einen von vornherein bestimmten Betrag oder Höchstbetrag übernehmen.

9.3 Ähnliche Rechtsgeschäfte, die ein Einstehen für fremde Schuld oder für den Eintritt oder Nichteintritt bestimmter Umstände zum Gegenstand haben, können sein

- Kreditaufträge,
- Wechselbürgschaften (Avale),
- Ausbietungsgarantien,
- Bestellung von Pfändern oder Hypotheken für fremde Schulden.

9.4 Nach § 160 Abs. 4 BauGB gewährleistet die Gemeinde die Erfüllung der Verbindlichkeiten, für die der Sanierungsträger mit dem Treuhandvermögen haftet. Mittel, die der Sanierungsträger von einem Dritten als Kredit erhält, gehören nur dann zu dem Treuhandvermögen, wenn die Gemeinde der Kreditaufnahme schriftlich zugestimmt hat. Das gleiche gilt für eigene Mittel, die der Sanierungsträger einbringt.

Die Zustimmung der Gemeinde bedarf der Genehmigung nach § 64 Abs. 3 ThürKO, da der Gemeinde aus den Rechtsgeschäften des Sanierungsträgers in künftigen Haushaltsjahren Verpflichtungen zur Leistung von Ausgaben erwachsen können.

9.5 Die Genehmigung von Bürgschaften, Gewährverträgen und Verpflichtungen aus ähnlichen Rechtsgeschäften setzt eine Risikoabschätzung voraus, mit der, auf der Grundlage des Maximalrisikos, das realistische zu erwartende Risiko mit einem bestimmten Betrag ermittelt wird. Ergeben sich keine anderweitigen Anhaltspunkte für die Wahrscheinlichkeit des Risikoeintritts, ist diese mit 50 v.H. zu bewerten.

Aus den bisherigen bestehenden und zur Genehmigung beantragten Bürgschaften, Gewährverträgen und ähnlichen Rechtsgeschäften ist die Summe des Gesamtrisikos unter Berücksichtigung von Satz 1 und 2 zu ermitteln. Die Genehmigungsfähigkeit neuer Verpflichtungen nach Satz 1 ist dann gegeben, wenn ein Betrag von 7 v.H. aus der nach Satz 3 ermittelten Risikosumme abzüglich der über den Mindestbetrag nach § 20 Abs. 2

Anhang 2

ThürGemHV zur Verfügung stehenden Rücklagen mit der dauernden Leistungsfähigkeit der Gemeinde in Einklang steht.

Nr. 3.4 bis 3.6 dieser Bekanntmachung ist entsprechend anzuwenden.

III. Weitere Anwendungsbereiche

10. Eigenbetriebe

Für die Eigenbetriebe gelten die Nummern 1 bis 9 entsprechend (vgl. § 76 Abs. 2 ThürKO). Kreditaufnahmen und Verpflichtungsermächtigungen werden nicht im Haushaltsplan der Gemeinde, sondern unmittelbar im Vermögensplan des Wirtschaftsplans veranschlagt. Der Gesamtbetrag der vorgesehenen Kreditaufnahmen wird unbeschadet § 36 Abs. 1 ThürKGG in der Haushaltssatzung der Gemeinde festgesetzt.

11. Krankenhäuser mit kaufmännischem Rechnungswesen

Für Krankenhäuser, deren Betriebsführung nach der Verordnung über die Wirtschaftsführung der kommunalen Krankenhäuser (ThürWkKV) erfolgt, gilt Nummer 10 entsprechend.

12. Landkreise, kommunale Zusammenschlüsse und Stiftungen

12.1 Das Kreditwesen ist in gleicher Weise für die Landkreise in § 114 ThürKO geregelt. Die Nummern 1 bis 11 gelten daher entsprechend.

12.2 Die einschlägigen Bestimmungen der Thüringer Kommunalordnung gelten

- für die kommunalen Zweckverbände,
- für die Verwaltungsgemeinschaften (§ 52 Abs. 2 ThürKO i.V.m. § 36 Abs. 1 KGG),
- für die kommunalen Zusammenschlüsse mit eigener Rechtspersönlichkeit, die das kommunale Wirtschaftsrecht anwenden und
- für die von Gemeinden und Landkreisen verwalteten kommunalen Stiftungen (§ 70 ThürKO).

Die Nummern 1 bis 11 gelten daher entsprechend.

**[IV. Aufhebung und Änderung bisheriger Regelungen
– nicht abgedruckt]**

[V. Inkrafttreten – nicht abgedruckt]

Anhang 3

Verwaltungsvorschrift des Sächsischen Staatsministeriums des Innern über die kommunale Finanzplanung 1999 bis 2002 und die kommunale Haushalts- und Wirtschaftsführung im Jahre 1999

(VwV kommunale Haushaltswirtschaft 1999)
Az.: 23a-2242.30/31
Vom 21. Oktober 1998

[Auszug]

....

II. Hinweise zur Haushalts- und Wirtschaftsführung im Haushaltsjahr 1999

....

3. Kreditwirtschaft und Leasingfinanzierung

a) Voraussetzungen für Kreditaufnahmen

Bei der Finanzierung ihrer Investitionsmaßnahmen sind die Kommunen, neben staatlichen Zuwendungen, in hohem Maße auf Kredite angewiesen.

Die Voraussetzungen für die Kreditaufnahme ergeben sich aus §§ 73 Abs. 4, 82 Abs. 4 SächsGemO. § 82 Abs. 1 SächsGemO beschränkt die Kreditaufnahme in zweifacher Hinsicht. Kredite dürfen nur im Vermögenshaushalt und nur für Investitionen, Investitionsförderungsmaßnahmen und Umschuldungen aufgenommen werden. Der Gesamtbetrag der vorgesehenen Kreditaufnahmen kann im Rahmen der Haushaltssatzung durch die Rechtsaufsichtsbehörde nur genehmigt werden, wenn die Kreditverpflichtungen mit der dauerhaften Leistungsfähigkeit in Einklang stehen. Daraus folgt, daß die Gemeinde unter Berücksichtigung ihrer gesamten finanziellen Situation in der Lage sein muß, den mit der Aufnahme von Krediten verbundenen Schuldendienst (Zinsen und Tilgung) bei Fälligkeit aufzubringen. Der Nachweis der finanziellen Leistungsfähigkeit erfordert eine komplexe Vorausschau über die künftige Einnahme- und Ausgabeentwicklung, die naturgemäß mit vielen Unsicherheiten behaftet ist.

Kreditmittel dürfen dem Grundsatz einer sparsamen und wirtschaftlichen Haushaltsführung folgend nur abgerufen werden, wenn bei der Kommune Zahlungsbedarf besteht. Kreditmittel für Investitionen sollen nicht zweckfremd zur allgemeinen Liquiditätssicherung eingesetzt werden. Abgerufene und noch nicht verbrauchte Kreditmittel dürfen nicht der allgemeinen Rücklage zugeführt werden.

Anhang 3

b) Beurteilungskriterien der finanziellen Leistungsfähigkeit

Ausgangsbasis für die Beurteilung, ob eine „geordnete Haushaltswirtschaft" vorliegt beziehungsweise die „dauernde finanzielle Leistungsfähigkeit" gegeben ist, sind der sorgfältig erstellte Finanzplan und das Investitionsprogramm (§ 80 Sächs-GemO und § 24 GemHVO). Über die aktuelle Haushaltssituation hinaus wird darin die Entwicklung für drei weitere Jahre prognostiziert. Als Beurteilungskriterien für die zukunftsorientierte Leistungsfähigkeitsprognose dienen hierbei:

- Zuführungsrate an den Vermögenshaushalt (§ 22 GemHVO),
- Struktur und Entwicklung der gemeindespezifischen Einnahmequellen unter Berücksichtigung des § 73 SächsGemO (Rangfolge, Ausschöpfungsgrad, Höhe der Hebesätze, vertretbare Entgelt- und Steuerbelastungen),
- Struktur und Entwicklung der gemeindespezifischen Ausgaben (im Verwaltungshaushalt), zwangsläufige Ausgabenverpflichtungen, Ausgabenprioritäten,
- Folgekosten für bestehende Einrichtungen, für die in Bau befindlichen Anlagen und geplante Investitionsmaßnahmen,
- allgemeiner Stand der Aufgabenerfüllung und Umfang der dringend notwendigen Mittel und langfristigen Investitionsausgaben (einschließlich Erneuerungsmaßnahmen, zwangsläufige Investitionslasten, Prioritäten),
- Belastungen aus Kreditaufnahmen, kreditähnlichen Rechtsgeschäften und sonstigen Verpflichtungen,
- Stand der Rücklagen und des Gemeindevermögens (Entnahme- und Verwertungsmöglichkeiten)

Bei der Betrachtung der Kreditaufnahmen ist eine Differenzierung zwischen rentierlichen und unrentierlichen Schulden erforderlich. Die aus sogenannten rentierlichen Investitionen (wie zum Beispiel Abwasserbeseitigung und Wasserversorgung) erwachsenden Folgelasten berühren den gemeindlichen Verschuldungsspielraum in der Regel nicht, wenn diese durch die Erhebung voll kostendeckender Entgelte refinanziert werden. Dies setzt jedoch voraus, daß die im Rahmen der Gesamtdeckung des Vermögenshaushalts aufgenommenen Kredite den einzelnen Maßnahmen zugeordnet werden können.

Sofern in der Vergangenheit Kredite aufgenommen wurden, die in den ersten Jahren der Laufzeit tilgungsfrei sind, müssen die auf den Haushalt zukommenden Belastungen konkret erfaßt werden. Dies gilt auch für den Abschluß von kreditähnlichen Rechtsgeschäften, wie zum Beispiel Leasing-, Vorfinanzierungs- und Geschäftsbesorgungsverträge. Die nach Ablauf der Vertragslaufzeit anfallenden Belastungen müssen ebenfalls betragsmäßig erfaßt und dargestellt werden, da ansonsten die Finanzlage einer Kommune nicht zutreffend eingeschätzt werden kann.

Eine allgemeine Verschuldungsgrenze läßt sich auch mit Hilfe einer Formel nicht ermitteln, die Frage, ob weitere Kreditaufnahmen möglich sind, hat sich ausschließlich an der finanziellen Leistungsfähigkeit zu orientieren. In diese Beurteilung ist neben dem laufenden Haushaltsjahr eine realistische Einschätzung der künftigen Jahre einzubeziehen. Entscheidend ist hiernach, ob nach der Finanzplanung, die die neuen Schuldendienstverpflichtungen berücksichtigt, der Haushaltsausgleich in künftigen Jahren gefährdet ist oder ob absehbar weiterhin eine „Netto-Investitionsrate" erwirtschaftet werden kann.

Weist die Finanzplanung in einem der Folgejahre einen Zuschußbedarf vom Vermögenshaushalt an den Verwaltungshaushalt aus, ist die dauernde Leistungsfähigkeit gefährdet. Kredite sind – je nach der Höhe des ausgewiesenen Zuführungsbedarfs – nicht oder allenfalls unterhalb des Schuldentilgungsbetrages des laufenden Jahres genehmigungsfähig.

Kredite über den Betrag der Schuldentilgung hinaus erscheinen dann genehmigungsfähig, wenn der Verwaltungshaushalt in den Jahren der Finanzplanung jeweils über die aus der vorgesehenen Netto-Kreditaufnahme folgenden zusätzlichen Schuldendiensttilgung hinaus einen Betrag erwirtschaftet, der geeignet ist, künftige Unterdeckungen aufgrund von Schutzrisiken der Finanzplanung auszuschließen.

Die VwV Haushaltssicherung enthält unter Nummer 3.2 letzter Absatz die Festlegung, dass es einer besonderen Prüfung der finanziellen Leistungsfähigkeit im Rahmen der Genehmigung der Kreditaufnahme bedarf, wenn in der Kernverwaltung die Zahl von drei Bediensteten je Tausend Einwohner erreicht beziehungsweise überschritten wird.

....

c) Begrenzung der Kreditaufnahme
Mit Rücksicht auf die wirtschaftliche Lage und die finanziellen Rahmenbedingungen ist es erforderlich, die Aufnahme weiterer Kredite auf den unbedingt notwendigen Bedarf zu beschränken. Die Rechtsaufsichtsbehörden sind zur Vermeidung weiterer Nachteile schon dann gehalten, die Genehmigung von Krediten zu versagen, wenn die finanzielle Leistungsfähigkeit der Kommune gefährdet ist. Davon ist insbesondere dann auszugehen, wenn kein ausgeglichener Verwaltungshaushalt vorgelegt worden oder nicht zu erwarten ist, dass die Kommune auch mittelfristig den Haushaltsausgleich sicherstellen kann.

Ausgehend von der Bestimmung des § 82 Abs. 2 Satz 3 SächsGemO, wonach die Kreditaufnahme dann regelmässig zu versagen ist, sind in diesen Fällen Kreditaufnahmen ausnahmsweise und nur in engen Grenzen zulässig (insbesondere bei unabweisbaren Ersatz-, Fortsetzungs- und Sanierungsmaßnahmen, Zwischenfinanzierung einer zugesagten Staatszuwendung, Finanzierung eines Vorhabens mit einem besonders hohen Fördersatz und wenn zu erwarten ist, dass die Folgekosten aufgebracht werden können). Die Genehmigung des Gesamtbetrages der vorgesehenen Kreditaufnahme ist von den Rechtsaufsichtsbehörden insbesondere dann zu versagen, wenn bei überhöhtem Personalbestand der Haushaltsausgleich gefährdet ist. Die Kommune hat der Rechtsaufsichtsbehörde in einem solchen Fall ein Personalabbaukonzept vorzulegen.

Die kommunale Verschuldung ist in den vergangenen Jahren erheblich angestiegen. Nach der Kassenstatistik zum 30. Juni 1998 betrug die durchschnittliche Pro-Kopf-Verschuldung der sächsischen Kommunen 2341 DM. Im Interesse stabiler Kommunalfinanzen muss sich der Verschuldungsprozess auf kommunaler Ebene deutlich verlangsamen. Gegebenenfalls ist auf eine Neuverschuldung gänzlich zu verzichten, damit nicht unvertretbar hohe Anteile der kommunalen Haushalte durch einen wachsenden Schuldendienst langfristig gebunden sind.

d) *Maßnahmen der Rechtsaufsichtsbehörden*

Die weitere Entwicklung der kommunalen Verschuldung muss von den Rechtsaufsichtsbehörden aufmerksam verfolgt werden. Im Rahmen der Gesamtgenehmigung der Kreditaufnahmen haben die Rechtsaufsichtsbehörden durch geeignete Nebenbestimmungen auf eine Schuldenbegrenzung nachhaltig Einfluss zu nehmen. Dies entspricht auch einer Forderung des Sächsischen Rechnungshofs, dass die Rechtsaufsichtsbehörden durch eine restriktive Praxis bei der Genehmigung weiterer Kreditaufnahmen dafür sorgen müssen, daß der finanzielle Handlungsspielraum als Voraussetzung der kommunalen Selbstverwaltung erhalten bleibt.

Eine besondere Prüfung der finanziellen Leistungsfähigkeit im Rahmen der Genehmigung von Kreditaufnahmen ist gegeben, wenn die Verschuldungsgrenze von etwa 2000 DM/ Einwohner bei Städten und Gemeinden beziehungsweise 500 DM/ Einwohner bei Landkreisen erreicht ist. Kreditgenehmigungen sind in diesem Falle nur bei Vorlage von schlüssigen Haushaltskonsolidierungskonzepten zu erteilen, anderenfalls ist die Kreditaufnahme zu reduzieren. Die Kommunen sind dann anzuhalten, ihre Refinanzierungsmöglichkeiten ausführlich darzustellen. Auf Abschnitt II Nummer 2 des Erlasses des Sächsischen Staatsministeriums des Innern vom 17. August 1998 wird hingewiesen. Danach sind zur Konsolidierung des Haushaltes von kreisangehörigen Kommunen, die die Verschuldungsgrenze von 4000 DM/Einwohner zum 31. Dezember 1997 erreicht haben beziehungsweise im Laufe dieses Haushaltsjahres überschreiten, zur Unterstützung der Gemeinden Projektgruppen einzurichten.

Die Rechtsaufsichtsbehörden haben bei Überschreiten der Verschuldungsgrenze von 2000 DM/Einwohner beziehungsweise 500 DM/Einwohner in der Kreditgenehmigung detailliert und nachvollziehbar zu begründen, inwieweit die Voraussetzungen für die Erteilung der Kreditgenehmigung vorliegen. Die Landratsämter legen jeweils eine Mehrfertigung der Haushaltsverfügung und des Haushaltskonsolidierungskonzeptes den Regierungspräsidien zur Plausibilitätsprüfung vor. Die Regierungspräsidien legen dem Sächsischen Staatsministerium des Innern eine Mehrfertigung der Haushaltsverfügung an die ihrer Rechtsaufsicht unterstehenden kommunalen Körperschaften vor ...

e) *Kommunalwirtschaftliche Genehmigungspflicht bei Leasingfinanzierung*

Die bei einer Leasingfinanzierung zu übernehmenden langfristigen (Miet-) Zahlungsverpflichtungen kommen wirtschaftlich einer Kreditaufnahme gleich; sie bedürfen daher – soweit nicht § 2 der Kommunalfreistellungsverordnung vom 12. Dezember 1996 (→ Anhang 6) anzuwenden ist – der Einzelgenehmigung nach § 82 Abs. 5 SächsGemO durch die Rechtsaufsichtsbehörde und müssen in der Vermögensrechnung als kreditähnliches Rechtsgeschäft (§ 43 Abs. 1 Nr. 3 GemHVO) in der Höhe der übernommenen Gesamtzahlungsverpflichtungen (nach dem Nominalwert) „passiviert" werden. Über die Erteilung der Genehmigung ist von der Rechtsaufsichtsbehörde unter dem Gesichtspunkt einer geordneten Haushaltswirtschaft zu entscheiden. Sie ist zu versagen, wenn die Zahlungsverpflichtungen mit der dauernden Leistungsfähigkeit der Kommune nicht (mehr) im Einklang stehen. Da für die gemeindewirtschaftliche Genehmigung des Gesamtbetrages der im Haushalt vorgesehenen Kreditaufnahmen (§ 82 Abs. 1 SächsGemO) können durch die „haushaltstechnische" Auslagerung der Leasingfinanzierung bereits vorhandene Kreditaufnahmebeschränkungen nicht umgangen werden. Durch eine Leasingfinanzierung kann nicht der Verschuldungsspielraum ausgeweitet werden; dies ergibt sich aus ihrer Gleichstellung als kreditähnliches Rechtsgeschäft (§ 82 Abs. 5 SächsGemO) mit einer „echten" Kreditaufnahme (§ 82 Abs. 1 SächsGemO).

f) Kreditähnliche Rechtsgeschäfte

In Einzelfällen ist zu beobachten, dass kommunale Körperschaften ihre größeren Investitionsmaßnahmen (insbesondere Erschließungsmaßnahmen von Bau- und Gewerbegebieten samt An- und Verkauf der erforderlichen Grundstücke) außerhalb des Haushaltes über sogenannte „Treuhandkonten" Dritter abwickeln. Dem Grunde nach handelt es sich dabei um die Inanspruchnahme von Kontokorrentkrediten durch die Kommunen. Zwar sind diese kreditähnlichen Rechtsgeschäfte beziehungsweise die damit verbundenen Gewährverträge meist von den Rechtsaufsichtsbehörden ordnungsgemäß genehmigt worden; die damit einhergehenden finanziellen Zukunftsbelastungen werden allerdings oft nicht ausreichend im Rechnungswerk dargestellt oder gar vorausschauend finanzwirksam berücksichtigt. Die sich aus dem Abschluss dieser Verträge künftig ergebende Tilgungsverpflichtung – bei wachsender Zinslast – ist durch die inzwischen erheblich schwieriger gewordene Realisierung zu erwartender Grundstückserlöse äußerst problematisch. Gerade „Treuhandkonten" bergen die Gefahr eines Schattenhaushalts in sich und verschleiern den Überblick über die tatsächliche finanzielle Vorausbelastung künftiger Haushaltsjahre. Derartige Auslagerungen aus dem Gesamthaushalt bedürfen deshalb nicht nur der besonderen Aufmerksamkeit der kommunalen Körperschaft selbst, sondern auch der für die Genehmigung dieser Rechtsgeschäfte zuständigen Rechtsaufsichtsbehörde (§ 82 Abs. 5 SächsGemO, § 88 Abs. 2 und 3 SächsGemO)

Von dieser aus gemeindewirtschaftsrechtlicher Sicht nicht unproblematischen Sonderfinanzierungsform sollte nur in Ausnahmefällen Gebrauch gemacht werden. Die haushaltswirtschaftlichen Risiken sind vielfach so groß, dass die Genehmigung durch die Rechtsaufsichtsbehörde nicht in Betracht kommt.

Im Einzelfall ist sorgfältig zu prüfen, ob die kommunale Körperschaft auf Grund ihrer Leistungskraft und im Hinblick auf die zur Durchführung anstehenden unaufschiebbaren Investitionen in der Lage ist, die Verpflichtung aus dem Vertrag zu tragen. Diese Verpflichtung macht eine Prognose darüber erforderlich, ob und in welcher Höhe diese Verpflichtung sich möglicherweise realisieren wird. Die Genehmigung für den Abschluß von kreditähnlichen Rechtsgeschäften darf nur erteilt werden, wenn sichergestellt ist, dass der Haushalt über den gesamten Zeit-

Anhang 3

raum der Wirksamkeit aller Verpflichtungen ausgeglichen ist und mindestens eine Netto-Investitionsrate im Verwaltungshaushalt erwirtschaftet wird, durch die der Schuldendienst eines entsprechenden Kommunaldarlehens abgedeckt werden kann. Die Rechtsaufsichtsbehörden werden angewiesen, kreditähnliche Rechtsgeschäfte nur bei Vorliegen dieser Voraussetzungen zu genehmigen.

...

Anhang 4

Kreditwirtschaft der Gemeinden (NW)
RdErl. d. Innenministeriums v. 9. 2. 1998
III B 3 – 6/901 – 3762/98
MinBl. NW S. 229
Änderung des RdErl. v. 23. 6. 1989

[Auszug]

...

3.2 Nachweis der kreditähnlichen Rechtsgeschäfte

3.2.1 Im Interesse einer soliden Haushaltswirtschaft und einer größeren Transparenz gegenüber der Öffentlichkeit ist es notwendig, die aus kreditähnlichen Rechtsgeschäften bestehenden Finanzierungsverpflichtungen vollständig im Haushaltsplan darzustellen. Im Vorbericht zum Haushaltsplan muß deshalb aufgeführt werden, wie hoch die Belastungen aus kreditähnlichen Rechtsgeschäften (insbesondere Immobilienleasing) in den folgenden Jahren sein werden (§ 3 GemHVO).

3.2.2 Dem Haushaltsplan ist gemäß § 2 Abs. 2 GemHVO eine Übersicht über den voraussichtlichen Stand der Schulden zu Beginn des Haushaltsjahres beizufügen. Das verbindliche Muster dazu wurde als Anlage 7 des Runderlasses „Muster zu Bestimmungen der Gemeindeordnung und der Gemeindehaushaltsverordnung (GemHVO)" v. 27. 11. 1995 (SMBl. NW 6300) veröffentlicht. In dieser Übersicht ist auch der Stand der Schulden (Verpflichtungen) aus Vorjahren, die Kreditaufnahmen wirtschaftlich gleichkommen, zu Beginn des Vorjahres und der voraussichtliche Stand zu Beginn des Haushaltsjahres darzustellen.

Der Jahresrechnung ist gemäß § 43 Abs. 2 GemHVO eine Übersicht über den Stand der Schulden zu Beginn und zum Ende des Haushaltsjahres beizufügen. Das verbindliche Muster wurde als Anlage 16 des o. a. Runderlasses veröffentlicht. In dieser Übersicht ist auch der Stand der Schulden (Verpflichtungen) aus Vorgängen, die Kreditaufnahmen wirtschaftlich gleichkommen, darzustellen.

3.2.3 Nach den Verwaltungsvorschriften über die Gliederung und Gruppierung der Haushaltspläne der Gemeinden und Gemeindeverbände (RdErl. v. 27. 11. 1995 – SMBl. 6300 –) sind laufende Leistungen aufgrund von Leasingverträgen im Verwaltungshaushalt (Gruppe 53 – Mieten und Pachten –) zu veranschlagen. Geht das Leasingobjekt nach Vertragsablauf in das Eigentum der Kommune über, so sind die Kosten für den Erwerb des Objektes (Eigentumsübergang) im Vermögenshaushalt (Untergruppe 932 – Erwerb von Grundstücken – bzw. Untergruppe 935 – Erwerb von beweglichen Sachen des Anlagevermögens –) nachzuweisen.

Anhang 4

...

4. Leasing als Sonderfinanzierungsform für kommunale Investitionen

4.1 Grundzüge der Finanzierungsform

Leasing ist die langfristige Vermietung (Anmietung) von beweglichen und unbeweglichen Investitionsgütern, wenn ein späterer Eigentumsübergang vertraglich ermöglicht wird. Die Dauer des Vertrages und die Höhe der Leasingraten werden so bemessen, daß der Leasinggeber während der Vertragsdauer seine Investitionskosten ganz oder zumindest zum überwiegenden Teil decken kann. Die Leasingrate (Miete) setzt sich aus den Kapitalkosten sowie einem Zuschlag für Kosten, Risiko und Gewinn des Leasinggebers zusammen. Kosten des Leasingobjekts wie Abgaben, Versicherungen u.ä. werden dem Leasingnehmer meistens gesondert in Rechnung gestellt. Instandhaltung und Unterhaltung des Objektes werden in der Regel vom Leasingnehmer unmittelbar getragen.

Bei den Leasing-Objekten kann es sich sowohl um bewegliches Anlagevermögen, z.B. EDV-Anlagen, Telekommunikationsanlagen, Fahrzeuge (Mobilienleasing) als auch um unbewegliches Anlagevermögen, z.B. Bürogebäude, Sportanlagen (Immobilien-Leasing) handeln.

Leasingverträge werden von Leasinggesellschaften angeboten, deren alleiniger Geschäftszweck in der Errichtung (bzw. Erwerb) und der langfristigen Vermietung von Investitionsgütern besteht. Die Investitionskosten werden vollständig oder nahezu in voller Höhe fremdfinanziert.

Bei Immobilien-Leasing wird in der Regel für das jeweilige Vorhaben eine eigene Objektgesellschaft, normalerweise eine Tochtergesellschaft der Leasinggesellschaft gegründet. Diese Objektgesellschaft ist wirtschaftlich und rechtlich Eigentümer und Vermieter des Leasingobjektes.

Innerhalb des Leasing hat sich als besondere Finanzierungsform das Fonds-Leasing entwickelt. Für kommunale Immobilien-Investitionen wird i.d.R. ein sogenannter geschlossener Fonds aufgelegt, der nur das eine Objekt hält. Fonds-Leasing bindet Privatkapital ein, wobei sich die Fondszeichner als Kommanditisten an einer Kommanditgesellschaft beteiligen. Die Beteiligung kann entweder direkt oder über einen Treuhänder (Bank, Treuhänder GmbH) erfolgen. Sie wird für den Anleger dadurch interessant, daß sie die beim Fonds entstehenden Anlaufverluste (z.B. Abschreibungen, Zinsen, Werbungskosten) steuerlich geltend machen können.

4.2 Haushaltsrechtliche Aspekte

4.2.1 Wirtschaftlichkeitsvergleich

Die Finanzierung von Investitionen mittels Leasing ist ein kreditähnliches Rechtsgeschäft. Leasingverträge bedeuten eine langdauernde Belastung des kommunalen Haushalts und berühren die Leistungsfähigkeit der Gemeinde wie eine Kreditaufnahme. Daher ist es ebenso wie bei der Kreditaufnahme unverzichtbare Voraussetzung, daß die übernommenen Verpflichtung die dauerhafte Leistungsfähigkeit der Gemeinde (GV) nicht gefährdet (§ 85 Abs. 1 und 4 GO). Im wirtschaftlichen Ergebnis kommen Leasingverträge einer Stundung und Verzinsung des Kaufpreises bzw. einem langfristigen Teilzahlungskredit gleich, wenn die Kommune ihr Ankaufsrecht zum Ende der Vertragslaufzeit ausübt.

Der Haushaltsgrundsatz, daß die Haushaltswirtschaft sparsam und wirtschaftlich zu führen ist (§ 75 Abs. 2 GO), gilt auch für den Abschluß von Leasingverträgen. Da es sich in der Regel bei Leasingobjekten, insbesondere bei Immobilien-Leasing, um Investitionsvorhaben von erheblicher finanzieller Bedeutung handelt, ist durch Vergleich die für die Gemeinde wirtschaftlichste Lösung zu ermitteln (§ 10 Abs. 2 GemHVO).

Die Kommune muß im konkreten Fall durch eine umfassende, bis zur vollständigen Tilgung der Herstellungskosten reichende Vergleichsrechnung darlegen, daß die Leasingfinanzierung im Vergleich zur herkömmlichen Kommunalkreditfinanzierung insgesamt gesehen wirtschaftlich mindestens ebenso günstig ist. Ein Vergleich von Annuitäten während der Grundmietzeit mit den Jahresraten einer Kommunalkreditfinanzierung während desselben Zeitraums reicht dazu nicht aus.

Der mögliche wirtschaftliche Vorteil der Leasingfinanzierung beruht u. a. darauf, daß der Leasinggeber in den Vorzug von Steuervergünstigungen kommt und diese – zumindest zum Teil – über die Leasingrate an den Leasingnehmer weitergibt. Die zentrale Frage bei der steuerlichen Behandlung der Sonderfinanzierungsform „Leasing" ist daher, ob das Objekt dem Leasinggeber oder dem Leasingnehmer zuzurechnen ist.

Wird ein Leasing-Objekt ausschließlich nach den Wünschen eines Leasingnehmers gebaut bzw. angeschafft und kann dieses im Rahmen des Leasingvertrages nur vom Leasingnehmer wirtschaftlich sinnvoll verwendet werden (fehlende Drittverwendungsmöglichkeit), bewertet dies die Finanzverwaltung als Spezialleasing. In diesen Fällen erfolgt die steuerliche Zurechnung des Leasing-Objektes beim Leasingnehmer mit der Folge, daß der unterstellte Steuervorteil entfällt. Soweit Steuervorteile entstehen, gehen diese immer zu Lasten der öffentlichen Hand.

4.2.2 Ausschreibungspflicht

Die grundsätzliche Verpflichtung zur öffentlichen Ausschreibung der Vergabe von Aufträgen soll sicherstellen, daß die Angebote der in Frage kommenden Unternehmen im Leistungswettbewerb mit den anderen Bewerbern zustande kommen, so daß die Kommune in die Lage versetzt wird, unter Ausnutzung aller Chancen am Markt das für sie günstigste Angebot zu wählen (§ 31 Abs. 1 GemHVO). Die öffentliche Ausschreibung muß auch dem Abschluß eines Leasingvertrages grundsätzlich vorausgehen. Die aufgrund der Ausschreibung eingehenden Angebote ermöglichen der Kommune, sich vor dem Abschluß eines Leasingvertrages sich einen

Anhang 4

Überblick über die Preissituation und die Leistungsfähigkeit der Anbieter zu verschaffen.

Außerdem sind EU-rechtliche Bestimmungen zu beachten. Falls eine bauliche Anlage Gegenstand des Leasingvertrages ist und dieses Objekt vom Leasinggeber nach den Vorstellungen des Leasingnehmers ausgeführt wird, ist dies von Artikel 1a der Baukoordinierungsrichtlinie erfaßt. Nach § 1a Nr. 6 VOB/A (Verdingungsordnung für Bauleistungen) finden daher die Bestimmungen der a-Paragraphen – oberhalb der festgesetzten Schwellenwerte auch Anwendung auf Leasingverträge. Somit besteht für derartige Leasingverträge die Verpflichtung, europaweit auszuschreiben.

4.2.3 **Anzeigepflicht**

Durch den Abschluß eines Leasingvertrages wird eine Zahlungsverpflichtung begründet, die wirtschaftlich einer Kreditverpflichtung gleichkommt. Die Entscheidung der Gemeinde (GV) für den Abschluß eines Leasingvertrages ist daher der Aufsichtsbehörde unverzüglich, spätestens einen Monat vor der rechtsverbindlichen Eingehung der Verpflichtung schriftlich anzuzeigen (§ 85 Abs. 4 GO). Im Rahmen der Anzeige ist der Aufsichtsbehörde eine Vergleichsberechnung vorzulegen, aus der sich ergeben muß, daß das Leasinggeschäft wirtschaftlich jedenfalls nicht ungünstiger ist als eine herkömmliche Kreditfinanzierung.

Ausgenommen von der Anzeigepflicht ist die Entscheidung der Gemeinde für den Abschluß eines Leasingvertrages, wenn diese im Rahmen der laufenden Verwaltung getroffen wird (§ 85 Abs. 4 Satz 3 GO).

4.3 **Zuwendungsrecht**

Nach den Vorschriften der Landeshaushaltsordnung, insbesondere § 23 i.V.m. § 44 LHO, handelt es sich bei den Zuwendungen des Landes regelmäßig um bewilligte freiwillige Geldleistungen des Landes an Stellen außerhalb der Landesverwaltung, um die Erfüllung bestimmter Aufgaben zu ermöglichen bzw. zu unterstützen. Daneben können spezielle Förderrichtlinien Bedingungen setzen, die bei der Gewährung einer Zuwendung zu erfüllen sind.

Grundvoraussetzung für die Gewährung einer Zuwendung ist in allen Fällen, daß ein erhebliches Landesinteresse an der Durchführung der zu fördernden Maßnahmen besteht. Außerdem werden Zuwendungen des Landes im Einzelfall nur auf der Grundlage der voraussichtlichen kassenmäßigen Einnahmen und Ausgaben des Zuwendungsempfängers bewilligt.

Landeszuweisungen an Kommunen sollen u.a. der kommunalen Vermögensbildung dienen. Die Förderung kommunaler Investitionen mit staatlichen Zuwendungen setzt daher grundsätzlich voraus, daß die Kommune Eigentümer des zu fördernden Objektes wird. Würde die Kommune eine Landeszuwendung an den Leasinggeber, der Steuervergünstigungen in Anspruch nimmt, weiterleiten, käme es zu einer Subventionierung, die aus Sicht des Landes als nicht vertretbar angesehen werden kann.

Anhang 4

Investitionen der Kommunen, die über Leasingverträge finanziert werden, können aus den genannten Gründen in der Regel nicht mit Landesmitteln gefördert werden; dies gilt auch für zu zahlende Leasingraten. Soweit dieses im Einzelfall nicht gilt, ist die Landeszuwendung in die Vergleichsberechnung einzubeziehen.

Eine Zuwendungsfähigkeit des geleasten Objektes könnte sich ggf. zu dem Zeitpunkt ergeben, in dem das Objekt zum Restbuchwert in das Eigentum der Gemeinde übergeht. Deshalb ist auch im Falle eines Leasinggeschäfts zu klären, ob eine Landeszuwendung gewährt werden kann.

4.4 Weitere haushaltsrechtliche Aspekte

Besondere Formen der Leasingfinanzierung sind

- Neubau-Leasing:
  Das von der Leasinggesellschaft zu errichtende Objekt wird nach den Wünschen des Leasingnehmers gestaltet und von diesem im Rahmen eines Leasingvertrages angemietet.

- Buy-and-lease:
  Das im Eigentum eines Dritten stehende Objekt wird von der Leasinggesellschaft erworben und von dieser im Rahmen eines Leasingvertrages vermietet.

- Sale-and-lease-back
  Das im Eigentum des künftigen Leasingnehmers stehende Objekt wird an den Leasinggeber mit der Absicht veräußert, dieses Objekt zukünftig im Rahmen eines Leasingvertrages wieder zurückzumieten.

Unter haushaltsrechtlichen Gesichtspunkten sind Sale-and-lease-back-Verträge nicht zulässig. Im Rahmen dieser Geschäfte veräußert die Gemeinde kommunale Objekte, die sie - weil sie diese zur Aufgabenerfüllung benötigt - wieder anmietet. Nach § 90 Abs. 1 GO NW darf sie jedoch nur die Vermögensgegenstände veräußern, die sie zur Erfüllung ihrer Aufgaben in absehbarer Zeit nicht braucht. Außerdem handelt es sich bei diesen Verträgen um kreditähnliche Rechtsgeschäfte, bei denen eine Investition und damit ein Wertzuwachs für die Gemeinde nicht stattfindet.

Anhang 5a

Anhang 5a

Hinweise zur Planung, Finanzierung und Organisation kommunaler Einrichtungen unter besonderer Berücksichtigung des Einsatzes von Privatkapital

Bekanntmachung des Bayerischen Staatsministeriums des Inneren
vom 11. Dezember 1991
Nr. I B 3 – 3036 – 17/3

....

Die Kommunen stehen in den nächsten Jahren vor großen Aufgaben vor allem bei der Abwasserentsorgung und in der Abfallwirtschaft. Zur Erfüllung dieser Aufgaben muß die Planung soweit wie möglich verbessert werden. Im übrigen wird im Zusammenhang mit dem Investitionsbedarf für die genannten Vorhaben und für andere Großprojekte bundesweit erörtert, ob es neben der herkömmlichen Finanzierung aus Haushaltsmitteln und Krediten geeignete andere Finanzierungsmodelle gibt und in welchem Umfang Private Einrichtungen für die Kommunen betreiben können. Dabei geht es darum, unter welchen Voraussetzungen an den Einsatz solcher Modelle gedacht werden kann und welche Vor- und Nachteile sie für die Kommunen und deren Bürger enthalten.

Das Staatsministerium des Inneren hat im Einvernehmen mit den Staatsministerien der Finanzen und für Landesentwicklung und Umweltfragen hierzu die nachfolgend veröffentlichten Hinweise ausgearbeitet. Es entspricht damit einem Beschluß des Bayerischen Landtags vom 20. März 1990.

Die Hinweise gelten für kommunale Projekte, insbesondere für Großprojekte: sie setzen voraus. daß die Aufgabe, der das Projekt dienen soll, eine kommunale Aufgabe bleibt. Soweit die Kommune Private einschaltet, kann es daher im Rahmen dieser Hinweise nur darum gehen, ihnen die Durchführung kommunaler Aufgaben zu übertragen. Die außerhalb von Pflichtaufgaben mögliche Übertragung kommunaler Aufgaben auf Private ist nicht Gegenstand der Hinweise.

Hinweise für die Gemeinden gelten entsprechend für die Landkreise, Bezirke, Verwaltungsgemeinschaften und Zweckverbände.

Soweit Projekte der Abfallentsorgung betroffen sind, wird zusätzlich zu den nachstehenden Hinweisen auf die im Auftrag des Staatsministeriums für Landesentwicklung und Umweltfragen erstellte Projektstudie „Privatisierung kommunaler Abfallentsorgungsanlagen" verwiesen. Die Studie ist beim Staatsministerium für Landesentwicklung und Umweltfragen erhältlich.

1. **Planung**

    Haushaltsrechtliche Grundlage der Planung ist der Grundsatz der sparsamen und wirtschaftlichen Haushaltsführung. Für die Planung kommunaler Investitionen gilt im einzelnen § 10 der Verordnung über das Haushalts-, Kassen- und Rechnungswesen der Gemeinden, der Landkreise und Bezir-

Anhang 5a

ke (Kommunalhaushaltsverordnung – KommHV). Auf diese Bestimmung und die zu ihr erlassenden Verwaltungsvorschriften (VVKommHV.IMBek vom 10. Dezember 1976. MABl S. 1079, geändert durch IMBek vom 7. September 1983, MABl S. 770) wird hingewiesen.

Gemäß § 10 Abs. 2 KommHV soll vor dem Beschluß über Investitionen von erheblicher finanzieller Bedeutung die wirtschaftlichste Lösung unter mehreren in Betracht kommenden Möglichkeiten ermittelt werden: dabei sind die Anschaffungs- und Herstellungskosten und die Folgekosten zu vergleichen.

Um besser feststellen zu können, welche Möglichkeiten in Betracht kommen, empfiehlt es sich, für größere Vorhaben Ideenwettbewerbe zu veranstalten. Bei einem Ideenwettbewerb werden mehrere Planungsbüros zu einem Vorentwurf mit dem Ziel aufgefordert, den vorgegebenen Leistungskatalog mit einem Minimum an Kosten einschließlich der Folgekosten zu erreichen.

Die Planungsbüros sollten über den vorgegebenen Leistungskatalog hinaus auch Planungsvarianten einreichen können. Um die Bereitschaft zur Beteiligung an Wettbewerben zu fördern, sollen die für die Planung entstehenden Kosten ersetzt und können Preise für die besten und kostengünstigsten Planungsentwürfe ausgelobt werden. Unter Umständen kann es erforderlich oder zweckmäßig sein, die Planungsentwürfe durch Dritte überprüfen zu lassen (Planoptimierung).

Für Großobjekte, die die Kommunen selbst ausführen, empfiehlt sich die Einsetzung einer Projektleitung (Projektmanager), die das Vorhaben von der Planung bis zu Fertigstellung betreut.

2. Grundsätze für die Wahl besonderer Formen der Finanzierung oder Betriebsführung

Soweit keine besonderen gesetzlichen Vorschriften bestehen, können die Kommunen grundsätzlich eigenverantwortlich über die Finanzierung und die Organisationsform ihrer Einrichtungen entscheiden. Sie haben dabei neben dem öffentlichen Zweck, dem die Einrichtung dient, vor allem das Gebot der sparsamen und wirtschaftlichen Haushaltsführung (Art. 61 Abs. 2 GO) zu beachten. Dieses Gebot, das schon bei der Planung der kommunalen Einrichtung zu berücksichtigen ist, gilt auch für die Ausführung, Finanzierung und die Organisationsform. Die Belastung des Haushalts der Kommune und auch die des Bürgers ist möglichst gering zu halten. Stehen verschiedene Finanzierungs- und Organisationsmodelle zur Wahl, ist die wirtschaftlichste Form durch einen Kostenvergleich zu ermitteln. Dabei sind gleiche Kalkulationsmethoden zugrunde zu legen, auch müssen die Leistungen eines Privaten und der Kommune vergleichbar sein. Insgesamt läßt das Gebot der sparsamen und wirtschaftlichen Haushaltsführung den Kommunen einen nicht unerheblichen Entscheidungs- und Ermessensspielraum.

Anhang 5a

Für die Zusammenarbeit zwischen Kommunen und Privaten bei der Finanzierung oder Betriebsführung kommunaler Unternehmen stehen die üblichen Wege und Rechtsformen (insbesondere Kreditfinanzierung und Beteiligungsgesellschaft) nach Maßgabe der gesetzlichen Vorschriften zur Verfügung. Im übrigen kommen als Sonderformen Leasing (Nr. 3), das sog. Betreibermodell (Nr. 4)* und das Betriebsführungs- oder Dienstleistungsmodelle (Nr. 5)* in Betracht.

3. Leasing

3.1 Grundzüge des Leasingverfahrens

Leasing ist die langfristige Vermietung von beweglichen und unbeweglichen Investitionsgütern. Die Objekte werden vom Leasinggeber nach den Bedürfnissen und Vorstellungen des bereits von vornherein feststehenden Leasingnehmers angeschafft oder hergestellt. Die Dauer des Vertrags und die Höhe der Mietraten werden so bemessen, daß der Leasinggeber während der Mietdauer seine Investitionskosten aus den Mieten ganz oder doch zum überwiegenden Teil amortisieren kann. Dem Leasingnehmer wird häufig ein Kaufrecht am Mietobjekt eingeräumt, das er bei Beendigung des Mietvertrags ausüben kann.

Die Miete setzt sich zusammen aus

– Zinsen und Amortisationen für das vom Leasinggeber eingesetzte Kapital
– Zuschlag für Kosten, Risiko und Gewinn des Leasinggebers.

Die Kosten des Mietobjekts (Abgaben, Versicherungen usw.) werden dem Leasingnehmer meist gesondert in Rechnung gestellt. Instandhaltung und Unterhalt werden in der Regel vom Leasingnehmer übernommen.

Leasing ist auch auf der Grundlage eines geschlossenen Immobilienfonds möglich. Zur Finanzierung und Errichtung des vorgesehenen Objekts wird nach dem Modell des geschlossenen Immobilienfonds eine Fondsgesellschaft gegründet. Diese finanziert die Investitionsmaßnahme - zumindest zum Teil - aus dem Verkauf von Anteilszertifikaten. Wenn das für das Objekt vorgesehene Eigenkapital aufgebracht ist, wird der Fonds geschlossen. Die Fondsgesellschaft verleast das Objekt nach Fertigstellung an die Kommune. Die Finanzierung über einen geschlossenem Immobilienfonds unterscheidet sich vom üblichen Finanzierungsleasing vor allem durch die Art der Kapitalbeschaffung. Während sich Leasinggesellschaften nahezu ausschließlich über Fremdkapital finanzieren, wird bei einem Immobilienfonds ein wesentlicher Anteil des benötigten Kapitals über den Verkauf der Anteilszertifikate als Eigenkapital des Fonds aufgebracht. Dadurch werden die Käufer der Anteilszertifikate zu Miteigentümern des Objekts und können steuerlich unter Umständen (s. u.) wie Mitunternehmer der Fondsgesellschaft behandelt werden. Das bringt den Anteilsinhabern steu-

---

* Hier nicht abgedruckt

erliche Vorteile und soll sie veranlassen, mit einer geringeren Rendite ihres Anlagekapitals vor Steuern zufrieden zu sein.

Grundsätzlich besteht beim Leasing kein unternehmerisches Engagement des Kapitalgebers, der lediglich auf eine regelmäßige und gute Verzinsung bedacht ist. Wird die Anlage durch eine Leasing-Gesellschaft errichtet, können sich Vorteile ergeben, die bei der Beurteilung nach den folgenden Kriterien zu berücksichtigen sind.

3.2 Rechtliche Beurteilung

Der Abschluß eines Leasingvertrags ist für die Gemeinden ein Rechtsgeschäft, das einer Kreditaufnahme wirtschaftlich gleichkommt und zu dem daher die Genehmigung der Rechtsaufsichtsbehörde gemäß Art. 72 Abs. 1 GO eingeholt werden muß. Die Genehmigung darf nur erteilt werden, wenn

- die übernommenen Verpflichtungen mit der dauernden Leistungsfähigkeit der Gemeinde in Einklang stehen (Art. 72 Abs. 4 in Verbindung mit Art. 71 Abs. 2 GO)
- die Gemeinde durch die besondere Finanzierungsart wirtschaftlich insgesamt mindestens ebenso günstig fährt wie bei der herkömmlichen Kreditfinanzierung und gegenüber allen mit der besonderen Finanzierungsart verbundenen Risiken voll abgesichert ist (Nr. 8.2 der IMBek über das Kreditwesen der Kommunen vom 5. Mai 1983, MABl. S. 408). Indexklauseln und Wertsicherungsklauseln, aus denen sich für die Gemeinde zusätzliche Belastungen gegenüber einer herkömmlichen Kreditfinanzierung ergeben können, dürfen grundsätzlich nicht vereinbart werden.
- die steuerrechtlichen Fragen (s. Nr. 3.4) im Einzelfall durch die Finanzverwaltung geklärt sind
- durch das Leasingverfahren nicht eine staatliche Förderung des Objekts verlorengeht und sich hierdurch trotz möglicher, mit dem Leasing verbundener Steuervorteile im Ergebnis eine zusätzliche Belastung gegenüber einer herkömmlichen Kreditfinanzierung ergibt (s. Nr. 3.3).

Besonders zu beachten ist, daß

- dem Abschluß eines Leasingvertrages grundsätzlich eine Ausschreibung vorausgehen muß (§ 31 KommHV, bei über 200 000 Europäischen Rechnungseinheiten jetzt schon EG-weit. § 1a Nr. 2 Abs. 2 VOL/A)
- sichergestellt sein muß, daß der Leasinggeber und seine Vertragspartner die für die Kommunen geltenden Vergabegrundsätze (z.B. VOB, Mittelstandsrichtlinien, Umweltrichtlinien, Öffentliches Auftragswesen, Zonenrandrichtlinien usw.) einhalten und daß das geprüft werden kann.

Auf die IMBek über die Vergabe von Aufträgen im kommunalen Bereich vom 25. September 1990. AllMBl S. 751 (ber. AllMBl S. 840), zuletzt geändert mit Bek. vom 15. Oktober 1991 (AllMBl S. 828) wird hingewiesen.

3.3 Zuwendungsrechtliche Fragen

Aus förderrechtlicher Sicht kann von dem Grundsatz ausgegangen werden, daß kommunale Projekte unter Einsatz privaten Kapitals dann förderfähig sind, wenn der Einsatz privaten Kapitals bei gesamtwirtschaftlicher Betrachtungsweise weder für den Bürger noch für den Staat zu höheren Belastungen als bei einer herkömmlichen Kreditfinanzierung führt und auch bei dieser Gestaltungsform ein zuverlässiger Aufgabenvollzug dauerhaft gewährleistet ist.

Wenn Leasingmodelle zu steuerlichen Vorteilen führen (Abschreibungsmöglichkeiten, Verlustzuweisungen, Umsatzsteuervorteile usw.), entstehen für den Staatshaushalt steuerliche Mindereinnahmen, die nicht einträten, wählte die Kommune die herkömmliche Finanzierung. Im Hinblick auf Art. 7 Abs. 1 BayHO und aus finanzwirtschaftlichen Gründen (Gesamthaushaltsbelastung) können daher leasingfinanzierte Investitionen nur ausnahmsweise gefördert werden.

3.4 Steuerrechtliche Beurteilung

Da Leasing wie jede Sonderfinanzierung seine Vorteile aus steuerlichen Konstruktionen ableitet, ist eine Aussage des Staatsministeriums der Finanzen zur steuerlichen Unbedenklichkeit notwendig.

Keine steuerlichen Vorteile bietet das sog. Spezialleasing. Das Staatsministerium der Finanzen wird zu diesen Fragen in Kürze ein Merkblatt veröffentlichen.

4. Betreibermodell

– nicht abgedruckt –

5. Betriebsführungsmodell (Dienstleistungsmodell)

– nicht abgedruckt –

6. Erweiterter Anwendungsbereich des Eigenbetriebsrechts

– nicht abgedruckt –

Anhang 5b

Gemeinsame Verwaltungsvorschrift des Sächsischen Staatsministeriums der Finanzen und des Sächsischen Staatsministeriums des Innern zur kommunal- und haushaltsrechtlichen Beurteilung von Investorenvorhaben im kommunalen Bereich (KommInvestVwV)

Vom 18. Dezember 1996 (SächsABl. 1997 S.73)

– Auszüge –

Inhaltsübersicht

1. Geltungsbereich (nicht abgedruckt)

2. Begriffsbestimmungen
   2.1 Leasing
   2.2 Mietkauf
   2.3 Betreibermodell
   2.4 Kooperationsmodell
   2.5 Fondsmodelle
   2.6 Betriebsführungsmodelle, Dienstleistungsmodelle

3. Investorenvorhaben bei nicht zuwendungsfinanzierten Gebäuden und Anlagen
   3.1 Überblick (nicht abgedruckt)
   3.2 Vereinbarkeit mit der dauernden Leistungsfähigkeit des kommunalen Aufgabenträgers
   3.3 Wirtschaftlichkeit
   3.4 Sicherstellung der kommunalen Aufgabenerfüllung

4. Investorenvorhaben bei zuwendungsfinanzierten Gebäuden und Anlagen
   4.1 Kommunalrechtliche Erfordernisse (nicht abgedruckt)
   4.2 Unterrichtung der Bewilligungsbehörden (nicht abgedruckt)
   4.3 Grundsätze für die zuwendungsrechtliche Beurteilung (nicht abgedruckt)
   4.4 Nicht zuwendungsfähige Investorenvorhaben
   4.5 Zuwendungsfähige Investorenvorhaben
   4.6 Berücksichtigung von Steuereffekten
   4.7 Einholen eines unabhängigen Gutachtens
   4.8 Besonderheiten bei Investorenvorhaben über fertiggestellte und teilweise fertiggestellte Gebäude und Anlagen (nicht abgedruckt)
   4.9 Rückforderung von Zuwendungen (nicht abgedruckt)

5. Inkrafttreten, Außerkrafttreten (nicht abgedruckt)

Anlagen
   1. Hinweise zum Verfahrensablauf (nicht abgedruckt)

Anhang 5b

2. Hinweise zur Auftragsvergabe und zur Vertragsgestaltung (nicht abgedruckt)
3. Hinweise zum Wirtschaftlichkeitsvergleich
4. Bemessung von Gebühren und Beiträgen bei Betreiber- und Kooperationsmodellen (nicht abgedruckt)
5. Hinweise zum ordnungsgemäßen Ausweis der Zahlungsverpflichtungen im Haushaltsplan
6. Hinweise zur steuerlichen Beurteilung (nicht abgedruckt)

....

2. Begriffsbestimmungen

2.1 Leasing

2.1.1 Leasing ist die langfristige Vermietung von beweglichen oder unbeweglichen Gütern, die vom üblichen Mietverhältnis abweichende Besonderheiten aufweist: Der Leasinggeber ist zwar Eigentümer des Leasingobjektes, dem Leasingnehmer werden jedoch Risiken und Pflichten auferlegt, die in normalen Mietverträgen üblicherweise der Vermieter zu tragen hat. Die Vertragsdauer und die Höhe der Leasingraten werden so festgesetzt, daß der Leasinggeber während der Leasingdauer seine Investitionskosten aus den Leasingraten ganz oder zumindest zum überwiegenden Teil amortisieren kann. Die Leasingrate setzt sich aus den Zinsen und der Amortisation für das vom Leasinggeber eingesetzte Kapital und dem Zuschuß für Kosten, Risiko und Gewinn des Leasinggebers zusammen. Abgaben und Versicherungsgebühren werden meist gesondert auf den Leasingnehmer überwälzt.

Ist Leasinggegenstand eine neu zu errichtende Immobilie, übernimmt der Leasinggeber regelmäßig nicht nur die Finanzierung, sondern auch die Planung und Durchführung des Bauvorhabens nach den Wünschen und Vorgaben des Leasingnehmers (Projektmanagement, Generalübernehmerfunktion).

Dem Leasingnehmer wird in der Regel die Möglichkeit eingeräumt, das Leasingobjekt nach Beendigung des Vertrages zu kaufen (Kaufoption). Gelegentlich wird stattdessen ein Recht des Leasinggebers, vom Leasingnehmer bei Vertragsablauf den Ankauf des Gegenstandes zu einem bestimmten Preis zu verlangen (Andienungsrecht) vereinbart.

2.1.2 Eine besondere Form des Leasings sind Sale-and-lease-back-Verträge. Bei Sale-and-lease-back-Verträgen im Sinne dieser Verwaltungsvorschrift werden im Eigentum des Leasingnehmers stehende fertiggestellte Gebäude oder teilweise fertiggestellte Gebäude oder Anlagen an einen Leasinggeber veräußert und dann vom Leasingnehmer zurückgemietet. Überwiegend fertiggestellt sind Gebäude und Anlagen, die bei Vertragsbeginn bereits zu mindestens 50 vom Hundert bezogen auf das Gesamtauftragsvolumen errichtet sind. Dabei bleiben vor dem 1. Juli 1990 errichtete Gebäude und Anlagen außer Betracht.

2.2 Mietkauf

Beim Mietkauf handelt es sich um einen Mietvertrag, bei dem der Mieter das Recht erhält, innerhalb einer bestimmten Frist die Sache zu einem vorher bestimmten Preis zu kaufen, wobei die bis dahin geleisteten Mietzinszahlungen ganz oder teilweise auf den Kaufpreis angerechnet werden. Vom Leasingvertrag unterscheidet sich der Mietkauf dadurch, daß die Sachgefahr und die Verpflichtung zur Unterhaltung der Sache beim Vermieter liegen.

2.3 Betreibermodell

Bei einem sogenannten Betreibermodell erbringt ein Privater (der Betreiber) für den kommunalen Aufgabenträger Leistungen, die unmittelbar der Erfüllung öffentlicher Aufgaben dienen. Meist handelt es sich um Leistungen im Bereich der öffentlichen Daseinsvorsorge wie zum Beispiel Wasserversorgung, Abwasser- und Abfallentsorgung, Lieferung von Energie. Der Betreiber tätigt zu Beginn eine Großinvestition (zum Beispiel Kauf oder Errichtung von Kläranlagen, Leitungsnetzen, Heizkraftwerk), die er dann „betreibt", das heißt für die Leistungserbringung einsetzt. Das laufende Entgelt, das der Betreiber erhält, besteht regelmäßig aus einem Grundpreis (in Abhängigkeit von den Gesamtinvestitionskosten) und einem Arbeitspreis (laufende Betriebskosten). Bereits bei Abschluß des Vertragswerks wird die Frage eines späteren Erwerbs dieser Wirtschaftsgüter durch die öffentliche Hand geregelt (fest vereinbarter Ankauf, Andienungsrecht, Kaufoption).

....

2.4 Kooperationsmodell

Kooperationsmodelle unterscheiden sich von Betreibermodellen dadurch, daß als Betreiber eine Gesellschaft tätig wird, an der neben Privaten auch der Leistungsempfänger (kommunaler Aufgabenträger) beteiligt ist.

2.5 Fondsmodelle

Leasinggeber oder Betreiber können auch sogenannte Verlustzuweisungsgesellschaften sein. Diese werden meist nur für ein bestimmtes Objekt gebildet. Sie sind regelmäßig als Personengesellschaften für eine Vielzahl von Anlegern (Publikumspersonengesellschaften) konzipiert. Die Vertragswerke sind so gestaltet, daß die Anleger durch Verlustzuweisungen in den ersten Jahren ihre persönliche Steuerschuld mindern. Verhandlungspartner der öffentlichen Hand sind hier nicht die Fondsgesellschaften, sondern die Initiatoren derartiger Fonds, zum Beispiel Spezialanbieter, Leasinggesellschaften, Banken; die Anleger treten dem Fonds erst nach Vertragsschluß bei. Die Initiatoren stellen in ihre Kalkulation Beträge für die Entwicklung des Fondskonzepts, Vertrieb und sonstige modellbedingte Nebenleistungen ein.

Anhang 5b

2.6 Betriebsführungsmodelle, Dienstleistungsmodelle

Keine Investorenvorhaben im Sinne dieser Verwaltungsvorschrift sind Betriebsführungsmodelle (Dienstleistungsmodelle), bei denen der kommunale Aufgabenträger wirtschaftlicher Eigentümer der Anlage bleibt und lediglich die Betriebsführung einem privaten Unternehmer überträgt.

3. Investorenvorhaben bei nicht zuwendungsfinanzierten Gebäuden und Anlagen

....

3.2 Vereinbarkeit mit der dauernden Leistungsfähigkeit des kommunalen Aufgabenträgers

3.2.1 Die sich aus dem Abschluß des Vertragswerks ergebenden kreditähnlichen Verpflichtungen müssen mit der dauerhaften Leistungsfähigkeit des kommunalen Aufgabenträgers in Einklang stehen. Ein Investorenvertrag darf nicht genehmigt werden, wenn unter diesem Gesichtspunkt die Genehmigung eines Kredits zur Finanzierung des Vorhabens versagt werden müsste. Eine besondere Überprüfung der finanziellen Leistungsfähigkeit bei der Genehmigung von Kreditaufnahmen und kreditähnlichen Rechtsgeschäften ist bei Überschreiten bestimmter Verschuldensobergrenzen geboten. Auf diese Obergrenzen .... (→ Anhang 3) .... sind auch Verpflichtungen aus kreditähnlichen Rechtsgeschäften mit ihrem Barwert anzurechnen. Bei Betreiber- und Kooperationsmodellen gilt dies nur für den Kapitalkostenanteil. Die Abzinsung hat zu jeweils geltenden Kommunalkreditkonditionen zum aktuellen Marktzinssatz zu erfolgen. Der Barwert ist dem Wirtschaftlichkeitsvergleich zu entnehmen. Der Kredit oder das kreditähnliche Rechtsgeschäft darf bei Überschreiten dieser Grenzen nur bei Vorlage eines schlüssigen Haushaltskonsolidierungskonzepts genehmigt werden.

3.2.2 Die Liquidität des kommunalen Aufgabenträgers muß während der gesamten Vertragslaufzeit sichergestellt sein. Soweit der Ankauf des Gebäudes oder der Anlage durch den kommunalen Aufgabenträger vorgesehen ist, muß insbesondere die Finanzierung des Ankaufspreises gesichert sein. Im Zweifel hat der kommunale Aufgabenträger eine allgemeine Rücklage in Höhe des späteren Ankaufspreises linear über die Vertragslaufzeit aufzubauen.

3.3 Wirtschaftlichkeit

3.3.1 Die Verwirklichung eines Investorenvorhabens entspricht nur dann dem Grundsatz einer sparsamen und wirtschaftlichen Haushaltsführung, wenn

3.3.1.1 im Vergabeverfahren das wirtschaftlichste Angebot den Zuschlag erhält und

3.3.1.2 diese Form der Bereitstellung öffentlicher Güter oder Dienstleistungen jedenfalls nicht teurer ist als eine herkömmliche Finanzierung über Kommunalkredit und Betreibung in eigener Verantwortung. Dies ist durch einen

Anhang 5b

Wirtschaftlichkeitsvergleich mit den Methoden der dynamischen Investitionsrechnung nachzuweisen (siehe hierzu Nummer 3 der Anlage). Die Rechtsaufsichtsbehörden behalten sich vor, in besonders gelagerten Fällen eine Vergleichsberechnung durch einen unabhängigen Dritten erstellen zu lassen.

3.3.2 Kurzfristige Liquiditätsvorteile rechtfertigen für sich genommen nicht die Verwirklichung eines Investorenvorhabens. Das ist insbesondere bei sogenannten Sale-and-lease-back-Verträgen zu berücksichtigen.

3.4 Sicherstellung der kommunalen Aufgabenerfüllung

3.4.1 Um die kommunale Aufgabenerfüllung sicherzustellen, muß der kommunale Aufgabenträger während der Laufzeit eines Betreibervertrages ausreichende Kontroll- oder Einwirkungsmöglichkeiten behalten.

3.4.2 Im Bereich der kommunalen Pflichtaufgaben muß der kommunale Aufgabenträger darüber hinaus im Falle der wesentlichen Schlechterfüllung sowie beim Konkurs des Investors in die Lage versetzt werden, die Leistungserstellung sofort selbst zu übernehmen. Hierzu gehört die tatsächliche Verfügungsmöglichkeit über die zur Aufgabenerfüllung erforderlichen Anlagen. Außerdem muß er das Recht haben, bei regulärem Vertragsablauf die Anlagen zu erwerben (Kaufoption).

4.   Investorenvorhaben bei zuwendungsfinanzierten Gebäuden

....

4.4 Nicht zuwendungsfähige Investorenvorhaben

4.4.1 Nach allgemeinen Grundsätzen sind Vorhaben in folgenden Fällen nicht zuwendungsfähig:

4.4.1.1 Das Vorhaben ist bereits begonnen worden, bevor eine Zuwendungsbewilligung erfolgt ist und ohne daß eine Genehmigung des förderunschädlichen vorfristigen Vorhabensbeginns erteilt worden ist.

4.4.1.2 Der Vorhabenträger erfüllt nicht die subjektiven Fördervoraussetzungen.

4.4.2 Bei folgenden Vertragsmodellen werden keine Zuwendungen gewährt, weil sie unter Berücksichtigung aller Kosten, einschließlich der steuerlichen Effekte bei sämtlichen Gebietskörperschaften, nicht zu einer wirtschaftlicheren Bereitstellung öffentlicher Güter und Dienstleistungen führen:

4.4.2.1 Sale-and-lease-back-Modelle (Nummer 2.1.2)

4.4.2.2 Betreiberverträge und Kooperationsverträge über fertiggestellte oder überwiegend fertiggestellte Anlagen, wenn der Betreiber seinerseits wiederum die öffentliche Hand (Kommune, kommunale Eigengesellschaft) mit der Betriebsführung beauftragt. Überwiegend fertiggestellt sind Gebäude und Anlagen, die bei Vertragsbeginn bereits zu mindestens 50 vom Hundert bezogen auf das Gesamtauftragsvolumen errichtet sind; dabei

Anhang 5b

bleiben vor dem 1. Juli 1990 errichtete Gebäude und Anlagen außer Betracht.

4.5 Zuwendungsfähige Investorenvorhaben

In den übrigen Fällen ist ein Investorenvorhaben unter folgenden Voraussetzungen zuwendungsfähig:

4.5.1 Der kommunale Aufgabenträger erbringt den Nachweis, daß die Bereitstellung öffentlicher Güter und Dienstleistungen mit einem Investorenvorhaben insgesamt günstiger ist als eine herkömmliche Finanzierung über Eigenmittel beziehungsweise Kommunalkredit und gegebenenfalls Betreibung in eigener Verantwortung. Hierzu ist als Nachweis ein Wirtschaftlichkeitsvergleich mit den Mitteln der dynamischen Investitionsrechnung vorzulegen (vergleiche Nummer 3 der Anlage und bei einem Gesamtauftragswert ab 10 Mio. DM Nummer 4.5.4 und 4.7). Dabei sind Steuereffekte gemäß Nummer 4.6 zu berücksichtigen. Die Bewilligungsbehörden behalten sich vor, im Einvernehmen mit der Rechtsaufsichtsbehörde eine entsprechende Vergleichsberechnung durch einen unabhängigen Dritten auf Kosten des kommunalen Aufgabenträgers erstellen zu lassen.

4.5.2 Der Investorenvertrag verteilt die wirtschaftlichen Risiken angemessen zwischen den Parteien.

4.5.2.1 Bei der Leasingrate beziehungsweise dem Betreiberentgelt dürfen nur der Anteil für Bauunterhaltung, Wartung und die laufenden Betriebskosten angemessen indexiert werden. Die Kosten für Bauunterhaltung und Wartung dürfen nur an den Baukostenindex gekoppelt werden. Der Kapitalkostenanteil darf grundsätzlich nicht indexiert werden.

4.5.2.2 Der Optionspreis ist auf einen bestimmbaren Betrag in DM festzulegen.

4.5.2.3 Dem Leasinggeber darf kein Andienungsrecht zustehen.

4.5.3 Grundsätzlich muß eine positive Auskunft der Finanzverwaltung vorliegen ...

4.5.4 Übersteigt der Gesamtauftragswert der Gebäude oder Anlagen ohne Umsatzsteuer 10 Mio. DM, muß ein unabhängiges Gutachten entsprechend Nr. 4.7 vorliegen.

4.6 Berücksichtigung von Steuereffekten

Steuereffekten wird beim Wirtschaftlichkeitsvergleich und bei der Bewilligung von Zuwendungen jeweils in folgender Weise pauschalierend Rechnung getragen:

4.6.1 Grundsätzlich werden staatliche Zuwendungen von der Bewilligungsbehörde an den kommunalen Aufgabenträger ausgereicht und von diesem, soweit durch Zuwendungsbescheid der Bewilligungsbehörde gestattet, in Form eines verlorenen Zuschusses an den Investor ebenfalls durch Zuwendungsbescheid weitergereicht .... Der Zuwendungsbescheid des kommunalen Aufgabenträgers ist so zu fassen, daß sich dadurch die steuerliche

Bemessungsgrundlage für Absetzungen für Abnutzung (AfA-Bemessungsgrundlage) oder Sonderabschreibungen schon zu Beginn des Abschreibungszeitraums entsprechend mindert. Um dies sicherzustellen, nehmen die Bewilligungsbehörden insbesondere die Nebenbestimmung auf, daß der kommunale Aufgabenträger die Zuwendung an den Dritten nur als verlorenen Zuschuß mittels Zuwendungsbescheid weiterreichen kann. Der Bescheid muß vor Beginn des Investorenvorhabens erlassen sein. Ausnahmsweise kann ein Genehmigung des förderunschädlichen vorfristigen Vorhabenbeginns erteilt werden; im Genehmigungsbescheid muß zur Auflage gemacht werden, daß keine Besserstellung gegenüber der Bewilligung der Zuwendungen vor Baubeginn erfolgt, insbesondere in Höhe der erwarteten Zuwendungen keine Sonderabschreibungen oder degressive AfA in Anspruch genommen werden.

4.6.2 Ist der Investor zum Vorsteuerabzug nach § 15 Umsatzsteuergesetz 1993 (UstG 1993) .... berechtigt, gehört die Vorsteuer nicht zu den zuwendungsfähigen Ausgaben.

4.6.3 Darüber hinaus werden die Zuwendungen zur Berücksichtigung derjenigen Steuereffekte, die der Investor hinsichtlich des nicht durch Zuwendungen finanzierten Anteils erzielt, aus Gründen vereinfachter Berechnung wie folgt pauschal gekürzt:

Nimmt der Investor Sonderabschreibungen nach dem Gesetz über Sonderabschreibungen und Abzugsbeträge im Fördergebiet (Fördergebietsgesetz) .... von 50 vom Hundert oder 40 vom Hundert in Anspruch, so beträgt der pauschale Abschlag 10 vom Hundert der AfA-Bemessungsgrundlage des Investors. Bei Inanspruchnahme degressiver AfA oder Sonder-AfA von 20 oder 25 vom Hundert durch den Investor beträgt der Abschlag 5 vom Hundert. Bei Inanspruchnahme linearer AfA wird kein Abschlag vorgenommen.

...

4.7 Einholen eines unabhängigen Gutachtens

4.7.1 Übersteigt der Gesamtauftragswert der Gebäude oder Anlagen ohne Umsatzsteuer 10 Mio. DM, hat der Antragstellter auf seine Kosten ein unabhängiges Gutachten eines Wirtschaftsprüfers vorzulegen. Der zu beauftragende Wirtschaftsprüfer sowie der Auftragsinhalt werden durch die Bewilligungsbehörde im Einvernehmen mit der Rechtsaufsichtsbehörde bestimmt. Zwischen mehreren Bewilligungsbehörden ist insoweit gegebenenfalls Einvernehmen herzustellen. Der kommunale Aufgabenträger hat bei der Auswahl des Gutachters ein Vorschlagsrecht.

4.7.2 Gutachteninhalt

4.7.2.1 Wirtschaftlichkeitsvergleich zwischen dem Investorenvorhaben und der herkömmlichen Finanzierung über Kommunalkredit (siehe Nummer 3 der Anlage) und Liquiditätsbetrachtung über die gesamte Vertragslaufzeit (cash-flow-Analyse), gegebenenfalls unter Einbeziehung des Ankaufs der

Anhang 5b

Gebäude beziehungsweise Anlagen durch den kommunalen Aufgabenträger.

4.7.2.2 Wurden die Angebote im Vergabeverfahren in betriebswirtschaftlicher und technischer Hinsicht ausreichend bewertet?

4.7.2.3 Wurde die richtige Dimensionierung der Kapazitäten hinreichend geprüft?

4.7.2.4 Wurde die fachliche Kompetenz des Betreibers ausreichend geprüft?

4.7.2.5 Mindert sich die Bemessungsgrundlage für steuerliche Abschreibungen des Investors in Höhe der gewährten Zuwendungen ....?

4.7.2.6 Werden wirtschaftliche Lasten und Risiken angemessen zwischen den Beteiligten verteilt?

....

Anlagen

3. Hinweise zum Wirtschaftlichkeitsvergleich

Die Wirtschaftlichkeit des geplanten Vorhabens im Vergleich zur herkömmlichen Finanzierung über Kommunalkredit ist mit den Methoden der dynamischen Investitionsrechnung, zum Beispiel Barwertvergleich oder totaler Liquiditätsvergleich als endwertorientiertes Verfahren, nachzuweisen.

In die Berechnung sind insbesondere folgende Zahlungsströme einzubeziehen:

a) beim Investorenvorhaben:

- Leasingraten, Betreiberentgelt, Vormieten,
- vom kommunalen Aufgabenträger übernommene Nebenkosten und Unterhaltungskosten (Schätzung),
- der Kaufoptionspreis, wenn der kommunale Aufgabenträger beabsichtigt, das Objekt später zu erwerben,
- Zuwendungen, gegebenenfalls gekürzt entsprechend den Ausführungen unter Nummer 4.6 und 4.8,
- bei Ankauf teilweise fertiggestellter Anlagen durch den Investor der Ankaufspreis.

b) bei konventioneller Finanzierung über Kommunalkredit (Eigenbau, Regie- oder Eigenbetrieb):

- aus Eigenmitteln finanzierter Anteil der Investitionskosten,
- ungekürzte Zuwendungen,
- Zins- und Tilgungszahlungen für den fremdfinanzierten Teil,
- Nebenkosten, einschließlich Unterhaltungskosten, laufende Betriebskosten,
- voraussichtlicher Verkehrswert des Objektes, wenn beabsichtigt ist, das Objekt nach dem Ende des Betrachtungszeitraums nicht mehr zu nutzen.

Anhang 5b

Für den Vergleich beider Alternativen ist derselbe Betrachtungszeitraum zu wählen, in der Regel die Grundmietzeit. Die Annahmen am Ende des Betrachtungszeitraums müssen übereinstimmen. Insbesondere muß bei der Investorenalternative der Kaufpreis in die Berechnung einbezogen werden, wenn der kommunale Aufgabenträger beabsichtigt, das Objekt später zu erwerben. Der jeweils geltende Marktzinssatz ist als Kalkulationszinssatz der dynamischen Investitionsrechnung zugrunde zu legen.

Damit der Wirtschaftlichkeitsvergleich aussagekräftig ist, sind die Parameter für den Kostenvergleich so sorgfältig wie möglich zu ermitteln. Hierzu sollten jedenfalls eine Vorplanung mit Kostenangaben nach § 15 HOAI Leistungsphase 3 oder Planungsunterlagen von vergleichbarer Genauigkeit vorliegen.

....

5. **Hinweise zum ordnungsgemäßen Ausweis der Zahlungsverpflichtungen im Haushaltsplan**

Das Objekt soll nach Vertragsablauf in das Eigentum des kommunalen Aufgabenträgers übergehen (zum Beispiel Mietkauf): Mietzins und Leasingraten sind im Vermögenshaushalt zu veranschlagen (Untergruppe 933 und 936); soweit Zinsanteile abgrenzbar sind, sind diese bei Gruppe 80 zu veranschlagen ... Bei einem Betreiber- oder Kooperationsmodell ist das Betreiberentgelt künftig in der geplanten Untergruppe 638 und, soweit Zinsanteile oder investive Anteile abgrenzbar sind, in der geplanten Untergruppe 986 (Zuweisung für Investitionen an private Unternehmen) zu veranschlagen.

Das Objekt soll nach Vertragsablauf nicht in das Eigentum des kommunalen Aufgabenträgers übergehen: Mietzins, Leasingraten und Betreiberentgelt sind im Verwaltungshaushalt des kommunalen Aufgabenträgers zu veranschlagen (Untergruppe 53 oder Untergruppe 638).

Die Leasingraten oder das Betreiberentgelt sind als Schulden aus Vorgängen, die Kreditaufnahmen wirtschaftlich gleichkommen, in der Übersicht über den voraussichtlichen Stand der Schulden gemäß § 2 Abs. 2 Nr. 4 GemHVO mit ihrem Nominalbetrag (§ 43 Abs. 1 Nr. 3 GemHVO) auszuweisen. Der Kaufpreis ist mit Abschluß des Vertrages in die Schuldenstandsübersicht aufzunehmen, wenn der Ankauf nach Vertragsablauf bereits bei Abschluß des Investorenvertrages fest vereinbart ist.

Die Beträge in der Schuldenstandsübersicht und in der Vermögensrechnung müssen übereinstimmen.

....

Anhang 6

Verordnung des Sächsischen Staatsministeriums des Innern über Freistellung von kommunalwirtschaftsrechtlichen Genehmigungspflichten

(Kommunalfreistellungsverordnung – KomFreiVO
vom 12. Dezember 1996 (SächsGVBl S. 499)

– Auszug –

...

§ 2 Leasingverträge

(1) Der Abschluß eines Leasingvertrages bedarf der Genehmigung der Rechtsaufsichtsbehörde nach § 82 Abs.5 Satz 1 SächsGemO, sofern er nicht lediglich eine Zahlungsverpflichtung im Rahmen der Geschäfte der laufenden Verwaltung begründet.

(2) Der Abschluß eines Leasing-Vertrages über bewegliche Sachen bedarf keiner Genehmigung nach § 82 Abs.5 Satz 1 SächsGemO, wenn der Neuwert des Leasingobjektes folgende Beträge ohne Mehrwertsteuer nicht übersteigt:

1. bei Gemeinden

bis		5.000 Einwohner	50.000 DM
von	5.001 bis	10.000 Einwohnern	70.000 DM
von	10.001 bis	20.000 Einwohnern	100.000 DM
von	20.001 bis	50.000 Einwohnern	150.000 DM
von	50.001 bis	250.000 Einwohnern	250.000 DM
von mehr als		250.000 Einwohnern	500.000 DM

2. Bei Landkreisen 250.000 DM

(3) Bei mehreren sachlich oder wirtschaftlich zusammenhängenden Leasingverträgen ist der gesamte Wert der Leasingobjekte maßgebend.

(4) Der Abschluß eines nach Absatz 2 von der Genehmigungspflicht freigestellten Leasingvertrages ist der Rechtsaufsichtsbehörde anzuzeigen.

...

§ 5 Ausschluß von Freistellungen

Die Freistellungen nach §§ 2 und 3 gelten nicht, wenn der Vertragspartner

1. Bediensteter der beteiligten Körperschaft, Mitglied ihres Hauptorgans oder eines seiner Ausschüsse, eines Ortschaftsrates oder eines Beirates ist,

2. Zum Bürgermeister, zum Landrat, zu einem Beigeordneten, zum Verbandsvorsitzenden oder zu dem Bediensteten, der die Körperschaft beim Abschluß des Rechtsgeschäfts vertritt, in einem die Befangenheit nach § 20 Abs. 1 Nr. 1 bis 3 SächsGemO oder § 18 Abs. 1 Nr. 1 bis 3 SächsLKrO begründenden Verhältnis steht,

3. In der Angelegenheit bereits in anderer Eigenschaft, zum Beispiel als Gutachter tätig geworden ist oder

4. Eine Eigengesellschaft oder Beteiligungsgesellschaft der an dem Rechtsgeschäft beteiligten Körperschaft ist.

Anhang 7

Haftung des Freistaates für zahlungsunfähige Gemeinden
Kleine Anfrage im Sächsischen Landtag

Frage:

Inwieweit haftet der Freistaat Sachsen für die Verbindlichkeiten von zahlungsunfähigen Gemeinden

Antwort:

1. Eine gesetzliche Haftung des Freistaates für die Verbindlichkeiten der Gemeinden besteht nicht. Artikel 28 Abs. 2 GG und Art. 82 Abs. 2 der Verfassung des Freistaates Sachsen garantieren den Gemeinden das Recht zur Selbstverwaltung. Zum Kernbereich des Selbstverwaltungsrechts gehört die kommunale Finanzhoheit. Das Bundesverfassungsgericht versteht sie als „eigenverantwortliche Einnahmen- und Ausgabenwirtschaft im Rahmen einer gesetzlich geordneten Haushaltswirtschaft". Ob die Finanzhoheit nach dem Grundgesetz den Anspruch auf eine angemessene Finanzausstattung einschließt, hat das Bundesverfassungsgericht allerdings ausdrücklich offen gelassen. Das Grundgesetz regelt jedenfalls nicht allein die Steueraufteilung zwischen Bund und Ländern, sondern weist den Gemeinden die Erträge bestimmter Steuern zu. Damit unterstreicht und sichert es das ihnen durch Artikel 28 Abs. 2 GG garantierte Selbstverwaltungsrecht, das 1994 zur Klarstellung in Satz 3 noch um die Gewährleistung der finanziellen Eigenverantwortung ergänzt worden ist. Nach Artikel 87 Abs. 1 der Verfassung des Freistaates Sachsen sorgt der Freistaat dafür, daß die kommunalen Träger der Selbstverwaltung ihre Aufgaben erfüllen können.

2. Verpflichtungen, die sich aus (Kredit-)Verträgen zwischen sächsischen Kommunen und Dritten ergeben, sind auf privatrechtlicher Ebene abgeschlossene Verträge. Sie begründen keine Rechtsbeziehung mit dem Freistaat Sachsen. Daran ändern auch die kommunalrechtlichen Genehmigungs- und Aufsichtspflichten des Freistaates nichts. Daher ist der Freistaat privatrechtlich nicht verpflichtet, in Zahlungsverpflichtungen von Kommunen einzutreten, soweit nicht im Einzelfall ein haftungsbegründender Tatbestand vorliegt.

3. Öffentlich-rechtliche Vorschriften oder Rechtsgrundsätze, aus denen dem Freistaat eine unmittelbare Einstandspflicht z.B. für einen Kredit bei Zahlungsunfähigkeit einer Kommune erwachsen könnte, bestehen nicht. Die Kommunen sind selbständige Rechtssubjekte mit eigenen Rechten und Pflichten. Als Träger öffentlicher Aufgaben haben sie gewisse Vorrechte, wie z.B. daß die Zwangsvollstreckung gegen die Gemeinde wegen einer Geldforderung der Zulassung durch die Rechtsaufsichtsbehörde bedarf (§ 122 Abs. 1 SächsGemO) oder daß ein Konkursverfahren über das Vermögen der Gemeinde nicht stattfindet (§ 122 Abs. 4 SächsGemO). Dadurch soll ein angemessener Ausgleich zwischen den Belangen der Gläubiger und den öffentlichen Belangen sichergestellt werden.

4. Trotz fehlender Rechtspflichten ist es dem Freistaat Sachsen ein besonderes Anliegen, daß die Kommunen ihren rechtlichen Verpflichtungen gegenüber Dritten nachkommen. Dies gilt insbesondere auch hinsichtlich eingegangener Kreditverpflichtungen. Aufgrund der üblichen Kommunalkreditkonditionen ist der Kommunalzinssatz in der Regel erheblich niedriger als der Zinssatz des allgemeinen Kapitalmarktes. Diese besonderen Konditionen würden gefährdet, wenn die Gemeinden ihre Kreditverpflichtungen nicht mehr lückenlos erfüllen würden.

Daher gewährt der Freistaat den Kommunen, die in eine schwierige Haushaltssituation geraten sind und ihren finanziellen Verpflichtungen vorübergehend nicht nachkommen können, unter strikten Auflagen zur durchgreifenden Haushaltskonsolidierung Bedarfszuweisungen nach dem jährlichen Finanzausgleichsgesetz. Diese Bedarfszuweisungen sollen als temporäre Hilfe zur Selbsthilfe die jeweiligen Kommunen zu einer geordneten Haushaltswirtschaft zurückführen. Da solche Überbrückungs- und Konsolidierungshilfen aus der grundsätzlich allen Kommunen zustehenden Finanzmasse finanziert werden, sind im Interesse der Mehrheit der ordnungsgemäß wirtschaftenden Kommunen strenge Konsolidierungsauflagen unumgänglich. Auf diese Weise wird im öffentlichen Interesse sichergestellt, daß die sächsischen Kommunen ihren Zahlungsverpflichtungen nachkommen können.

Quelle: Mitteilungen des Sächsischen Städte- und Gemeindetages vom 1. November 1996, Nr. 35

Literaturverzeichnis

Albers, Heinrich; Seger Rolf: Finanzierung kommunaler Investitionen, Wiesbaden 1990

Alexander, Volbert; Brückmann, Friedel: Die Bedeutung der Schuldendeckelverordnung unter dem Aspekt kommunaler Schuldenpolitik, Sparkasse 93 (1976)

Bauer, Siegfried: Die „pro-Kopf-Verschuldung" als Kennziffer und Maßstab im interkommunalen Vergleich, GemHH 89 (1988)

Beckhof, Heiner; Münstermann, Engelbert: Haushalts-, Kassen- und Rechnungswesen, Stuttgart u. a. O. 1991

Bengsch, Volker: Steuerliche Konsequenzen kommunaler Sonderfinanzierungsformen, Sparkasse 110 (1993)

Brückmann, Friedel: Gemeindehaushalte und Konjunkturpolitik, Frankfurt – Zürich 1977

Cronauge, Ulrich: Kommunale Unternehmen. Eigenbetriebe – Kapitalgesellschaften – Zweckverbände, 3. Aufl. Berlin 1998

Deutscher Städtetag: Privatwirtschaftliche Formen kommunaler Investitionsfinanzierung, Köln 1991

Ehrlicher, Werner: Grenzen der öffentlichen Verschuldung, Wirtschaftsdienst 59 (1979)

Eichert, Christof: Der Abschluß von Leasing-Verträgen, FiWi 47 (1993)

Erkes, Hubert: Leasinggeschäfte im kommunalen Haushaltsrecht, ZKF 35 (1986)

Friedl, Uwe: Der Kassenkredit als Kassenbestandsverstärkung, FiWi 46 (1992)

Friedrich, Peter (Hrsg.): Finanzierung kommunaler Investitionen über geschlossene Immobilienfonds, Baden-Baden 1987

Funke, Stefan: Die Verschuldungordnung, Berlin 1995

Gnauck, Jürgen; Höhlein, Burkhard; Steenbock, Reimer: Thüringer Kommunalverfassung, Berlin 1992 ff.

Jünger, Heiko: Bausparverträge für Kommunen, GemHH 85 (1984)

Jünger, Heiko: Kommunale Anleihen, GemHH 87 (1986)

Karrenberg, Hanns; Münstermann, Engelbert: Gemeindefinanzbericht 19.., STT, verschiedene Jg.

Kirchhoff, Ulrich: Aktuelle Modelle zur Finanzierung von kommunalen Infrastrukturinvestitionen, ZKF 41 (1992)

Kirchhoff, Ulrich; Müller-Godeffroy, Heinrich: Finanzierungsmodelle für kommunale Investitionen, Stuttgart 1990

Kirchhoff, Ulrich; Land, Günter: Organisation und Finanzierung von Infrastrukturinvestitionen mit privatem Kapital, Sparkasse 110 (1993)

Kirchhoff, Ulrich; Henning, Heiko: Finanzierung von öffentlichen Ent- und Versorgungsinvestitionen, Kommunalwirtschaft 1999

Klein, Richard R.: Kommunale Schuldenpolitik, Stuttgart u.a.O. 1977

Klein, Richard R.: Zu den Grenzen der kommunalen Verschuldung, in: D.B. Simmert; K.D. Wagner (Hrsg.), Staatsverschuldung kontrovers, Köln 1981

Klein, Richard R.; Münstermann, Engelbert: Kommunen und Konjunkturpolitik, AfK 17 (1978)

Knoop, Peter: Kreditgenehmigungspraxis der Rechtsaufsichtsbehörden in den jungen Ländern, FiWi 48 (1994)

Kölz, Heinz: Kreditaufnahmen der Gemeinden. Voraussetzungen – Möglichkeiten – Grenzen, in: Goller, Jost; Maack, Heinrich; Müller-Hedrich, Bernd (Hrsg.), Verwaltungsmangement, Stuttgart 1989

Krähmer, Rolf: Ansätze zur Bestimmung der finanziellen Leistungsfähigkeit von Gemeinden, FiWi 47 (1993)

Krähmer, Rolf: Private Finanzierung kommunaler Infrastrukturinvestitionen - Königsweg oder Sackgasse?, GemHH 93 (1992)

Kroll, Michael: Leasing-Handbuch für die öffentliche Hand, 5. Aufl. Lichtenfels 1999

Littmann, Konrad: Über kommunale Schulden und die Finanznot der Städte und Gemeinden, Mannheimer Berichte 20, 1981

Lütcke, Klaus-Peter: Der kommunale Spielraum bei der Kreditaufnahme für Abwasseranlagen, GemHH 91 (1990)

Marcus, Paul: Das kommunale Finanzsystem der Bundesrepublik Deutschland, Darmstadt 1987

Müller-Godeffroy, Heinrich; Dekker, Ursula: Kommunale Investitionen und aktuelle Finanzierungsansätze, Bonn 1991

Nell, Albert; Steenbock, Reimer: Gemeindehaushaltsrecht Rheinland-Pfalz, 5. Aufl. Stuttgart 1986

Nowotny, Ewald: Zur öffentlichen Verschuldung der nachgeordneten Gebietskörperschaften, in: Nowotny, Ewald (Hrsg.): Öffentliche Verschuldung, Stuttgart – New York 1979

Quecke, Albrecht/Schmid, Hansdieter: Gemeindeordnung für den Freistaat Sachsen, Berlin 1993 ff.

Rehm, Hannes: Neue Modelle der Finanzierung kommunaler Investitionen, ZögU 12 (1989)

Reichstein, Susanne: Liquiditätspflege, HKWP Bd. VI, Berlin 1985

Ruff, Erwin: Können Bauvorhaben von Gemeinden mit einem Bausparvertrag finanziert werden? FiWi 47 (1993)

Rürup, Bert: Haushaltswirtschaftliche Perspektiven und Konsequenzen der Staatsverschuldung, Sparkasse 111 (1994)

Scheel, Werner; Steup, Johannes: Gemeindehaushaltsrecht Nordrhein-Westfalen, 4. Aufl. Köln u.a.O. 1981

Schlesinger, Helmut; Weber, Manfred; Ziebarth, Gerhard: Staatsverschuldung – ohne Ende? Zur Rationalität und Problematik des öffentlichen Kredits, Darmstadt 1993

Schmidt-Jortzig, Edzard; Makswit, Jürgen: Handbuch des kommunalen Finanz- und Haushaltsrechts, Münster 1991

Schmitz, Wilhelm J.: Der Einsatz von Derivaten als Zinssicherungsinstrumente in der kommunalen Kreditwirtschaft, Sächs.Kommunalzeitung 9/1999

Schremmer, Hagen: Beurteilung des Zinsmanagements kommunaler Haushalte als Geschäftsfeld der Banken, Leipzig 1999

Schwarting, Gunnar: Die Verschuldung der Städte und Gemeinden in der Bundesrepublik Deutschland, Aus Politik und Zeitgeschichte. Beilage zur Wochenzeitung „Das Parlament", B 5/1981

Schwarting, Gunnar: Höhere Kommunalverschuldung als konjunkturpolitischer Beitrag der Gemeinden?, ZKF 32 (1982)

Schwarting, Gunnar: Grundsätze für die Kreditaufnahme der Gemeinden, HKWP Bd. VI, 2. Aufl. Berlin 1985

Schwarting, Gunnar: Neufassung des Krediterlasses in NW – Ein zeitgemäßer Rahmen für die kommunale Kreditwirtschaft, ZKF 40 (1990)

Schwarting, Gunnar: Die Kreditaufnahme der Kommunen, FiWi 45 (1991)

Seiler, Gerhard: Gemeinden – Finanzen, Handwörterbuch der Wirtschaftswissenschaft, Stuttgart – Tübingen – Göttingen 1981

Socher, Karl: Die Verschuldung der Gemeinden auf dem Kredit- und Kapitalmarkt aus volkswirtschaftlicher Sicht, in: Kreditwürdigkeitsprüfung bei Gemeinden, Dr. Stigleitner – Schriftenreihe Bd.22, Wien 1982

Späder, Eduard: Sonderfinanzierungen aus kommunalrechtlicher Sicht, Sparkasse 110 (1993)

Sperl, Richard; Bezold, Wilhelm: Sonderfinanzierung im kommunalen Konzern, FiWi 46 (1992)

Steenbock, Reimer: Schulden und Verpflichtungsermächtigungen nach dem kommunalen Haushaltsrecht, Köln u.a.O. 1977

Tremer, Gerhard; Heinrichs, Friedrich-Wilhelm: Kommunalkredit. Bedeutung und Möglichkeiten. Kreditaufnahme im kommunalen Haushalt, Stuttgart u.a.O. 1980

Literaturverzeichnis

von *Arnim, Hans Herbert; Weinberg, Dagmar*: Staatsverschuldung in der Bundesrepublik Deutschland. Schriften des Karl-Bräuer-Institutes des Bundes der Steuerzahler Nr. 59, Wiesbaden 1986

Wissenschaftlicher Beirat beim Bundesministerium der Finanzen: Aufgaben und Ziele einer neuen Finanzpolitik – Grenzen staatlicher Verschuldung. BMF-Schriftenreihe Heft 36, Bonn 1985

Zimmermann, Franz: Das System der kommunalen Einnahmen und die Finanzierung der kommunalen Aufgaben in der Bundesrepublik Deutschland, Köln 1988

Stichwortverzeichnis
(Die Zahlen bezeichnen die Randziffern)

Abschreibungen 17
Abtretung von Forderungen 266 ff.
Agio 251 f.
Anleihe 74 ff.
Annuität 49, 87 ff., 316
Annuitätenkredit 89 ff., 389
Aufgabenerfüllung 139, 146 ff., 257, 323, 354
Ausschreibung 280 ff., 383 f., 414
– europaweit 82, 283 f., 414

Bausparkassen 65, 325 ff.
Bausparvertrag 98 f., 311, 325 ff.
Bedarfszuweisungen 163, 168, 264
Beigeordneter 294
Beiträge 20
Betriebsführungsvertrag 416
Bonität 2, 29, 75, 260 ff., 307
Bürgermeister 294 ff.
Bürgschaften 100, 112, 131, 214, 311, 316, 353 ff., 368, 380, 402

Crowding-Out 42

Derivate 211 ff.
Defizitkriterium 182 ff.
Disagio 86, 128, 164, 247 ff.
Dringlichkeitsentscheidung 295 f.

Eigenbetrieb 50, 69, 105, 111, 124, 153, 205 ff.
Eilentscheidung 295 f.
Einkommensteueranteil 36
Emissionszentrale 77
Endschaftsbestimmungen 380, 408
Erbbaurechtsvertrag 98, 338 ff., 403
Erbbauzins 287
Euro 81 f.

Fehlbedarf 168
Fehlbetrag 162, 168
Festbetragskredit 85 ff., 346
Finanzausgleich 38, 430, 442
Finanzplanung 136, 155 ff., 166
Finanzierungsübersicht 135
Folge-
– investitionen 37
– lasten 154, 319, 413
– lastenübernahme 98
Fondsfinanzierung 374
Forfaitierung 311, 367 ff., 380, 402
Freie Spitze 160 ff., 436

Genehmigung 7, 148, 168 ff., 203, 207, 213 f., 314 ff., 332, 342, 345, 362, 391, 412
– Einzel- 125, 174, 179 ff., 297, 299, 315, 323, 332
– Gesamt- 174, 206, 299
Gesamtdeckung 57, 126, 132, 351
Geschäftsbanken 61, 64
Gewährvertrag 363 ff.
Gewerbesteuer 35, 216, 369, 429, 441
Gläubigerschutz 28 ff.

Haushalts-
– ausgaberest 192 ff.
– einnahmerest 132, 192 ff., 197, 202
– führung, vorläufige 196 ff.
– satzung 120 ff., 172, 190, 201, 208
– sicherungskonzept 159, 176

Inhaberschuldverschreibung 78
Innere Darlehen 70 f., 130, 164

229

Stichwortverzeichnis

Investition 5, 13ff., 32ff., 97, 106, 141, 315, 427f.
- sprogramm 136, 144
- srate 107ff.
- szuschüsse/zuweisungen 14, 109, 216, 385f., 409, 435

Jahresrechnung 130, 195

Kapitalmarkt 42, 65, 74ff., 83, 145, 238
Kassenkredit 45, 56, 123, 134, 149, 191, 196, 202, 219, 278f., 300ff., 309, 328
Konjunkturprogramm 435
Konkurs 31, 41, 213, 258
Kreditähnliche Rechtsgeschäfte 94, 125, 130f., 133, 170, 311ff.
Kreditaufnahme
- Auslands- 79ff., 267
- Brutto- 46, 121, 128f.
- in der Konjunktur 44, 106ff., 178ff., 420ff.
- kurzfristige 55ff.
- langfristige 55ff., 236f.
- mittelfristige 55ff.
- Netto- 46, 106ff., 121
- spätere 215ff.
- Subsidiarität der 141ff., 175
- variable 227
- Vorrats- 215ff.
- zeitgleiche 215ff.
- Zuständigkeit für 291ff.
Kreditermächtigung 120, 126, 190ff., 197ff., 315
Kündigung 59, 93, 269ff.
Kurssicherung 80

Landesbanken 63
Laufzeit 53, 83, 236ff., 288, 332, 339, 376
Leasing 98, 130f., 311ff., 353, 371ff.
- Buy-and-Lease 375, 407
- Cross-Border-Lease 397
- Finanzierungs- 311, 397, 418
- Full-Service 312, 395, 418f.
- geber 130, 372ff.
- Immobilien- 373
- Mobilien 373, 401
- nehmer 372ff.
- objekt 130, 377ff.
- raten 131, 379, 385f., 403ff.
- Sale-and-lease-back 312, 372, 398ff.
- Spezial- 377f., 406
Leibrentenvertrag 98, 311, 336f., 340
Leistungsfähigkeit, dauerhafte 148, 154ff., 206, 315, 323, 391, 436
Leistungsvertrag 98
Liquiditäts-
- bedarf 215ff.
- management 9ff.
- planung 216f., 300, 310

Mietkauf 312, 371, 388
Mietvertrag 312, 388

Nachherdeckung 13, 22, 333
Nachtragshaushalt 173f., 201ff.
Nettoveranschlagung 208

Öffentliche Spezialkreditinstitute 67

Pay-as-you-use-Prinzip 23ff., 40
Privatisierung 313

Raten-
- kauf 312
- kredit 87ff.
- zahlung 72
Rating 265
Rücklagen 14, 85, 135, 142, 144, 276, 301, 328, 347

Schattenhaushalt 105
Schatzanweisung 76
Schulden-
- -deckelverordnung 179, 426, 438
- -dienst 47, 147, 175, 234f., 358, 368
- -management 9ff.

Stichwortverzeichnis

- -stand 49, 101 ff., 110 ff., 252, 358
- -übersicht 132 ff., 267, 324, 340, 347, 387

Schuldscheindarlehen 83 ff.
Schuldübernahme 98
Sicherheiten 28 ff., 257 ff., 332
Sofortdeckung 13, 16 ff., 40
Sonderrücklagen 71, 302
Spar-Contracting 312, 396
Sparkassen 26, 60 ff., 290
Steuereinnahmekraft 114
Steuervorteile 317, 386, 405 ff.
Stundung 57, 72, 98
Swap 223 ff., 242, 272, 276

Tilgung 46, 83, 128 f.
- außerordentliche 48
- Netto- 46, 135
- ordentliche 48, 142, 161, 164
- -sfreijahre 253 f.
- -streckung 243 f.

Umlage
- Gewerbesteuer- 38
- Kreis- 38

Umschuldung 48, 122, 141 f., 171, 199, 228 ff., 240 ff., 250, 274 ff.
Unternehmen, kommunale 4, 51, 111, 204 ff., 360

Veräußerungserlöse 19, 30
Vermögen 28 ff., 41, 399
Vermögenshaushalt 128 ff., 136, 141, 247, 315, 328, 340
Verpflichtungserklärung 298
Verpflichtungsermächtigung 137 f.
Verschuldung
- Kameral- 50, 110 f.
- kommunaler Unternehmen 51, 111, 133, 204 ff.
- mittelbare 50, 105, 111, 124, 133
- rentierliche 150 ff., 206, 322
- unmittelbare 150 ff.
- „Warngrenze" für die 158 f.

Versicherungen 65 f.
Verträge nach BBauG 98, 344 f.

Verwaltungshaushalt 128 ff., 142, 157, 249, 340
Vollstreckungsschutz 257
Vorabdeckung 13 ff., 40, 333
Vorbericht 130, 134
Vorfälligkeitsentschädigung 222
Vorfinanzierungsvertrag 311, 343 ff.

Wirtschaftlichkeitsvergleich 316 ff., 334 f., 348 ff., 392, 398, 401 ff.
Wirtschaftsplan 209, 213
Wirtschafts- und Währungsunion 81, 182 ff.

Zahlungstermine 234 f., 255
Zero-Kredit 86, 346
Zins
- -anpassungsklausel 273
- -ballast 49
- -belastung 113, 246 ff.
- -bindungsfrist 59, 93, 221, 233 ff., 238 ff., 270 f., 274, 288
- Durchschnitts- 113
- Effektiv- 246 ff., 256, 287
- -gleitklausel 272
- Hoch- 239
- Niedrig- 239
- Nominal- 247, 256, 333
- -prognose 218 ff.
- -sicherungsinstrumente 221 ff.
- -summe 49
- Veranschlagung 129
- -zahlungsfreijahre 254

Zuführung
- an den Vermögenshaushalt 18, 91, 107 ff., 143, 161
- an den Verwaltungshaushalt 142, 162, 168
- Pflicht- 91, 164 ff., 237, 244, 249, 333

Zuteilungsfrist 330, 334
Zwangsversteigerung 341
Zweckverbände 51, 133, 211
Zwischenfinanzierung 78, 215 ff., 231, 310, 331, 334, 350
Zwischenfinanzierungsvertrag 311, 350